TEXTBOOKS

TSUKAMU

経営戦略をつかむ

浅羽 茂・牛島辰男 —— 著

有 斐 閣
YUHIKAKU

はしがき

本書の狙い

　バブル崩壊から今日までの約20年間，日本経済そして日本企業はいくつかの山と谷を経験した。1990年代から2000年代前半までの「失われた10年」と呼ばれる低経済成長の長いトンネルを抜け，2000年代半ばからは経済の再成長が期待されるようになり，企業も成長戦略を語るようになった。ところが2008年に，リーマン・ショックに端を発する世界的な経済不況が起こり，企業は低成長どころかマイナス成長の中で生き残りの道を模索しなければならなくなったのである。

　戦略という言葉がビジネスの世界に登場して以来，その重要性は一貫して主張されてきたが，この20年間の日本企業を観察していると，戦略の重要性が今までにも増して強く認識されているのではないかと思わされることがいくつかある。

　1つは，バブル崩壊後と現在という2つの逆境のもとにおける企業を比較観察した結果，見えてきたことである。いずれのときにも，多くの企業が，事業のリストラクチャリング，人員削減，間接費の抑制など，生き残りをかけた懸命な努力を行っている。しかし，2つの逆境の時期の間には違いも見られる。現在は，生き残りのために努力すると同時に，長期的な成長を期して戦略を描いている企業が，結構見うけられるが，バブル崩壊後の「失われた10年」では，多くの企業が短期的収益の回復に専心していた。もちろん当時はそれが喫緊の課題だったのだが，結果として長期戦略が不明瞭になり，その後再成長に踏み出そうとしたときに困難に直面した企業もあった。短期の対応を繰り返すうちに，人材，技術といった成長のための基盤が崩壊してしまったのである。現在，生き残りのための努力とともに長期戦略を描いている企業は，そのときの経験を反省し，長期戦略を持つことの重要性を認識しているのではないだろうか。

　もう1つは，1990年代末から，多くの日本企業でより盛んに行われるよう

i

になった企業研修において観察したことである。そこでよく見聞きするのは，戦略はトップ・マネジメントや経営企画部だけが描けばよいものではないということである。現場のマネジャーも，将来トップ・マネジメントになったときに必要であるから，あるいは現在の事業を勝ち抜くために，戦略についての理解を深め，戦略的思考を身につけることが求められている。

したがって，今日，経営戦略を学ぶこと，とりわけ長期の戦略を構想することの重要性は，ますます高まっている。企業全体の経営責任を負うトップ・マネジメント，単一事業の経営責任者，戦略スタッフはもちろん，企業のあらゆる階層，ポジションの人が，戦略を意識して日々意思決定することが求められている。学部学生にとっても，社会に出る前に，戦略について学び，戦略的思考を身につけることが有益だと言える。

戦略，とりわけ長期戦略を描くことが重要であり，戦略を描くことが経営企画部だけでなくあらゆる人に必要という意味で一般的であるという認識は，本シリーズ「テキストブックス［つかむ］」の狙いに整合している。その狙いは，戦略をはじめて学ぶ学部学生や，ビジネス・スクールに通いあるいは独学で戦略を学ぼうという若手ビジネスパーソンを読者として想定し，必要最低限に内容を絞り，丁寧な解説によって読者の完全理解を目指すというものである。それゆえ，本書を読めば経営戦略のすべてが習得できるわけではない。しかし，本書によって経営戦略の難しさと面白さを実感し，本書がさらなる学習へのきっかけになってくれることを期待したい。

本書の特徴

世の中には，経営戦略の教科書，入門書がすでに多数存在する。本書は，経営戦略の基礎的内容に絞って書かれているので，議論される内容については既存の教科書と重なる部分が少なくない。しかし，アプローチや強調される点では，いくつかの特徴をあげることができる。

第1の特徴は，経済学的な考え方がベースにあるという点である。そうは言っても，経済理論が本書の随所に展開されているわけではない。議論の癖やその展開の仕方から，経済学的な考え方が窺えるというぐらいの意味である。海外のビジネス・スクールの戦略研究者は，経済学ベースの研究者と社会学・組

織理論ベースの研究者とにかなり明確に分かれる。われわれは，ともにカリフォルニア大学ロサンゼルス校（UCLA）のビジネス・スクールの博士課程で学び，経済学をベースとする教授から指導を受けた。経済学的な考え方を共有しているがゆえに，本書に盛り込む内容を決める際にも，議論のチェックをする際にも，スムーズに作業が進んだ。2人が大学院時代に受けた教育，指導が影響し，本書の議論のベースに，経済学的な考え方が流れているのである。

その1つの表れは，unit ④に最も端的に示されているように，さまざまな経済主体との関係の中で価値を創造・獲得することが，企業の活動の中心だという理解である。企業は，さまざまな努力を通じて，顧客の支払い意欲を増大させたり，サプライヤーの機会費用を引き下げたりする。生み出される価値のうちの自社の取り分を維持・拡大するために，ライバルと何らかの点で差別化をしようとする。企業が獲得する価値の取り分こそが利益であるから，unit ①で述べるように，経営戦略が利益獲得を中心的課題とすると言うことができるのである。

先に，海外のビジネス・スクールの戦略研究者は，経済学をベースにする研究者と社会学・組織理論をベースにする研究者とに分かれると述べたが，日本の経営戦略研究者は，どちらかといえば後者の色合いが濃いと考えられる。これまでの経営戦略についての本の内容を見ると，有効な戦略を生み出す組織的な問題・取組みや事業の管理など，経営組織論，経営管理論と呼ばれるような領域にかかわる問題について，かなりの紙幅が割かれていたことがわかる。それに対して経済学をベースとする本書では，これらの問題についての議論は限られている。もちろん，本書で省略されていたり，簡単にしか触れられていなかったりする問題が重要でないということではない。興味のある読者は，本シリーズや他の経営学，経営組織，経営管理の教科書で，これらについて補完していただきたい。

本書のもう1つの特徴は，経営戦略の要諦が何らかの要素の「組合せの妙」だということを，繰り返し強調していることである。事業戦略でも企業戦略でも，企業の外的要因と内的要因とを組み合わせて戦略をつくり上げることの重要性が謳われている。事業戦略では，いくつかの優位性を組み合わせることの有効性が主張されているし，企業戦略では，複数の事業を組み合わせることに

よって企業としての優位性を実現することが中心的課題であると述べられている。

企業が直面する外部環境，問題，機会はいくつもの要因が絡み合った複雑なものである。企業内の状態，強み，弱みも，単純ではなく重層的なものである。それらを理解するためには，対象を分析し，いくつかの要因に分解しなければならない。他方，戦略を構築するためには，いったん分解した要因のいくつかに着目し，それらを組み合わせることが必要である。何に着目してどのように組み合わせるかによって，ユニークかつ優れた戦略が構築できるかどうかが決まる。だから，経営戦略の要諦は，「組合せの妙」なのである。

本書の構成

本書は，5つの章，22のunitからなっている。各unitでは，本文で説明される事項は最低限に絞られ，読者が現実感覚を持って読み進められるように，あるいは本文では説明し切れなかった事項について説明を追加するために，コラムがつけられている。各章の冒頭で，その章の位置づけ，その章の各unitで学ぶことが説明されている。また，各unitの終わりには，要約と確認問題が置かれている。章ごとにまとめられている参考文献は，欧米の学術雑誌に掲載された論文等は必要最小限にし，読者が手に入れやすい日本語の基本的な文献を中心にした。そこに掲げられているものには詳細な参考文献リストがついているものもあるので，読者はそれを通じてさらに学習を進めることができるだろう。

本書は，第1章の経営戦略および経営戦略論への導入に続き，第2章，第3章で事業戦略，第4章，第5章では企業戦略について書かれる。第2章，第4章で，事業戦略，企業戦略それぞれの基礎的事項が解説され，第3章，第5章に，それぞれ前の章で習得される基礎的知識を応用して理解すべきトピックが配されている。応用的なunitでは，事業戦略論，企業戦略論それぞれの最近の展開や，現在企業が直面しているより現実的な課題が議論される。したがって，読者には，各unitを読んでいくにつれて，あるいは各章を読み進める過程で，経営戦略について次第に理解を深めることが期待されている。

執筆の分担は，次の通りである。淺羽は，第1章のunit ③，第2章のunit

④⑤，第3章の unit ⑩〜⑫，第4章の unit ⑭〜⑱を担当した。牛島の担当は，第1章の unit ①②，第2章の unit ⑥〜⑨，第3章の unit ⑬，第4章の unit ⑲，第5章の unit ⑳〜㉒である。分担は両者の専門をある程度反映している。ただし，unit の構成や盛り込むべき内容については，2人の間で十分に意見交換をして決めた。それゆえ，書き方の癖の違いは多少残っているものの，盛り込まれた事項や論旨については，2人の合作である。

謝　辞

　先に述べたように，われわれは，UCLA に留学し，マービン・B. リーバーマン教授から指導を受けた。教授は，経済学をベースにした戦略研究者であり，先発の優位に関する理論的研究，化学産業，自動車産業，鉄鋼業等のデータを用いた学習効果，新規参入，投資行動，生産性についての実証的研究などで名高い。深い洞察と親切な人柄で，同僚や院生，他大学の研究者からも慕われている。博士課程における教授のセミナー，われわれの研究に対する指導，聴講した MBA の戦略の授業，教授との普段の会話。これらすべてが，多かれ少なかれ本書のベースとなっている。教授から受けた学恩に対して，深く感謝を申し上げる。

　また，すべてのお名前をあげることはできないが，われわれが勤務する大学の先輩・同僚，学会などで交流のあった他大学の研究者，授業や研修でお会いした実務家・学生といった，さまざまな方々から受けた刺激，その方々との議論が，本書の随所にちりばめられている。この場を借りて，感謝の意を表したい。

　本書の執筆について有斐閣書籍編集第2部からお話をいただいてから，数年が経ってしまった。最初にいただいた企画要綱に記されている刊行予定を見ると，本当に申し訳なく思う。刊行の遅れは，ひとえにわれわれの遅筆によるが，1つ言い訳をさせていただけば，原稿を書いては持ち寄り，相互にコメントして書き直すというように，共著であるがゆえに手間がかかったことも事実である。時間はかかってしまったが，その分本書がよりよいものになったと確信している。その間，編集担当の藤田裕子さん，得地道代さんには，辛抱強くお待ちいただいただけでなく，正確な進捗状況の管理，面倒な編集作業をしていた

だいた。お2人の巧妙な叱咤激励がなければ，本書が日の目を見るのはまだまだ先のことであっただろう。感謝申し上げたい。

 2010年3月

淺羽　茂
牛島 辰男

著者紹介

浅羽 茂（あさば・しげる）　　　　　　　　　　unit ③〜⑤, ⑩〜⑫, ⑭〜⑱
1985 年，東京大学経済学部卒業。1990 年，東京大学大学院経済学研究科博士課程修了。
1999 年，カリフォルニア大学ロサンゼルス校大学院博士課程修了。学習院大学経済学部教授を経て，
現在，早稲田大学大学院経営管理研究科教授。博士（経済学），Ph. D. (Management)。
主な著作に，『競争と協力の戦略』（有斐閣，1995 年），『日本企業の競争原理』（東洋経済新報社，2002 年），"Why do firms imitate each other?" (with Marvin B. Lieberman, *Academy of Management Review*, vol. 31, no. 2, 2006)，『企業戦略を考える』（共著，日本経済新聞出版社，2007 年），"Patient investment of family firms in the Japanese electric machinery industry" (*Asia Pacific Journal of Management*, vol. 30, no. 3, 2013), "The impact of family ownership on establishment and ownership modes in foreign direct investment" (with Junichi Yamanoi, *Global Strategy Journal*, vol. 8, no. 1, 2018), "The Contact-hitting R&D strategy of family firms in the Japanese pharmaceutical industry" (with Tetsuo Wada, *Family Business Review*, vol. 32, no. 3, 2019)，『ファミリー企業の戦略原理』（共著，日経 BP 日本経済新聞出版，2022 年），『新版 経営戦略の経済学』（日本評論社，2023 年）などがある。

牛島 辰男（うしじま・たつお）　　　　　　　　unit ①, ②, ⑥〜⑨, ⑬, ⑲〜㉒
1989 年，慶應義塾大学経済学部卒業。三菱総合研究所研究員を経て，2003 年，カリフォルニア大学ロサンゼルス校大学院博士課程修了。青山学院大学大学院国際マネジメント研究科教授を経て，
現在，慶應義塾大学商学部教授。Ph. D. (Management)。
主な著作に，"Corporate diversification, performance, and restructuring in the largest Japanese manufacturers" (with Yoshitaka Fukui, *Journal of the Japanese and International Economies*, vol. 21, no. 3, 2007), "Understanding partial mergers in Japan" (*Journal of Banking & Finance*, vol. 34, no. 12, 2010), "Patent rights protection and Japanese foreign direct investment" (*Research Policy*, vol. 42, no. 3, 2013), "Diversification, organization, and value of the firm" (*Financial Management*, vol. 45, no. 2, 2016)，『企業戦略論』（有斐閣，2022 年）などがある。

目　次

第1章　イントロダクション ---------------------------------- 1

Introduction 1　2

unit 1　経営戦略とは何か ──────────── 3

利益への羅針盤（3）　なぜ利益なのか（3）　経営戦略とゼネラル・マネジメント（5）　経営戦略と組織（7）　経営戦略とミッション，経営計画（8）

unit 2　経営戦略の成立ちと種類 ──────── 12

経営戦略の成立ち（12）　事業戦略と企業戦略（16）

unit 3　戦略論の歴史 ──────────── 22

戦略論の萌芽（22）　戦略の体系化（24）　RBVの発展（27）

Key Words 1　30
References 1　30

第2章　事業戦略の基礎 ---------------------------------- 33

Introduction 2　34

unit 4　事業戦略の考え方 ──────────── 36

価値の創造と競争（36）　SWOTの分析（39）　外部環境分析──脅威と機会（43）　内部分析──強み・弱み（44）　競争戦略（46）

unit 5　外部要因の分析 ──────────── 48

外部環境を理解する（48）　競争の程度を決める諸要因（50）　分析結果の評価（54）　ファイブ・フォース分析の限界とその後の展開（55）

unit 6　内部要因の分析 ──────────── 59

活動と経営資源（59） 活動として見た強み（61） 資源として見た強み（63） 経路依存性（66） 企業の弱み（67）

unit 7 競争優位と基本戦略 —————————— 69

競争と利益（69） 競争優位のタイプ（71） スタック・イン・ザ・ミドル（73） 基本戦略（74）

unit 8 コスト優位 —————————————————— 78

コスト・ドライバーとコスト構造（78） 高い稼働率（79） 規模の経済性（80） 経験効果（82） 範囲の経済性（83） 独自な技術，バリュー・チェーン（83） サプライヤーとの関係（84） 優位を実現する仕組み（85）

unit 9 差別化優位 ————————————————— 89

差別化優位の一般的特徴（89） 差別化優位のドライバー（90） 見える差別化と見えざる差別化（91） 垂直的差別化と水平的差別化（94） 差別化戦略と顧客の定義（96）

KeyWords 📝　98
References 📝　99

第3章　競争優位のダイナミズム —————————— 101

Introduction 3　102

unit 10 競争優位の持続可能性 ———————————— 104

持続可能な競争優位（104） 強みの源泉の専有（106） 不確実性の存在（108） 強みの累積（109） システムとしての活動（111） 競合の強みを逆手にとる（112）

unit 11 業界標準をめぐる競争 ———————————— 115

ネットワーク外部性（115） 業界標準を確立するための戦略（118） 専有可能性（121） 競争と協力のミックス（123）

unit ⑫ イノベーション ——————————————— 127

イノベーションとは（127）　イノベーションのマネジメント（128）　企業間競争に対するイノベーションの影響（130）　イノベーションの収益化（133）

unit ⑬ 産 業 進 化 ——————————————— 139

シェイクアウト（139）　産業進化の姿（140）　需要（製品ライフサイクル）（142）　技術（イノベーション）（143）　競争（145）　産業間の違いをもたらすもの（148）

KeyWords ❸　　150
References ❸　　150

第4章　企業戦略の基礎 ------------------------------------ 153

Introduction 4　　154

unit ⑭ 企業戦略の考え方 ——————————————— 156

事業の定義（157）　事業展開の方向（158）　企業優位（160）　取引費用（161）　シナジー（162）　事業範囲を制限する要因（163）　事業範囲の拡大・縮小のマネジメント（166）

unit ⑮ 垂 直 統 合 ——————————————— 168

メイク・オア・バイの意思決定①——生産費用の比較（169）　メイク・オア・バイの意思決定②——取引費用の比較（171）　特殊性と取引形態（176）　市場，組織，中間組織（177）

unit ⑯ 多 角 化 ——————————————— 181

多角化の誘因（182）　内的・外的誘因の組合せの妙（186）　多角化企業が陥りがちな間違い（188）

unit ⑰ 多角化のダイナミクス ——————————————— 192

多角化のタイプ（193）　多角化の程度と経営成果（196）　ダイナミックな学習プロセスとしての多角化（199）

unit ⑱ 多角化のマネジメント ―――――――――――――― 203

組織形態の変遷（204）　異質な課題・役割による管理――プロダクト・ポートフォリオ・マネジメント（207）　PPM の注意点（210）　凝集性（211）

unit ⑲ 国　際　化 ――――――――――――――――――― 214

国際化の形態（214）　国際化の条件――OLI フレームワーク（215）　国際企業戦略の類型（217）　トランスナショナル戦略（221）

KeyWords 4　223
References 4　224

第5章　変革のマネジメント ―――――――――――― 227

Introduction 5　228

unit ⑳ 参入のマネジメント ――――――――――――― 229

参入モードの種類（229）　内部成長（230）　合併・買収（M&A）（232）　提携（アライアンス）（234）　参入モードの選択（235）

unit ㉑ 撤退のマネジメント ――――――――――――― 238

撤退の重要性（238）　撤退の背景と障害（239）　清算（241）　売却（243）　事業統合（244）　撤退モードの選択（245）

unit ㉒ 企業リストラクチャリング ―――――――――― 248

企業リストラクチャリング（248）　財務リストラクチャリング（249）　事業ポートフォリオ・リストラクチャリング（251）　組織リストラクチャリング（252）　リストラクチャリングのステップ（255）

KeyWords 5　257
References 5　257

索　引　259

事項索引（259）　人名・企業名・商品名等索引（270）

コラム一覧

本田宗一郎と藤沢武夫　9
事業戦略と企業戦略の利益への影響　20
分析麻痺症候群　26
マクドナルド vs. モス　41
ハーシュマン・ハーフィンダル指数　51
非戦略的な資源の役割　66
サプライヤーをめぐる競争　70
マーケット・シェアは手段か，結果か　86
製品セグメントと顧客セグメント　92
ウォルマートの初期の成功要因　107
なぜネットワーク外部性と呼ぶか　117
IBMのイノベーションの収益化　137
競争が変えるコスト構造　147
事業立地，転地，戦略不全　165
GMとフィッシャー・ボディ　175
不二越のシナジー発現のための取組み　190
バブル崩壊後の選択と集中　198
多様な事業部制　206
国の競争優位　216
成長する日本のM&A市場　233
不確実性と撤退の意思決定　240
企業内部者による買収（MBOとEBO）　254

本書のコピー，スキャン，デジタル化等の無断複製は著作権法上での例外を除き禁じられています。本書を代行業者等の第三者に依頼してスキャンやデジタル化することは，たとえ個人や家庭内での利用でも著作権法違反です。

第1章

イントロダクション

1　経営戦略とは何か
2　経営戦略の成立ちと種類
3　戦略論の歴史

第1章 イントロダクション

Introduction

この章の位置づけ

第1章は企業の経営戦略とその研究である経営戦略論への招待である。この章には大きく2つの課題がある。第1は，「経営戦略とは何か」の検討である。経営戦略は何を目的とし，企業内の誰によって担われるのか。それはどのような要素から成り立っており，なぜ重要なのか。経営戦略にはどのような種類があるのか。これらの基本的なポイントについて理解を確かにしておくことで，次章以降のさまざまなトピックの意味や関連性が見えやすくなる。

第2の課題は，経営戦略論の歴史をたどることである。経営戦略論は若い発展途上の研究分野である。それがどのように発展してきたかを知ることは，読者自身がこの分野の現状と課題を評価していくための助けとなるであろう。

この章で学ぶこと

unit 1 経営戦略とは利益を獲得していくために，自社の活動をどのように行っていくかという企業経営の基本となる考え方である。企業にとっての利益の意味や，企業内における戦略の担い手，ミッションと戦略の関係などの検討を通じて，経営戦略の本質への理解を深めていく。

unit 2 経営戦略の成立ちを，その構成要素である領域，優位性，手段・手順，ロジックの意味を通じて考える。その上で，事業戦略と企業戦略の違いと関係について検討する。

unit 3 経営戦略論がどのように発展してきたか，主要な考え方（理論）が生まれた背景を踏まえつつ，簡単に振り返る。

unit 1

経営戦略とは何か

利益への羅針盤

経営戦略とは何だろうか。新聞や雑誌では，多くの企業のさまざまな取組みが，「戦略」として紹介されている。「成長戦略」や「拡大戦略」など企業活動の規模や範囲を広げる取組みは，とりわけ目にすることが多い。では，経営戦略とは企業を大きくするための何かなのだろうか。必ずしもそうは言えない。世の中には，小さくても独自な存在であるがゆえに賞賛されている企業，そうした企業になることを目指している企業が数多く存在する。少なくともこれらの企業にとっての経営戦略とは，会社を大きくすることではない。そうすると，企業の規模が大きくなるプロセスである成長もまた，経営戦略の目標とは常には言えない。

経営戦略は，規模の大小にかかわりなく企業が存続し，発展していくのに不可欠なもの，**利益**の獲得を中心的な課題とする。経営戦略とは利益を得る，増やすために自社の活動をどのように行うか，変えていくかという企業経営の基礎となる考え方である。「戦略」という言葉は，マーケティング戦略，財務戦略，人事戦略など企業活動のさまざまな分野での方針を指し示すために広く用いられる。経営戦略とは，そうした個々の活動分野の方針を定めるための指針であり，前提条件である。企業を船にたとえるならば，利益という目的地に向けて航海を進めていくための羅針盤の働きをするのが経営戦略である。

なぜ利益なのか

利益が経営戦略の中心に位置するのには，いくつかの理由がある。第1の理由は，そもそも企業とは，何らかの活動により利益を得ることを目的として作

られる存在であり，その存続は一定水準以上の利益を生み出す限りにおいて可能であるということである。存続に必要な最低限の利益を生み出す力のない企業が存続していくことは普通できない。

　第2に，利益は企業が将来の存続を確保していくための重要な原資となる。利益の一部は配当を通じて，活動を支える資本の出し手である株主に還元されるが，一部は活動を強化する投資のために社内に留保される。今日利益がないということは，投資不足から将来の企業活動の基盤が揺らぐという長期的な存続の脅威につながるのである。

　第3に，利益は組織を活性化する効果を持つ。利益は経営者や従業員といった企業活動を担う人々の努力の成果である。自分たちの努力が，利益という目に見える成果となることは，人々にとって強い動機づけとなる。昇給やボーナスを通じて人々の努力に報いることも，利益の出ている会社のほうが，そうでない会社よりも行いやすいことは言うまでもない。赤字の会社では，従業員の雇用すら危うい。

　ところで，利益がどんなに重要なものであったとしても，それを得ることが簡単であれば，利益を中心に経営戦略を考える必要はない。私たち人間にとっての空気の意味を考えてみよう。空気は人間の生存に不可欠な重要なものであるが，空気の確保を最大の問題と考えて，人生を生きている人はまずいない。空気とは私たちのまわりにふんだんにあるものであり，労せずして手に入るからである。宇宙にでも行かない限り，空気は人間の生活にとって「戦略的」な問題ではない。企業にとっての利益とは，人間にとっての空気と一面ではよく似ており，他面ではまったく異なる。似ているのは，利益は企業の存続にとって不可欠であるということである。すなわち，人間にとっての空気同様に，利益なしに企業は生きていけない。異なるのは，利益は空気のように普通にあるものではなく，大変な努力によってのみ企業にもたらされるということである。

　なぜ利益を得ることは難しいのか。それは，企業間に競争があるからである。企業が利益を得るためには，自社の供給する財やサービスを顧客に購入してもらわなければならない。しかしながら，顧客にはどこの企業からいかなる財やサービスをどのような条件で購入するか，多くの選択肢がある。数ある選択肢の中から自社を選んでもらうためには，価格を他社より下げたり，コストをか

けて競合他社（以下，単に「競合」と表記することもある）よりも魅力的な製品，サービスを提供したりしなければならない。すなわち，利益を削って，顧客を得る努力をしなければならない。競争が激しくなるほど，削らなければならない利益は大きくなる。ミクロ経済学の完全競争の理論が描くように，競争が非常に激しくなると，産業内のどの企業も利潤が得られないという状況すら生じうる。存続に不可欠であるにもかかわらず，競争の圧力に打ち勝つ努力と工夫によってのみもたらされるために，利益は経営戦略の中心となる課題なのである。

経営戦略とゼネラル・マネジメント

ところで，企業ではさまざまな活動が多くの人々によって分業され，行われている。図 1-1 に示すように，これらの活動は機能と事業という 2 つの基準により大きく分けることができる。機能とは研究開発，生産，マーケティング，人事，財務など，仕事の中身（役割）による分類である。これに対して，事業とは活動が作り出す製品・サービスの種類による区分である。生産やマーケティングなど異なる機能の活動も，同じ製品・サービスにかかわるものであれば，同じ事業を構成する活動としてまとめることができる。

　企業利益とは，企業のすべての活動が生み出す売上げから，すべての活動にかかる費用を引いたものである。すなわち，企業利益は生産やマーケティングといった特定の機能や，ある特定の事業によって決まるのではなく，すべての機能，事業の全体的な成果として最終的に決まる。この事実が持つ意味は，経営戦略の本質は「全体性」にあるということである。すなわち，利益という共通の目標に向けてさまざまな活動の足並みを揃え，企業全体としての働きを高めていくことに経営戦略の重要な役割がある。

　これは，経営戦略は企業全体を対象として考えなければならないということでは必ずしもない。多くの事業分野で活動する企業は，研究開発や生産，マーケティングなどの機能を事業ごとにまとめ，事業部門と呼ばれる組織単位を作っていることが多い。事業部門は企業という全体から見れば部分であるが，事業を構成している機能から見ると，1 つの全体である。したがって，複数の事業を手がける企業の経営戦略は，事業の集まりとしての企業の戦略（企業戦略）

図1-1　企業内分業としての機能と事業

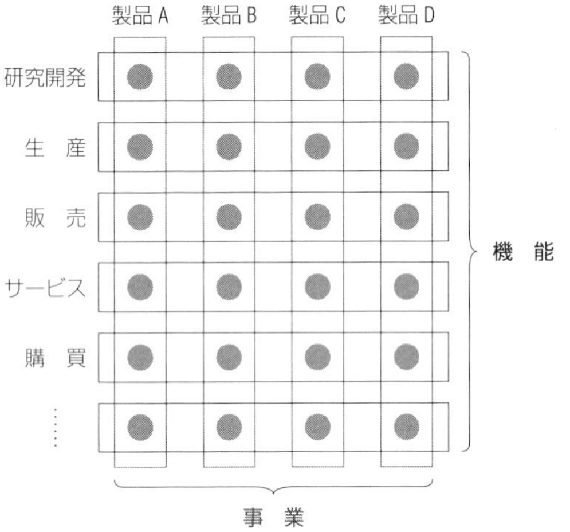

（図：縦軸に機能〔研究開発，生産，販売，サービス，購買，…〕，横軸に事業〔製品A，製品B，製品C，製品D〕を配したマトリクス）

と，機能の集まりとしての事業レベルの戦略（事業戦略）に分けて考えることができる。企業戦略と事業戦略の違いについては，次のunit②でもう少し詳しく検討する。

　経営戦略の本質が全体性にあるということは，それが**ゼネラル・マネジメント**の問題であるということでもある。ゼネラル・マネジメントとは，さまざまな部分をまとめ，全体として方向づけていく経営の役割を指している。機能の集まりとしての事業でこの役割を果たす人（ゼネラル・マネジャー）は事業部門長であり，事業の集まりである企業レベルのゼネラル・マネジャーは経営者である。経営戦略にかかわる最終的な責任は，究極のゼネラル・マネジャーである経営者にある。

　経営戦略がゼネラル・マネジメントの問題であるということは，一般の従業員には経営戦略が無関係であるということを意味するものではない。経営戦略が企業組織の存続と発展に不可欠な利益の獲得にかかわるものである以上，それと無関係な従業員はいない。経営戦略の実行においては，意識するとしないとにかかわらず，すべての組織メンバーがその担い手となる。戦略の実行とは，それが指し示す方向に従って，実際に企業活動を行っていくことだからである。しかしながら，個々の従業員の職責は，企業全体の中では限られた部分にすぎ

ない。経営戦略を担う力と責任を企業の中で持つのは，全体を見渡し，方向づけていくことのできる立場にいるゼネラル・マネジャーなのである。

経営戦略と組織

　ゼネラル・マネジメントの役割は経営戦略だけではない。戦略に従って，企業を動かしていくことも重要な役割である。時に10万人を超える従業員を抱えることもある企業を，文字通り「動かす」ことはどんな経営者でも1人でできるものではない。従業員から，管理職や事業部門長など下位のマネジャー，経営者まで，すべての組織メンバーによる分業と協業により企業は動く。企業を動かすということの意味は，分業と協業がうまく進むように組織的な仕組みを作ることと，個々のメンバーが全体の目的のために動こうとする動機づけをしていくことにほかならない。**経営管理**と呼ばれるゼネラル・マネジメントの機能である。その課題は従業員の報酬・昇進制度，企業内の部門分けなど組織構造，協業をスムーズに進めるための手続き，ルールの決定など広範囲である。どこを目的地として，いかに航海していくかという航海プランを経営戦略とすると，いかなる船を持ち，どう運営するかが経営管理の問題である。

　上のたとえは戦略と組織の間にある重要な関係を示唆する。すなわち，どこを目指して航海するか（戦略）が定まらないと，どのような船（組織）が望ましいかは決まらないということである。経営史家チャンドラーの言葉「構造は戦略に従う」は，企業の構造（組織）は戦略に応じて変わるし，変わらなければならないということを意味している。すなわち，組織には戦略を達成するための手段としての一面がある。このことは，戦略と組織の相対的な重要性を示すものではない。両者は車の両輪のような関係であり，どちらが機能しなくても，企業は前に進むことができない。また，戦略が構造（組織）に従うという関係もあることに注意しよう。どこを目指して航海できるかは，どのような船を現に持っているかに依存する部分が，少なくとも短期的にはあるからである。企業組織が大きく変化するには，一定の時間がかかる。現在の組織を所与とする短期での舵取りと，組織の大幅な変革も伴う長期での舵取りを上手くすり合わせていくことが経営者の手腕である。

経営戦略とミッション，経営計画

ところで，経営者や従業員が自分たちの活動に見出している，あるいは求めている価値は，しばしば利益という金銭的尺度では推し量れない何かがある。ソニーの創業者の1人である井深大は，ソニーの前身である東京通信工業の設立趣意書（1946年）で，次のように自分たちの新しい会社の目的を謳った。

　　　　真面目ナル技術者ノ技能ヲ最高度ニ発揮セシムベキ
　　　　自由闊達ニシテ愉快ナル理想工場ノ建設

人々が日々の生活に苦労する終戦直後の日本で，それも戦争で技術開発が長く滞っていた民生用電機の分野で生まれたばかりの企業を，技術者のパラダイスにして最高の職場にするという宣言は，まさに夢物語である。しかしながら，その後ソニーという会社が達成した目覚しい成長，それを可能にした数々のイノベーション（技術革新）は，経営者や従業員がこの夢に向かって共に努力した結果にほかならない。

夢や理念が企業の発展に大きな役割を果たしてきたのは，ソニーだけではない。ソニーのライバルとして日本のエレクトロニクス産業をリードするパナソニック（旧松下電器産業）には，創業者である松下幸之助が1929年に定めた次の理念がある。

　　　　産業人タル本分ニ徹シ
　　　　社会生活ノ改善ト向上ヲ図リ
　　　　世界文化ノ進展ニ
　　　　寄与センコトヲ期ス

2000年に社長に就任した中村邦夫は，この理念以外は松下電器のすべてを変えると宣言し，事業や組織を大きく変革した。言い換えると，松下が松下である限り変えてはならない何かを，この4行の一見古めかしい文章が表現しているということである。

このように企業が利益という経済的な目的を超え，活動を通じて目指す何かは，一般に**ミッション**と呼ばれる。ミッションは企業が人の集まり（組織）としてのまとまりを保ち，発展していく上で重要な役割を果たす。恐らくはこの重要性ゆえに，ミッションと経営戦略は混同されることがしばしばある。これは大変深刻な誤解である。経営戦略とはミッションを定めることではないし，

> **コラム**
>
> **本田宗一郎と藤沢武夫**
>
> 本田宗一郎と藤沢武夫は，世界の経営史に残る名経営者である。1949年に出会ってから，この2人は本田技研工業（ホンダ）を世界的な企業へと共に育てていった。創業者の本田宗一郎は，創造性と情熱に溢れた技術者であり，組織としてのホンダの個性に今でも強い影響を残す人である。浜松生まれの小さな企業であったホンダが，優れた技術と製品を武器に，世界最大のオートバイ・メーカー，世界有数の自動車メーカーへと成長していくさまは，夢追う技術者である本田宗一郎の個性と見事なまでに重なり合う。一方の藤沢武夫は本田宗一郎の人と夢の最大の理解者にして，企業としてのホンダの経営の基礎を作ることに専心した副社長である。本田宗一郎がホンダの夢（ミッション）を体現した経営者とすれば，藤沢武夫は経営戦略を通じて，ミッションの実現を助け，時に鼓舞した経営者である。この2人の役割は，スーパーカブという画期的な小型バイクに象徴的に現れている。モノとしてのカブは本田宗一郎の創造力と情熱の賜物であったが，それが世界のオートバイ産業を変えていくような高い市場性のある製品として生み出されていく契機，事業の仕組みを作ったのは藤沢武夫である。
>
> 互いの個性を尊重しながら共にホンダを導いたこの2人の経営者について知ることは，ミッションと経営戦略の重要性，違いと関係を実感的に理解する一番の方法かもしれない。2人の協働の歴史は，伊丹［1998］にコンパクトにまとめられている。藤沢武夫の著作も，広くゼネラル・マネジメントの役割を考える素材を提供する名著である。

企業が素晴らしいミッションを持っていることと，優れた経営戦略を持っていることとは別である。中村社長（当時）が創業者の理念を最大限尊重しつつも，松下電器の戦略と組織を大胆に改革したことからもわかるように，ミッションがあれば，利益への道筋が描けるというものではまったくない。企業である限り，そこで働く人々の夢を実現するには利益という経済的な裏づけが不可欠である。ソニーとパナソニックが日本を代表する企業へと発展したのは，素晴らしいミッションだけではなく，優れた経営戦略を持っていたからである。戦略の成功なしに，達成されるミッションはない。経営戦略とミッションが企業の発展に果たす役割は，コラムに紹介する本田宗一郎と藤沢武夫というホンダを導いた2人のゼネラル・マネジャーに象徴されている。

ミッション以上に経営戦略と混同されやすいものに，**経営計画**がある。経営

第1章 イントロダクション

計画とは，ある一定期間における企業の目標と活動方針をまとめたものである。一般に3〜4年の期間を対象としたものを中期経営計画（中計），5年以上のものを長期経営計画（長計）と呼ぶことが多い。経営計画には期間中における売上げや利益目標，それらを達成するための施策などが示されるため，経営戦略と似ている。しかしながら，経営計画はあくまで数年間における活動の指針であり，より長期的に企業が何をすべきかを示す経営戦略に代わるものではない。また，経営計画が期間中に何をするか示すことを主眼とするのに対し，経営戦略のコアにあるのはなぜするのかというロジックである（unit②参照）。企業を長期的に方向づけていくロジックとしての経営戦略と，現に目の前にある企業内外の状況を踏まえたときに，これからの一定期間で何をすべきか示しているのが経営計画である。この意味で戦略は計画に先立つものであり，計画の積重ねが戦略になるわけではない。逆に戦略は未来永劫にわたる詳細な活動計画ではないため（そのようなものは作れない），それさえあれば計画はいらない（これから数年の間に何をすべきか，改めて考える必要はない）というものでもまったくない。

要　約

☐ 経営戦略は，企業の存続，発展に不可欠な利益をなるべく大きく獲得していくことを目的として，自社の活動を全体として方向づけていくための基礎となる考え方である。

☐ 経営戦略の本質の1つは企業内のさまざまな機能や事業を束ねる全体性にあり，経営者をはじめとするゼネラル・マネジャーの職責である。

☐ 企業の経済的な基盤（利益を獲得する力）を作る経営戦略と，組織の非経済的な目標であるミッションは，補完し合いながら企業の発展を促していく。

確認問題

☐ *Check 1* なぜ企業の経営戦略は利益の獲得を目的とするのか説明しなさい。

☐ *Check 2* 経営戦略なしに経営計画を作ると，どのような問題が起きてくるか検討してみなさい。

☐ *Check 3* 大学やNPO（非営利団体）など利益の獲得を目的としない組織にも，経営戦略は必要だろうか。

unit 2

経営戦略の成立ちと種類

経営戦略の成立ち

unit ①では，経営戦略を企業が利益という目的地に至るたるための羅針盤と表現した。実際にある企業の経営戦略がこの役割を果すためには，その中身が進むべき方位（何をすべきか），進むべきではない方位（何をすべきでないか）を示すものでなければならない。企業活動の「方位」は，以下の4つの問いへの答えとして大きく定められる。

① **領域**（where）
　　——いかなる領域（ドメイン）を活動の場とするか。
② **優位性**（what）
　　——どのような競争上の強み（優位性）を持つか。
③ **手段・手順**（how）
　　——目指す領域と優位性をどのように実現していくか。
④ **ロジック**（why）
　　——これら領域，優位性，手段の組合せが自社の利益を最大化すると考えられる理由は何か。

ここで，①〜③は企業による選択の問題であり，④は選択の根拠（理由）である。これらが組み合わせられることで，経営戦略の骨格ができあがる。以下では，これらの問題を通じて経営戦略の成立ちについて考えた上で，事業戦略と企業戦略という異なるタイプの経営戦略について解説しよう。

① **領域**　　領域（ドメイン）とは，企業が活動を行う事業，市場分野である。企業のドメインは，さまざまに定めることができる。ある製品・サービス分野（産業）に集中することもできれば，複数の産業で活動することもできる。

同じ産業の中でも，製品・サービスの種類（製品セグメント），顧客のタイプ（顧客セグメント），市場の地理的範囲などの組合せにより，ドメインは変えられる。このため，同じ産業の中でも，企業によって活動範囲が大きく異なることがしばしばある。自動車産業を例にとると，トヨタ自動車が小型から大型乗用車，SUV，ミニバンなど幅広い製品セグメントで活動しているのに対して，スズキは軽自動車を中心とする小型車に集中して事業を行っている。また，トヨタが北米，アジアをはじめとする日本国外の主要市場で広く事業を行っているのに対して，スズキはインドやハンガリーなど，限られた市場に特化して国外事業を行う方針が鮮明である。領域が変わると，満たすべき顧客ニーズや必要とされる技術が変わるため，企業が持つべき経営資源や能力が変わってくる。競争の激しさや取引業者との関係など，企業を取り巻く環境も変わってくる。これらの要因が変わるため，うまく機能する戦略も変わってくる。領域の選択は，まさに経営戦略の起点となる問題である。

　② **優位性**　利益は企業が活動すれば，必ず得られるものではない。どれほど顧客に評価される製品を提供しても，同じような価値（便益）を提供できる会社が多く存在すれば，競争の中で企業は埋没してしまい，利益は得られない。競争に負けずに利益を得ていくためには，競合が簡単に真似のできない便益を顧客に提供しなければならない。そうした力を競争優位という。それはどこよりも低価格で製品・サービスを提供する力かもしれないし，顧客にとって好ましいブランド・イメージかもしれない。同じドメインでも，ありうる競争優位のタイプは1つとは限らない。ではどのような強みを持つかという選択が，優位性の問題である。

　競争優位は利益を得るための条件であるから，優位性は領域とともに経営戦略の核にある問題である。unit ⑦〜⑨では，競争優位の性格とタイプについて詳しく説明する。競争優位はまた，企業の行うさまざまな活動を方向づける上でも大切な役割を果たす。同じ領域で活動する企業であっても，低価格を強みとする企業と高級感のあるブランド・イメージを強みとする企業では，マーケティングはじめ多くの活動ですべきこと，すべきでないことが変わってくる。いかなる競争優位を持つかを明確にすることなく，さまざまな活動を利益という共通の目標に方向づけていくことはできない。

③ **手段・手順**　手段と手順とは，目指す領域と優位性をいかにして実現していくのかという問題である。ある領域で活動するにしても，そこに足場を築いていくためにはいくつかの方法（手段）がある。1つには，自前の工場や事業所を作り，技術開発や流通チャネルの開拓も独力で行うという方法がある。内部成長と呼ばれる方法である。企業の合併・買収（M&A）により外部の資源や能力を取り込み，領域を広げる方法もある。外部成長と呼ばれる方法である。内部資源と外部資源をともに活かして，領域を広げることもできる。他社との提携（アライアンス）を通じた成長である。これらの成長（参入）モードについては，それぞれに固有なメリット，デメリットがあり，企業が現に持っている経営資源や能力，ターゲットとする領域などにより何が最適かは変わってくる。この選択については，unit ⑳で詳しく検討する。

　競争優位を作るための手段も，目指す強みによって変わってくる。先進的な技術を強みとするのであれば，社内の研究開発が重要な手段となることは間違いない。外部の技術をいち早く自社に取り込む工夫も重要となるかもしれない。たとえば，その分野の研究をリードする大学の近くに研究拠点を設けて，自社と大学の研究者の交流を促すということが考えられる。低価格を強みにするのであれば，安く売っても赤字にならない低コストを実現することが不可欠である。その手段としては，大規模生産による生産性の向上，大量発注による部品や原材料の調達コストの削減などがあるかもしれない。何にせよ，手段の裏づけがない強みは「絵に描いたもち」である。

　領域と優位性の実現のためには，タイミング（手順）も重要である。あるドメインで，ある強みを目指すにしても，それらをどの程度のスピードで実現していくべきか，多くの可能性があるだろう。競合に先駆けて大きく展開することが強みに寄与するのであれば，一気呵成に早いペースで活動を広げることが重要かもしれない。逆に，「急いては事をし損じる」と言われるように，あまりに急な展開は経営資源や能力が追いつかず，非効率なものになってしまう危険もある。自社の持つ資源ベースなどの内部要因，競合の動向や市場成長などの外部要因を踏まえながら，目標にうまく至っていくための手順を考える必要がある。

④ **ロジック**　経営戦略のロジックとは，それを指針として活動していく

ことが，なぜ企業に利益をもたらすと考えられるのかという根拠である。企業にとっても私たち個人にとっても，根拠の明らかでない「指針」は指針となりにくい。「早寝早起き」や「節約」といった目標をなんとなく立てて，三日坊主に終わった経験は誰にでもあるだろう。そうすべき理由が，自分にとって十分に明らかではないためである。同様に，根拠の曖昧な経営戦略に企業が従い続けることは難しい。経営戦略が企業のさまざまな活動の指針として実際に機能していくためには，利益という目標への道筋を明らかにするものでなければならない。この意味で，ロジックは経営戦略を戦略ならしめる核となる要素である。

　もう少し詳しく説明すると，経営戦略のロジックとは①領域，②優位性，③手段・手順における具体的な選択が組み合わさったときに，ほかでもない自社の利益を高めると考えられる理由である。①〜③の選択は，それら自体としては一般的に良し悪しを決められるものではないことに注意しよう。アメリカのデルがパソコン産業で大きな利益を上げてきたからといって，パソコン産業がすべての企業にとって活動の場として望ましいわけではない。パソコン産業の競争はきわめて激しく，IBMのような歴史ある大企業でも撤退を余儀なくされている。しかしながら逆に，競争が激しいという一般的事実は，デルという固有な資源と能力を持った企業にとって，パソコン産業が活動の場として望ましくないということを示すものでもない。利益を獲得していくために，いかなる領域でいかなる強みをいかに実現するべきかという問題の解は，企業により異なるのである。多くの可能性がある中で，なぜ特定の組合せが自社にとって意味を持つのかを説明するのが，ロジックである。

　どの企業にも当てはまる一般的な解ではなく，自社という固有な存在にとっての解を示すものであるがために，優れたロジックを持つことは難しい。第2章（unit ④〜⑨）で検討していくように，その出発点は企業を取り巻く環境と，資源や能力に代表される内部要因の理解である。だが，外部環境を形作っている多くの要素のうち何に注目すべきか，自社の持つ多くの資源のうち何が真に強みとなるものなのかはまったく自明ではない。判断を誤る危険は常にある。過去においては優れたロジックが，予期せざる環境の変化により，不適切になってしまうこともある。こうした難しさはあるものの，ロジックなしでは経営

戦略は雑多な選択の寄せ集めになってしまい，利益という目標に向けて企業を方向づけていくことはできなくなる。経営戦略論という学問は，経営戦略に携わる人々が，よりよいロジックを持つために必要な視点を提供することを目的として発展してきた。その簡単な歴史については，次の unit ③で紹介しよう。

事業戦略と企業戦略

次に**事業戦略**と**企業戦略**の違いについて説明しよう。同じ「戦略」という言葉を含んでいても，これらが意味するところは大きく異なる。読者はソニーという企業名からどのような製品・サービスを思い浮かべるだろうか。液晶テレビ（ブラビア）だろうか。パソコン（バイオ）だろうか。家庭用ゲーム機（プレイステーション）だろうか。あるいは，モノではなくて，「スパイダーマン」のようなソフト（映画）だろうか。インターネット接続やポータル・サービスのSo-netだろうか。これらはソニーが事業で手がけている製品・サービスのごく一部に過ぎない。表 2–1 はソニーの有価証券報告書に記載されている同社の事業分野である。多くの読者は，その幅広さに驚くだろう。

ソニーのように多くの事業を営む企業は，2種類の経営戦略が必要となる。1つは個々の事業を導くための戦略，事業戦略である。どんな事業でも使える「万能の戦略」があれば便利だが，そういったものは存在しない。同じソニーの情報・通信事業に含まれるパソコンと携帯情報端末であっても，製品の機能や用途の明らかな違いから，顧客が購入時に重視するポイント，競合の顔ぶれや競争の度合い，販売チャネルなど，両者にはおびただしい違いがある。それぞれの事業で成功しようとするならば，それぞれの事情を踏まえた別々の戦略が必要になることは明らかである。事業戦略はある特定の事業において利益を得るための基本方針である。どのような製品ラインを持ち，どのような顧客を相手とするのか（領域）。どのような強みで顧客に訴えるのか（優位性）。どのようにそれらを実現するか（手段・手順）。これらの組合せが，この事業で企業に利益をもたらすと考えられる理由は何か（ロジック）。これらの問いに答えるのが事業戦略である。企業は行っている事業の数だけ事業戦略を持たなければならない。

一方，企業戦略は事業戦略と異なり，事業の集まりとしての企業全体の利益

表 2-1　ソニーの事業領域

エレクトロニクス	オーディオ	家庭用オーディオ 携帯型オーディオ カーオーディオ カーナビゲーションシステム
	ビデオ	ビデオカメラ デジタルスチルカメラ ビデオデッキ DVD ビデオプレーヤー／レコーダー
	テレビ	ブラウン管テレビ プロジェクションテレビ 液晶テレビ コンピューター用ディスプレイ デジタル放送受信システム
	情報・通信	パーソナルコンピューター プリンターシステム，携帯情報端末 放送用・業務用オーディオ／ビデオ／モニター
	半導体	LCD，CCD，その他の半導体
	コンポーネント	光学ピックアップ，電池 オーディオ／ビデオ／データ記録メディア データ記録システム
ゲーム		家庭用ゲーム機，ソフトウェア
映　画		映画，テレビ番組 デジタルエンタテインメント事業
金　融		生命保険 損害保険 銀行 リースおよびクレジットファイナンス事業
その他		音楽ソフトウェア インターネット関連サービス事業 アニメーション作品の制作・販売事業 輸入生活用品小売事業 広告代理店事業 その他の事業

出所：ソニー株式会社有価証券報告書（2005 年度）。

を問題とする．すなわち，ソニーの企業戦略はオーディオ機器，テレビ，ゲーム機，映画，生命保険といったさまざまな事業を俯瞰して作られる．なぜ事業ごとの戦略が存在するのに，さらに企業全体の戦略が必要とされるのだろうか．

それは個々の事業では対応できない課題，特定の事業に限定されない課題があるからである。たとえば，新しい事業分野への進出があげられる。製造業企業であるソニーが生命保険事業に進出するという発想は，テレビやオーディオ機器の事業戦略を考える中からは出てこない。人材や資本などの事業間での配分や移動，マーケティングや研究開発などの活動の事業間で調整など，複数の事業をまたぐ問題も事業戦略ではカバーされない。

より一般的に言えば，企業戦略の役割はさまざまな事業の集まりとしての企業に存在意義を与え，企業全体の力を強めていくことである。ゲーム機器やパソコンといった事業が，それぞれに独立した会社としてではなく，ソニーという企業の中に同居する事業として活動することに意味があるとすれば，それは同居することで事業間に相互作用が働き，利益の獲得が容易になるからである。事業の競争優位に，相乗効果が働くからである。そうした効果をシナジーと呼ぶ。シナジーがないということは，個々の事業が別々の企業として，バラバラに活動しても差し支えないということである。すなわち，シナジーこそが事業の集合としての企業の存在意義である。シナジーを生み出す企業の力を，事業の競争優位と区別して企業優位と呼ぶことがある。

シナジーはどのような事業の組合せ（ポートフォリオ）でも生じるものではない。同じ組合せでも，事業間の交流や資源のやりとりなどの工夫によって，シナジーの大きさは変わってくる。企業戦略は新しい事業への参入や既存の事業からの撤退により事業ポートフォリオを変えたり，事業間のつながりを工夫したりすることでシナジーを大きく発生させ，企業全体としての利益の獲得能力を高めることを目的とする。どのような事業分野を自社の活動の場とするか（領域）。どのようなシナジーを事業間で作り出していくか（企業優位）。どのような手段と手順で，それらを実現するか。これらの組合せが，企業全体の利益が大きくなると考えられるのはなぜか（ロジック）。企業戦略はこれらの問いに答えなければならない。

以上の関係を図2-1に整理してみよう。経営戦略の目的は利益の獲得である。ソニーのように大きな企業であれば，利益獲得の場として多くの事業を持っている。ある事業が利益を生み出すためには，競合の持たない強み（競争優位）を持たなければならない。事業戦略はそうした強みを作り，高めていくことに

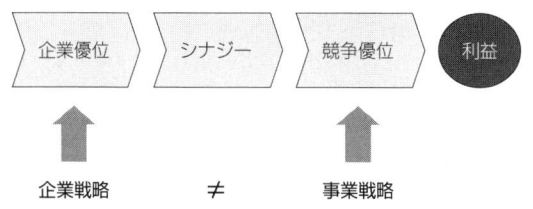

図2-1 事業戦略と企業戦略の関係

かかわっている。事業の集まりとしての企業は，自社のさまざまな事業がそれぞれに大きな利益を得られるように支援する。その手段が事業の強みの相乗効果であるシナジーであり，事業の組合せやつながりを工夫することで，シナジーを大きく発生させる力が企業優位である。企業戦略はなるべく大きなシナジーを生み出し，個々の事業の活動を助けることで，企業全体としての利益獲得能力を高めることを目的とする。

このように事業戦略と企業戦略は，同じ戦略といってもかなり異なるものであり，企業での責任の所在も異なる。事業戦略の責任者は，事業のゼネラル・マネジャーである事業部門長である。企業戦略の責任者は，企業のゼネラル・マネジャーである経営者である。企業経営の責任者は経営者であるから，経営者が担う企業戦略のほうが，事業部門長が担う事業戦略よりも重要であるという印象を読者は持つかもしれない。これは必ずしも正しくない。

図2-1をもう一度見てみよう。企業が利益を得るためには，事業という活動の「現場」において，生産や販売などの活動を実際に行わなければならない。これらの活動が利益を生み出すか否か，直接に左右するのは事業戦略である。利益の獲得における企業戦略の役割は，事業戦略の黒子のようなものである。事業戦略が機能せずに利益を得られる企業はない。その意味で，経営戦略の基礎は事業戦略にある。また，すべての企業が，ソニーのように多くの事業を抱えているわけではない。世の大部分の企業は，1つの事業分野で日々奮闘している。これらの企業にとっての経営戦略とは事業戦略にほかならない。事業戦略が会社の規模や事業の範囲に関係なく必要とされるのに対して，企業戦略は大企業でとくに重要となる戦略である。この意味でも，経営戦略の基本は事業戦略である。本書をはじめ，多くの経営戦略のテキストが事業戦略から企業戦

> **コラム**
>
> **事業戦略と企業戦略の利益への影響**
>
> 　本文で指摘しているように，事業戦略と企業戦略は異なる性格のものであり，重要性を単純に比較することはできない。しかしながら，事業の利益パフォーマンスに事業レベルと企業レベルの要因が，平均的にそれぞれどの程度のウェイトで貢献しているかを推計することは不可能ではない。表2-2は分散成分分析と呼ばれる統計的手法を用いて，日米の株式公開企業の事業セグメントの総資産利益率の分散（散らばり）が，どのような要因によってもたらされているかをまとめたものである。
>
> 　データや分析期間の違いにより単純な比較はできないものの，日米企業ともに，事業効果の影響が最も大きくなっているのに比べて，企業効果の影響はかなり限られていることがわかるだろう。ここで事業効果とは，事業セグメント間の持続的な利益率の違いをもたらしている事業レベルの要因の影響であり，事業の競争優位（劣位）を反映する。これに対して，企業効果とは持続的な利益率格差をもたらす企業レベルの要因の影響であり，企業優位（劣位）を反映する。すなわち，利益の直接的なドライバーとして見た場合，事業レベルの強みを作る事業戦略が最も大きなインパクトを持つ。ただし，どのような事業を自社の活動領域として持つかなど，企業戦略にはこの分析ではとらえきれない重要な機能が多くある。
>
> **表2-2　事業セグメントの利益率格差に影響する要因の貢献ウェイト**
>
> （単位：％）
>
> | | 日　本 | アメリカ |
> |---|---|---|
> | マクロ経済効果 | 0.3 | 2.4 |
> | 産業効果 | 6.6 | 18.7 |
> | 企業効果 | 8.6 | 4.3 |
> | 事業効果 | 53.1 | 31.7 |
> | その他 | 31.5 | 42.9 |
> | 合　計 | 100.0 | 100.0 |
>
> 出所：McGahan and Porter [1997], Fukui and Ushijima [2011] より作成。

略へと進んでいくのはそのためである。ただし，本来，事業戦略と企業戦略はどちらが重要という関係にあるものではない。複数の事業分野で活動する企業にとっては，双方の戦略が重要であり，不可欠である。

要　約

- [ ] 経営戦略は，①領域，②優位性，③手段・手順，④ロジックという要素から成り立っている。これらを明確にすることで，経営戦略は企業のさまざまな活動の足並みを揃える指針としての役割を果たす。
- [ ] 経営戦略論の目的は，経営戦略に携わる人たちが優れたロジックを持つための視点を提供することにある。
- [ ] 経営戦略には特定の事業の方向づけを行う事業戦略と，事業の集まりとしての企業全体の方向づけを行う企業戦略がある。同じ経営戦略でも両者の役割は異なっており，識別が大切である。

確認問題

- [ ] *Check 1* 　読者の関心のある企業（事業）を取り上げて，その戦略を領域，優位性，手段・手順の見地から整理してみなさい。また，それらを結びつけているロジックについて推察してみなさい。
- [ ] *Check 2* 　企業戦略が事業戦略の「黒子」であるとはどういう意味か説明しなさい。

unit 3

戦略論の歴史

戦略論の萌芽

　unit ①で,「経営戦略とは利益を得る,増やすために自社の活動をどのように行うか,変えていくかという企業経営の基礎となる考え方である」と述べた。どのように利益を追求,拡大するかについての方針は,明示的であるか暗黙的であるかは別にして,利益を追求する企業の誕生と同時に生まれたと言っても間違いないであろう。

　では,それが戦略という言葉で語られ,研究の俎上に載るようになったのはいつからであろうか。戦略という言葉は,まず軍事用語として文献に登場するが,ビジネスの文脈の中で文献に登場し始めるのは1960年代である。デュポン,ゼネラル・モーターズ,スタンダード・オイル,シアーズ・ローバックといった企業の歴史を調べた A. D. チャンドラー,Jr. は,経営者が企業の成長を方向づけ,その方向に適合するように組織構造を変えるといった長期的な意思決定を行ったことを明らかにした。チャンドラーは,戦略を,長期の基本目標を定めた上で,その目標を実現するために行動を起こしたり,経営資源を配分したりすることと定義した。さらに,新しい戦略が採用されると,新戦略を遂行するために,権限やコミュニケーションの経路,そこを流れる情報,経営資源の配分方法が変わり,組織構造が変わることを発見した。ゆえに,「**構造は戦略に従う**」という有名な命題を導いた。

　また,P. F. ドラッカーは,「経営戦略」と題した章が設けられている著書の中で,経営者の行う意思決定について,次のように議論している。経営者は,企業の構想を描き,その構想を実現するために必要な自社の卓越性を明らかにし,行動の優先順位をつけるといった成果達成計画を立てなければならない。

また，この成果達成計画において，追求すべき機会や受け入れるべきリスクの決定，活動範囲と構造の決定，時間と資金のバランスの決定，機構の決定をしなければならないと指摘している。

E. P. ラーニッドらは，経営戦略がまだ business policy と呼ばれていたころの代表的なテキストを著した。そこで彼らは，企業の内部（強みと弱み）を評価することによって，自社に特有な能力を明らかにし，企業の外部（環境の機会と脅威）を評価することによって，潜在的な成功要因を特定することができると考えた。そして，組織の強みと弱みによって，脅威を回避し，機会を利用できるようにすることが望ましいと考えた。これは，現在でも**SWOT 分析**と呼ばれ，多くの企業で利用されている戦略策定方法である。ラーニッドらは，戦略遂行プロセスとは明確に区別された，戦略策定の基礎を定めたのである。

H. I. アンゾフは，企業で行われる意思決定を，戦略的意思決定，管理的意思決定，業務的意思決定に分けた。このうち戦略的意思決定とは，企業の外部の問題，すなわち製品ミックスと市場の選択にかかわる問題である。したがって，アンゾフは，企業成長や**多角化**の問題に重点を置いていたと言える。アンゾフは，戦略的意思決定の際に行うべきいくつかの分析モデルを提示するとともに，unit ⑯で詳しく議論するように，多角化の基礎となるべき**シナジー**という概念を提示した。

これら 1960 年代に行われた戦略研究の共通点は，戦略を策定することこそ経営者の役割であると明確に考えている点であろう。アンゾフが示したように，戦略的意思決定は，業務上のさまざまな機能における意思決定とは明らかにレベルを異にする。ドラッカーは，先にあげた著書の序論で，その著書が企業経営者の経済的課題を体系的に提示しようとした最初の試みであると述べている。K. R. アンドルーズは，経営戦略こそゼネラル・マネジャーの事業上の最も重要な蘊蓄，エキスパートとしての実力であるとし，ゼネラル・マネジャーの重要性やリーダーシップについて述べている。チャンドラーの著書は，まさしく経営者が戦略経営を行うことによって，素晴らしい業績を上げることができたことを雄弁に物語っているのである。

当時，ローカル企業から全米に市場を拡大したアメリカの巨大企業は，さらなる成長を求めて事業の多角化に乗り出した。その結果，それまでは 1 つの事

業の遂行責任者であったトップ・マネジメントは，複数の事業を統括する本社において，複数事業の間でいかに資源を配分するか，複数の事業を束ねて企業としてのまとまりをどうやって保つかといった問題に直面することになった。これは，それまで経験したことのない複雑な意思決定問題であり，その解決策こそが戦略と呼ばれたのであろう。ゆえに，当時の戦略研究は，いかに成長を続けていくかという全社的な戦略であり，unit ②の分類で言えば企業戦略に関するものだったのである。

この戦略を考える経営者という専門職が出現したと言われたのも，このころである。その経営者人材を輩出したのは，ビジネス・スクールであった。ビジネス・スクールでは，経営の機能ごとにコースが設けられ，それらを修めた学生に対して総合的な視点が要求される冠石（capstone）コースとして，戦略のコースが課せられたのである。

戦略の体系化

このように，1960年代に，ビジネスの世界における戦略についての研究が始まり，戦略（あるいはpolicy）と呼ばれるコースがビジネス・スクールで教えられるようになった。また，**ボストン・コンサルティング・グループ（BCG）**というコンサルティング会社が1960年代半ばに創設された。BCGは，**経験曲線**と**プロダクト・ポートフォリオ・マネジメント（PPM）**という2つの概念的発明を行い，戦略研究に多大なインパクトを与えた。これによって，優れた経営者の経験談が語られ，個人の直感や経験の度合いが大きいアートの領域に属すると考えられていた戦略が，サイエンスになったと言われることもある。しかし，戦略に関するアカデミックな研究の蓄積は乏しく，何らかの社会科学のディシプリンに根ざした理論もなかった。体系立った戦略研究の登場は，1970年代まで待たなければならなかった。

1970年代に入ると，戦略と企業業績との間の関係について，システマティックな実証研究が行われた。1つは，チャンドラーの業績をベースにした，企業成長や多角化戦略についての研究であった。その代表がR. P. ルメルトである。ルメルトは，多角化戦略の詳細な尺度を開発し，多角化戦略と組織構造が業績に及ぼす影響について，ケース・スタディではなく，大量データの統計的

分析にもとづく体系的な実証研究を行った。

　1970年代に行われたもう1つの実証研究は，パデュー大学を中心に行われたビール産業についての一連の研究である。この研究では，1つの業界内でも，よりよい戦略をとった企業はライバルより好業績を上げることが示された。その結果，同じ業界でも，企業によってとられる戦略は異なり，結果として業績の差が生じることを意味する。この研究は，後の**戦略グループ**の研究へとつながっていく。

　ルメルトの研究が，本書の第4, 5章（unit ⑭〜㉒）で議論される企業戦略にかかわる研究であるのに対し，パデュー大学の研究は本書の第2, 3章（unit ④〜⑬）で議論される競争戦略（事業戦略）にかかわる研究である。対象となる戦略の種類は異なるが，これらの研究は，大量データを用いた仮説検証型の実証研究という研究方法を戦略研究に持ち込んだという意味で，戦略研究の体系化に大きく貢献した。

　戦略研究の体系化を進めたものは，実証研究という方法論の確立だけではない。1970年代には，さまざまな社会科学のディシプリンにもとづいた研究が行われるようになった。その最も典型的な例が，M. E. ポーターの競争戦略論である。ポーターは，経済学，経営学の両方を修め，ハーバード・ビジネス・スクールに籍を置いた。ポーターは，自分が学んだ経済学の一分野である産業組織論が，ある産業内での競争をシステマティックに評価するためのモデルを提供してくれると考えた。そこで，ポーターが，産業組織論の成果を使いながら開発した分析方法が，unit ⑤で詳しく議論する，**業界構造分析**（five force analysis）である。

　ポーターは，企業が競争優位を獲得するためには，魅力的な産業を事業分野として選択し，その中でライバル企業からの競争圧力やさまざまな脅威に対処できるような市場地位に自社をポジショニングすることが肝要であると説いた。後にポーターは，戦略の本質は独自性のある価値を生むポジションの創造であると明言している。それゆえ，ポーターに続く一連の戦略研究の流れは，**ポジショニング・スクール**と呼ばれる。ポーターの著書 *Competitive Strategy* は世界で最も多く読まれた戦略論の教科書と言われ，以降その考え方にもとづく多くの研究が生まれた。

> **コラム**
>
> **分析麻痺症候群**
>
> 　本文で見たように，戦略研究は，1970年代には体系化された。精緻な実証分析という研究方法が確立すると同時に，ビジネス・スクールではきわめて分析的な戦略経営が教えられた。すなわち，まず環境要因を分析し，自社の経営資源や組織をそれに合わせて展開したり設計したりするというものである。それによって，ビジネス・スクールは興隆し，そこでMBAを取得することが会社で高く評価されるようになったとも言えるであろう。
>
> 　ところが，アメリカでは，それに対する批判も展開された。アメリカ企業では，戦略スタッフによる戦略の分析に関心が行き過ぎて，組織全体の戦略実行力が欠如する傾向にあるという批判である。これは，**分析麻痺症候群**と呼ばれることもある。
>
> 　それと前後して，戦略スタッフによる体系的な分析から策定された戦略がそのまま実現するとは限らず，行動の1つひとつが集積され学習される過程で一貫したパターンが形成される場合もあるということを指摘した研究も現れた。前者が**意図された戦略**，後者が**創発的戦略**と呼ばれる。創発的戦略の研究は，戦略の分析的な側面を妄信することに対する批判を受け継ぎ，実際の企業でどのようにして戦略が生まれるかを観察した研究である。
>
> 　ゆえに，この研究は，どのような戦略が優れた戦略であるかという戦略のコンテント研究ではなく，どのように戦略が生まれるのかという戦略のプロセス研究であると言える。戦略のプロセス研究は，1960年代から70年代にかけて行われていたが，その後戦略のコンテント研究に主役の座を奪われていた。つまり，分析麻痺症候群と呼ばれた経営が依拠していたのは，戦略のコンテント研究の成果だったのである。したがって，分析的戦略経営に対する批判やそれから生まれた創発的戦略の研究は，戦略のコンテント研究に偏ることの問題を指摘し，戦略のプロセス研究も同時に必要であることを示唆しているとも考えられるのである。

　経済学をベースにした戦略研究は，その後も発展し続けた。ゲーム理論を取り入れた新しい産業組織論が発展すると，それをベースに戦略論でも企業間の相互作用を明示的に取り入れた研究が行われるようになり，たとえば**持続可能な競争優位**の研究を生んだ。また，経済学をベースにした戦略研究は，競争戦略論にとどまらない。たとえば**取引費用の経済学**は，垂直統合や多角化といった企業戦略の研究に理論的基礎を与えた。

　さらに，戦略研究の基礎的ディシプリンとなったのは経済学だけではない。本書ではあまり詳しく議論されないが，たとえば社会学をベースに，いくつか

の研究が生み出された。組織群（ポピュレーション）を分析単位とした，**ポピュレーション・エコロジー**と呼ばれる研究もそのうちの1つである。ポピュレーション・エコロジーは，業界内の組織の密度を重要な説明変数とする独特の分析方法を確立し，環境変化に対して組織が誕生したり，死滅したりする結果生じる組織群の進化を研究した。また，やはり社会学をベースにした新制度学派と呼ばれる一連の研究は，効率性ではなく，正当性（legitimacy）を鍵概念に，さまざまな経営現象を研究していった。

このように，1970年代以降は，多様な社会科学のディシプリンを基礎にし，システマティックな実証分析という方法論を備えることによって，戦略研究が体系化されていったのである。

RBVの発展

1980年代後半になると，戦略論においてその後の大きな流れを作り出した研究が生まれてきた。**リソース・ベースト・ビュー**（資源にもとづく企業観，resource-based view of the firm，以下**RBV**と表記）と呼ばれる一連の研究である。ポーターが興したポジショニング・スクールが業界の特徴や業界における自社のポジションが企業の業績に重要な影響を及ぼすと考えるのに対し，RBVは企業が持続的な競争優位を獲得できるかどうかに重要な影響を及ぼすものは，企業が保有する内部資源であると考える。

RBVが生まれたことは，戦略論の発展の中で，2つの意味を持つ。1つは，企業の内部の分析に光が当てられるようになったということでる。ポジショニング・スクールやポピュレーション・エコロジーが典型的であるが，RBVが盛んになる以前の戦略論はどちらかというと企業の外部環境の分析に重点を置いていた。それに対してRBVでは，自社（あるいは他社）がどのような資源を保有しているか，欠落しているかという企業内の（強み・弱みの）分析に注意が向けられたのである。

先にも述べたが，そもそも企業が好業績を上げることができるか否かは，アンドルーズらが指摘したように，企業が保有する強みと弱みによって，外部環境に存在する脅威を回避し，機会を利用できるか否かにかかっている。そのためには，企業の内部（強みと弱み）と企業の外部（環境の機会と脅威）を評価し，

それらを組み合わせて適切な戦略を構築しなければならない。RBVは，それまでの戦略論では分析視角が偏っていたことを正し，軽視されてきた分析対象に光を当てたのである。

　RBVが持つもう1つの意味は，競争戦略と企業戦略との統合である。それまでの戦略論の発展を眺めると，先に述べたように，戦略論の萌芽期のチャンドラーやアンゾフは企業戦略についての研究であった。それは，ルメルトなどに受け継がれ，多角化など複数の事業のまとまりとしての企業全体の戦略についての研究の流れを形成した。他方，ポーターが業界構造分析や競争の基本戦略を開発してからは，研究者の関心は1つの事業における競争と競争圧力に屈せずに利益を上げる方法に移っていった。つまり，ポーター以降は，事業戦略（競争戦略）についての研究が大きな流れを形成した。換言すれば，企業戦略と事業戦略の研究が別々に行われてきたのである。

　しかし，RBVの登場は，別々に行われていた2つの戦略研究を1つの共通の土俵の上に引き上げる意味を持っていた。RBVの鍵概念である経営資源とは，競争戦略，企業戦略のいずれにおいても重要な概念である。企業が保有する経営資源は，その企業の競争優位を規定し，市場競争での勝敗を決する。同時に経営資源は，企業が成長を遂げるための原資になる。RBVの研究の中には，なぜ企業が競争優位を獲得し，それを維持できるかという競争戦略についての研究があると同時に，多角化などの企業戦略についての研究もある。つまり，競争戦略と企業戦略を1つの概念（経営資源）によって議論できるようになったのである。このことが，1990年代に，RBVの研究がひときわ興隆した理由と言えるかもしれない。

　このように，企業が内部に保有する経営資源に着目することは，戦略研究の発展の上でいくつかの重要な意味を持つ。ただし，RBVが企業の保有する資源のみに注目していたのでは，RBVがポジショニング・スクールに対して投げかけた，分析対象が偏っているという批判と同様の批判がRBVにも向けられるであろう。その批判に応えて戦略論をいっそう発展させるためには，外部環境の脅威と機会，企業内部の強みと弱みを組み合わせて戦略を作り出すこと，換言すればポジショニング・スクールとRBVとを統合するような枠組みが必要であろう。

要　約

- [ ] 戦略という用語は 1960 年代に文献に登場し始め，70 年代にシステマティックな実証分析という研究方法と，社会科学のさまざまなディシプリンをベースにすることによって，戦略論が体系化された。
- [ ] ポジショニング・スクールと RBV の登場によって，外部環境と企業内部の分析を統合して，優れた戦略を構築する枠組みが整った。
- [ ] 経営資源は，競争戦略と企業戦略の双方に共通する概念である。

確認問題

- [ ] *Check 1*　さまざまな戦略研究が，いかなるディシプリンにもとづいているか考えなさい。
- [ ] *Check 2*　戦略論の発展が，どのような社会現象を生み出したかを考えなさい。

第 1 章
イントロダクション

KeyWords **1**

- ☐ 経営戦略　3
- ☐ 利　益　3
- ☐ ゼネラル・マネジメント　6
- ☐ 経営管理　7
- ☐ ミッション　8
- ☐ 経営計画　9
- ☐ 領　域　12
- ☐ 優位性　12
- ☐ 手段・手順　12
- ☐ ロジック　12
- ☐ 事業戦略　16
- ☐ 企業戦略　16
- ☐ 構造は戦略に従う　22
- ☐ SWOT 分析　23
- ☐ 多角化　23
- ☐ シナジー　23
- ☐ ボストン・コンサルティング・グループ（BCG）　24
- ☐ 経験曲線　24
- ☐ プロダクト・ポートフォリオ・マネジメント（PPM）　24
- ☐ 戦略グループ　25
- ☐ 業界構造分析　25
- ☐ ポジショニング・スクール　25
- ☐ 分析麻痺症候群　26
- ☐ 意図された戦略　26
- ☐ 創発的戦略　26
- ☐ 持続可能な競争優位　26
- ☐ 取引費用の経済学　26
- ☐ ポピュレーション・エコロジー　27
- ☐ リソース・ベースト・ビュー（RBV）　27

References **1**

Andrews, K. R. [1971] *The Concept of Corporate Strategy*, Homewood, IL：Richard D. Irwin.（アンドルーズ，K. R.〔山田一郎訳〕[1976]『経営戦略論』産業能率短期大学出版部）

Ansoff, H. I. [1965] *Corporate Strategy: An Analytic Approach to Business Policy for Growth and Expansion*, New York, NY: McGraw-Hill.（アンゾフ，H. I.〔広田寿亮訳〕[1969]『企業戦略論』産業能率短期大学出版部）

淺羽茂 [2001]「競争戦略論の展開──経済学との共進化」新宅純二郎・淺羽茂編『競争戦略のダイナミズム』日本経済新聞社，所収．

Chandler, Jr., A. D. [1962] *Strategy and Structure: Chapters in the History of the Industrial Enterprise*, Cambridge, MA: MIT Press.（チャンドラー，Jr., A. D.〔有賀裕子訳〕[2004]『組織は戦略に従う』ダイヤモンド社）

Collis, D. J. and Montgomery, C. A. [1998] *Corporate Strategy: A Resource-based*

Approach, Boston, MA: McGraw-Hill.（コリス，D. J.＝モンゴメリー，C. A.〔根来龍之・蛭田啓・久保亮一訳〕［2004］『資源ベースの経営戦略論』東洋経済新報社）

Crainer, S.［2000］*The Management Century: A Critical Review of 20th Century Thought and Practice*, San Francisco, CA: Jossey-Bass.（クレイナー，S.〔嶋口充輝監訳〕［2000］『マネジメントの世紀 1901-2000』東洋経済新報社）

Drucker, P. F.［1964］*Managing for Results: Economic Tasks and Risk-taking Decisions*, New York, NY: Harper & Row.（ドラッカー，P. F.〔野田一夫・村上恒夫訳〕［1964］『創造する経営者』ダイヤモンド社）

藤沢武夫［1986］『経営に終わりはない』ネスコ。

Fukui, Y. and Ushijima, T.［2011］"What drives the profitability of Japanese multi-business corporations? A variance components analysis," *Journal of the Japanese and International Economies*, vol. 25, no. 2, pp. 1-11.

Hambrick, D. C. and Fredrickson, J. W.［2001］"Are you sure you have a strategy?" *Academy of Management Executive*, vol. 15, no. 4, pp. 48-59.

伊丹敬之［1998］「二人の天才——本田宗一郎と藤沢武夫（本田技研工業）」伊丹敬之・加護野忠男・宮本又郎・米倉誠一郎編『ケースブック日本企業の経営行動4 企業家の群像と時代の息吹き』有斐閣，所収。

Learned, E. P., Christensen, C. R., Andrews, K. R. and Guth, W.［1965］*Business Policy: Text and Cases*, Homewood, IL: Richard D. Irwin.

McGahan, A. M. and Porter, M. E.［1997］"How much does industry matter, really?" *Strategic Management Journal*, vol. 18, special issue, pp. 15-30.

Porter, M. E.［1980］*Competitive Strategy: Techniques for Analyzing Industries and Competitors*, New York, NY: Free Press.（ポーター，M. E.〔土岐坤・中辻萬治・服部照夫訳〕［1982］『競争の戦略』ダイヤモンド社）

Rumelt, R. P.［1974］*Strategy, Structure and Economic Performance*, Boston, MA: Division of Research, Graduate School of Business Administration, Harvard University.（ルメルト，R. P.〔鳥羽欽一郎・山田正喜子・川辺信雄・熊沢孝訳〕［1977］『多角化戦略と経済成果』東洋経済新報社）

Rumelt, R. P., Schendel, D. E. and Teece, D. J., eds.［1994］*Fundamental Issues in Strategy: A Research Agenda*, Boston, MA: Harvard Business School Press.

第2章

事業戦略の基礎

4　事業戦略の考え方
5　外部要因の分析
6　内部要因の分析
7　競争優位と基本戦略
8　コスト優位
9　差別化優位

第2章 事業戦略の基礎

この章の位置づけ

　この章では，事業戦略を考えるための基本となるポイントを紹介していく。事業戦略は競争戦略とも呼ばれる。このことが示唆するように，事業戦略においては競争への取組みが大きな課題となる。競争圧力に負けることなく利益を獲得していくためには何が必要か。unit ④〜⑥では，企業を取り巻く外部環境と企業内部の要因の把握の重要性を学び，事業戦略における「組合せの妙」について考える。

　unit ⑦〜⑨では，企業が利益を得るために必須の条件である競争優位について理解を深めていく。一般に競争優位とはいかなる性格を持っており，どのような種類があるのか。異なるタイプの競争優位を実現する上で，カギとなる要因は何なのか。コスト優位と差別化優位という2つのタイプの優位にとくに注目しながら，検討を進める。

この章で学ぶこと

unit 4　事業戦略が企業に利益をもたらすためには，企業外部の環境要因と企業内部の要因の双方をうまく踏まえたものでなければならない。SWOTをはじめとする代表的な枠組みを紹介しつつ，この基本となる考え方への理解を深める。

unit 5　外部環境を理解するための代表的フレームワークであるファイブ・フォース分析と価値相関図を紹介し，外部要因が利益にどのように影響するか，企業は戦略を通じて，その影響にどう対処できるのか検討する。

unit 6　企業の強み（弱み）の一般的な性格を，活動（バリュー・チェーン）と経営資源という2つの補完的な視点から検討し，いかなる内部要因が企業に強みと弱みをもたらすのか考えていく。

Introduction 2

unit 7　企業利益の基礎である競争優位の一般的な性格を明らかにし，コスト優位と差別化優位を比較検討する。また，両者の特徴をあわせ持つ二重の優位が成り立つための条件を考察する。

unit 8　コスト優位はどのようにしてもたらされるのか。企業のコストに影響するおもな要因（コスト・ドライバー）とその働きを検討しながら，考えていく。

unit 9　差別化優位の一般的な性格を明らかにし，それを支える要因（差別化ドライバー）の種類，差別化優位のタイプについて考える。

unit 4

事業戦略の考え方

　unit ②で，経営戦略には事業戦略と企業戦略という2つのタイプがあると述べた。本章（unit ④〜⑨）と次章（unit ⑩〜⑬）では，そのうち事業戦略について議論する。unit ①で述べたように，経営戦略とは，最終成果としての利益をもたらすため，あるいは価値を創造・獲得するために描かれる企業活動のグランド・デザインである。その中で事業戦略は，企業が競争圧力に負けることなく利益を得るために，個々の事業レベルで策定される戦略である。具体的な事業戦略の中身を議論する前に，このunitで事業戦略の必要性を確認し，戦略策定の最も基本的なポイントを指摘する。それとともに，以降の各unitにおける議論との関連を示す。

価値の創造と競争

　どのような企業も，必ず2つのタイプの主体と取引しつつ，事業活動を行っている。1つは，企業が供給する製品・サービスを購入する顧客である。パソコン・メーカーであれば，個人から民間企業や公的機関などのさまざまな組織まで，生活や業務の中でパソコンを使用するために購入するすべてのユーザーが含まれる。企業は，顧客に製品・サービスを供給し，その対価として金銭の支払いを受ける。この対価が価格である。

　もう1つの主体は，企業の事業活動に必要なインプットを供給するサプライヤー（供給業者）である。パソコン・メーカーであれば，メモリー，CPU（中央演算処理装置），ハード・ディスク・ドライブなどの部品（デバイス）を供給するデバイス・メーカー，OS（オペレーティング・システム）などを供給するソフトウェア企業などが典型的なサプライヤーである。企業は，サプライヤーから

インプットの供給を受ける見返りに対価を支払う。これは，事業活動を行っていく上で企業が負担しなければならない費用（コスト）である。

2つの主体との取引を通じて，企業がどのように**価値**を生み出すかを検討しよう。あるパソコン・メーカーが，製品を12万円で販売しているとする。しかし，企業によって生み出された価値は，製品価格の12万円とは一致しない。顧客は12万円よりもずっと大きな価値を，製品に見出しているかもしれないからである。たとえば，この企業のパソコンは大変使いやすいので，20万円までなら支払ってもよいと顧客が考えているとしよう。すると，実際の価格は12万円であるが，製品を通じて企業が顧客にもたらした便益は，金額にして20万円であるとみなすことができる。顧客が企業の製品・サービスのもたらす便益に対して支払ってもよいと考える上限の価格は，**顧客の支払い意欲**（WTP: willingness to pay）と呼ばれる。これは，企業の製品・サービスに対する顧客にとっての魅力度を，金額で表現したものである。

他方，事業活動を行えば，必ず費用が発生する。利益が売上げから費用を差し引いたものであるように，企業が生み出す価値を計算するときにも，**価値の創造**に要した費用を差し引く必要がある。ただし，ここで差し引くべき費用は，実際に供給業者に支払ったコストとは異なる。議論を単純にするために，この企業にとってはあるデバイス・メーカーが唯一のサプライヤーであり，パソコン1台当たり10万円が，デバイスの調達費用として支払われているとしよう。すなわち，パソコン1台当たりの企業のコストは10万円である。ただし，このサプライヤーは，少なくとも7万円もらえればこのパソコン・メーカーにデバイスを供給してもよいと考えているかもしれない。サプライヤーにとっての費用が7万円で，それ以上で販売できれば利益が出るからである。サプライヤーが企業と取引してもよいと考える下限の価格は，**サプライヤーの機会費用**（SOC: supplier opportunity cost）と呼ばれる。

図4-1は，以上の概念の関係をまとめたものである。結局，この企業が生み出した価値は，パソコン1台当たりいくらだと考えればよいのであろうか。顧客は，企業に12万円支払ったが，支払い意欲は20万円であった。差額の8万円は，企業が事業活動を通じて顧客に提供した便益から顧客が支払った価格を差し引いたもの（ネットの便益）であり，企業の生み出した価値の一部である。

図 4-1　価値の創造と獲得

```
顧　客 ──── 顧客の支払い意欲（WTP：
　　　　　　　willingness to pay）
　↑
　│　　　　　　　　　　　　　　　　WTP − P
　│　　　　　　　　　　　　　　　　顧客の獲得価値
アウトプット ── 製品価格（P）
　↑
企　業　　　　　　　　　　　　　　P − C　　　　　　WTP − SOC
　│　　　　　　　　　　　　　　　企業の獲得価値（利益）　創造された価値
　│
インプット ── コスト（調達価格, C）
　　　　　　　　　　　　　　　　　C − SOC
　　　　　　　　　　　　　　　　　サプライヤーの獲得価値
サプライヤー ── サプライヤーの機会費用（SOC：
　　　　　　　　supplier opportunity cost）
```

企業の費用は 10 万円だったが，これにはサプライヤーが企業と取引することで得られた利益 3 万円（10 万円と 7 万円の差）が含まれる。このサプライヤーの利益も，企業が創造した価値に含めることができる。したがって，顧客の支払い意欲 20 万円からサプライヤーの機会費用 7 万円を引いた 13 万円の価値を，この企業が生み出したことになるのである。

こうして生み出された価値は，顧客，企業，サプライヤーの間で分配される。利益とは，企業が生み出した価値の中で，自分が獲得した部分にほかならない。したがって，正の価値を創造しなければ，企業が利益を得ることはできない。

さらに，正の価値の創造は利益獲得の必要条件に過ぎない。十分条件は，企業が競争の圧力に屈しないということである。競争が利益にどのように影響するか，先のパソコン・メーカーの例で検討しよう。

顧客がこの会社のパソコンを 20 万円で評価しているのにもかかわらず，なぜ製品価格は 12 万円なのだろうか。それは，この企業の製品と同じような製品を同じような価格で供給している他の企業との競争があるからである。この場合，値上げをすれば，顧客に提供する価値が小さくなってしまい，顧客は他社にとられてしまう。さらに，競争が存在する場合，価格が 12 万円にとどまっている保証すらない。少しでも値下げすれば，売上げと利益を伸ばすチャンスが自社にも他社にもあるので，早晩価格が引き下げられ，企業の利益が縮小

することが予想される。

　競争はサプライヤーからの調達をめぐっても生じる。デバイスを供給する能力を持つサプライヤーが1社しかないとすれば，このサプライヤーはパソコン・メーカー各社に対して強い交渉力を持つ。各社は，必要なデバイスを供給してもらうために，サプライヤーに対して有利な条件（取引価格の引上げ）を示して，デバイスを確保しようとする。その結果，調達費用が上昇し，企業の利益は減少する。

　このように，競争がある場合，製品価格には低下圧力，費用には上昇圧力が働く。企業が利益をあげるためには，顧客が高い評価をつける製品・サービスを開発・供給するだけでなく，競争圧力を回避するすべを考え出さなければならない。顧客や市場の分析が中心的課題であるマーケティングとは決定的に異なる点であり，競争にいかに勝ち抜くかということが，事業戦略の本質であると言えるかもしれない。それゆえ，事業戦略は**競争戦略**（competitive strategy）とも呼ばれるのである。

SWOTの分析

　事業戦略の本質は競争にいかに勝ち抜くかであるが，競争圧力の程度は競争の激しさに依存する。先ほどから例にあげているパソコン・メーカーは，まさしく激しい競争に直面している。今日のパソコンは技術が大幅に標準化され，どこの会社の製品も機能的に大きな違いはない。結果として価格競争が進行し，ほとんどの企業がパソコン事業から利益を得ることができなくなっている。対照的に大きな利益をあげているのは，パソコンに不可欠なOSやCPUを独占的に供給する少数のサプライヤーである。

　しかしながら，こうした厳しい競争環境の産業においても，利益をあげる企業が存在する。そのような企業は，価値を創造し，自分に分配される分を大きくするために，他社とは何らかの点で異なる事業活動の仕組みを築き上げている。いくつかの基本的なパターンに分けることはできるものの，そのユニークな仕組みやそのつくり方は，企業によって，産業によって，千差万別である（これについては，unit ⑦で詳しく議論される）。ただし，事業戦略を構築するときに基本となる考え方には共通する点もある。それは，競争圧力に対処する方法

を考え出すときには，いくつかの要因を組み合わせることが肝要だということである。

競争圧力にうまく対処するためには，どのようなことを考えなければならないだろうか。まず，自社が置かれている環境は，競争が激しいのか激しくないのか，どの程度激しいのかを把握することが必要であろう。次に，何がその競争の程度を決めているのかを理解することが必要であろう。生み出した価値の多くが顧客にとられているのか，供給業者にとられているのか。そのような配分になってしまう理由も解明しなければならない。ライバルはどんなところが優れているのか。自社は何が強みで，何が弱みなのか。その上で，競争圧力をかわす方法や競争圧力を利用する方法を検討すべきであろう。

あるいは，今の製品・サービスを供給している市場の中で，競争の緩やかな部分はあるか，あるいは競争圧力の弱い新しい市場はあるかを探すことも必要かもしれない。そのような部分市場，新市場に入るために必要な条件を自社は有しているか。もし有していなければ，いかにしてそれを獲得するかもチェックしておかなければならないであろう。そうすれば，自社が力を入れるべき場所を変えることによって，競争圧力をかわす方法が考え出せるかもしれない。

以上は，考えておくべき要因の一例であり，そのリストは無限に続きそうである。大事なことは，要因をすべて考えることよりも，そのいくつかを組み合わせることによって，今すぐ，あるいは何らかの段階を経れば実行可能な，競争圧力に対処する方法を考え出すことである。

たとえば事業戦略を考え出すフレームワークとして，3Cという枠組みがある。3Cとは，顧客 (customer)，競争 (competition)，企業 (company) の頭文字をとったものである。企業が事業戦略を策定する場合には，ターゲットとする顧客を特定しなければならない。顧客のニーズは何か，製品・サービスに対する支払い意欲はどのくらいかを明らかにしなければならない。ターゲット顧客のニーズが明らかになれば，それを満たすような行動をとればよいが，企業が保有する資源は有限であり，できることは限られている。ゆえに，自社の能力を分析し，実行可能な範囲の中から行動を選択しなければならない。さらに，企業が利益をあげるためには，競争に勝たなければならない。ライバルよりもよりよいものをより安く提供できなければならないのである。このように3つ

> コラム

マクドナルド vs. モス

　ハンバーガー・チェーンの市場は，本文で触れた3Cを理解するのにうってつけである。最大のチェーンであるマクドナルドにとって，現在は事情が多少異なるが，立上げから急成長を遂げるまでの期間では，主たる顧客は中高生であった。顧客は，年齢，性別，所得といった属性によって，いくつかのセグメントに分かれる。セグメントごとにニーズが異なり，支払い意欲も異なるので，適した製品・サービス，価格なども異なる。顧客を特定することによって，価値の上限である支払い意欲が特定されると同時に，利益の上限である価格のおおよその水準が決まる。当然年齢の低い中高生のハンバーガーに対する支払い可能な金額は小さい。ゆえに，マクドナルドは価格の低さを強調した。

　他方，企業によって保有する能力には違いがあり，独自の強みや弱みがある。したがって，自社の強み・弱みは何かを明らかにし，できるだけ強みを活かせるように事業を進めるほうが望ましい。マクドナルドの場合，すでにアメリカ本国で開発された製品があり，それを日本市場で販売した。いかに同一の製品・サービスを効率的に提供するかが課題であり，そのために詳細なマニュアルが整備された。

　さらに，競争状況に適した方法をとることが求められる。マクドナルドは日本初のハンバーガー・チェーンである。競合が少ないときには，なるべく早く店舗を展開し，積極的な販売促進をすることによって，市場を広げ，広げた市場を押さえてしまおうとした。競合が現れてからは，低価格戦略で競争に勝ち抜くために，セット・メニューを中心とした限定された製品の大量生産，一等地への大型店舗の展開や積極的な広告宣伝による大量販売で，稼働率の向上，調達先に対する強大な交渉力などによってコストを下げ，薄利多売で競争に勝ち抜き，利益をあげていった。

　マクドナルド以外のチェーンの中には，同じような方法で真正面からマクドナルドに対抗しようとするチェーンもあったが，その競争は激烈を極めた。そこで，マクドナルドとは異なる方法で競争しようとするチェーンが現れた。その代表がモスバーガーであった。モスバーガーは，マクドナルドより相対的に高い年齢層をターゲット顧客とした。ゆえに，モスバーガーの顧客のハンバーガーに対する支払い可能金額はマクドナルドの顧客のそれよりは高い。あるいは，価格が多少高くても，ハンバーガーの味や店の雰囲気を重視する。したがって，モスバーガーはハンバーガーの種類や中身，店の雰囲気に工夫を凝らしていたのである。

　これらは，それぞれのチェーンが3つのCにふさわしい戦略を追求し，その戦略を遂行するのに適した能力を身につけ，経営のやり方を構築したことを簡単に示している。そうすることによって，各チェーンは競争を勝ち抜くことができた。ところが，ある戦略に適した能力を重層的に蓄積し，経営のやり方をシステマティッ

> クに構築すると，あるとき戦略の変更を迫られても，なかなか変えることができなくなる。それゆえ，低価格戦略が行き詰まったときのマクドナルドや，マクドナルドとは一線を画すチェーンが増えて競争が激化したときのモスバーガーは，思うように戦略転換ができず，苦境に立たされたのである。

のCを分析して事業戦略を考え出すということは，先に例示した要因のうちのいくつかを組み合わせて戦略をつくり出そうとしていることにほかならないのである。

　また，伊丹は，戦略の良し悪しを判断するために，市場，インターフェース，内部という3つの視点を持つことが重要だと述べている。市場という視点では，戦略が顧客のニーズに合っているか，競争相手の動向に対応しているかが問われる。インターフェースという視点では，きちんとしたビジネス・システムを構築し，適切な技術を動員することが肝要である。内部という視点では，戦略を実行可能にする資源と組織を企業が有していなければならない。つまり，これらの要因がうまく組み合わさっている戦略がよい戦略だと主張されているのである。

　この2つの例からわかるように，事業戦略（競争戦略）とは，いくつかの要因を組み合わせることによって考え出される，競争圧力に対処する方法である。誰もが考えつくような要因の組合せでは，ユニークな戦略は生み出されないであろう。換言すれば，戦略の要諦は組合せの妙にあると言えるのである。

　続くunit⑤⑥では，要因のうち，企業の外部環境にかかわる要因と，企業自体の特徴（内部）にかかわる要因に着目する。これは，経営戦略の基礎を確立したラーニッドらの枠組みと同等のものである。彼らは，産業の経済・技術面での機会（opportunity）と脅威（threat）や社会からの期待という外部要因と，企業の強み（strength）・弱み（weakness）や戦略実行者の個人的特性という内部要因が，企業の業績を規定すると想定した（図4-2参照）。すなわち，内部要因によって規定される実行可能な戦略と，外部要因から要請される必要な戦略とが一致すれば，企業は高い業績をあげることができると考えられたのである。この枠組みは，それぞれの頭文字をとって，**SWOT**と呼ばれる。以下では，それにもとづいて事業戦略策定のポイントを考えてみよう。

図 4-2　ラーニッドらの枠組み

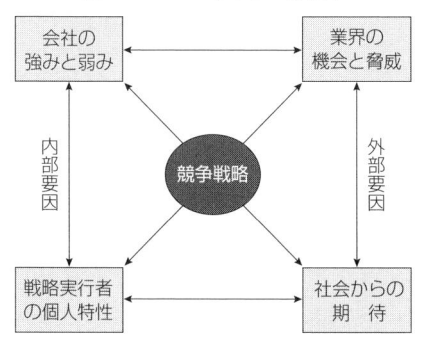

```
        会社の              業界の
      強みと弱み ←――――→ 機会と脅威
         ↑   ↖         ↗   ↑
      内      ╲       ╱      外
      部         競争戦略        部
      要      ╱       ╲      要
      因   ↙         ↘   因
         ↓                   ↓
      戦略実行者           社会からの
      の個人特性 ←――――→   期　待
```

出所：Porter［1980］邦訳 8 頁を一部修正。

外部環境分析──脅威と機会

　先ほどのパソコンの例からわかるように，正の価値を創造した企業が利益をあげられないのは，顧客，競合企業，サプライヤーのいずれかあるいはその組合せのせいで，自らへの分配分が圧縮されてしまうからである。別の言い方をすれば，企業はさまざまな脅威に取り囲まれており，その脅威が強いときには利益が圧縮されてしまうのである。さまざまな潜在的脅威を把握するための1つの有力な方法が，unit ⑤で紹介される**業界構造分析**（five force analysis）である。

　企業を取り巻く環境を分析するのは，企業にとっての脅威を把握するためだけではなく，機会を見つけるためでもある。顧客の嗜好や社会環境の変化よって，新たなニーズが生まれ，企業にとって有望なターゲット市場が開ける場合もある。たとえば，高齢化社会の到来は，いわゆるシルバー・ビジネスに対する需要を生み出すとしばしば考えられるのである。

　企業にとっての機会は，単に属性に沿って市場を分け，新しいセグメントが生まれるのを見つけるだけでなく，現状に不満を持っている顧客は誰か，その顧客はどんな不満，あるいは満たされないニーズを持っているかを見つけることからも生まれる。不満を解消したり，ニーズを満たす製品・サービスを提供したりすれば，その顧客は喜んでそれを購入してくれるからである。

　たとえば，オフィス用品の通販事業を営むアスクルは，まさしく不満を抱い

ている顧客を割り出し，その不満を解消するような事業を展開することで急成長を遂げた。アスクルはプラスという文具メーカーの一事業部としてスタートしたが，通販事業を始める前に文具市場を分析したプラスは，日本の事業所の95％を占める30人以下の中小事業所が，文具店に出向いて文房具を定価で購入せざるをえない状態であることを見出した。文具店が御用聞きに訪れ，割引された商品を届けてくれる大規模事業所とは大違いである。そこで，値引きされた商品が掲載されたカタログを配り，FAXで注文を受け，品物を翌日に届けるという事業を始めた。

このように，企業は外部環境を分析し，どのような脅威があるか，これから起こりそうか，いかなる機会が生まれているのか，不満が新しい機会を生み出さないかを把握することが重要なのである。

内部分析――強み・弱み

同じ事業を営んでいる企業でも，それぞれ異なった特徴を有している。各々の企業は独自の強み，弱みを持っている。大規模で豊富な資金調達力を誇る企業もあれば，小規模で小回りの利く企業もある。技術開発力の優れた企業もあれば，営業力，マーケティング力に優れた企業もある。

企業の強み・弱みは，実行可能な戦略の範囲を規定する。また，自社の強みを活かしたほうが，ユニークな戦略を遂行することができ，競争圧力に屈することなく競争を有利に運べる可能性が高くなる。ゆえに，自社の強みあるいは弱みを把握することが肝要である。

強みや弱みを把握する際には，いくつか注意すべき点がある。1つ目は，強み・弱みは相対的なものだということである。何らかの製品をつくっている企業であれば，その製品の開発・生産に必要な技術を持っているであろう。あるいは，何らかの製品・サービスを販売している企業であれば，営業力を有しているであろう。しかし，それらの企業にとって，技術力や営業力が強みであるとは限らない。同業他社がより優れた技術力・営業力を有していれば，それらは当該企業の強みとは言えないであろう。強み（弱み）とは，ライバルに比べて強い（弱い）ということであり，相対的なものなのである。

2つ目の注意点は，自社の強み（あるいは弱み）はさまざまなレベルで考える

ことができるということである。ヒト・モノ・カネ・情報と言われる経営資源が豊富，あるいは良質であるといったことが，具体的な強みとなる。これは，unit ⑥で提示される，多様な資源の集合として企業をとらえる見方に通じる。また，unit ⑥では，多様な活動の集合として企業をとらえる見方も提示される。この見方からは，企業の強み・弱みを業務活動ごとに分析するバリュー・チェーンという手法が紹介される。そのほか組織構造上の特徴，トップ・マネジメントのリーダーシップ，企業風土なども，企業の強みを構成すると考えられる。

　3つ目の注意点は，強みと考えられる特徴が弱みになったり，弱みと思われていた特徴が強みに転化したりするかもしれないということである。たとえば，先ほど例にあげたアスクルという通販事業を生み出した文具メーカーのプラスは，従来の文具流通チャネルに対する影響力が弱かった。しかし，それゆえ新しいチャネルで商品を販売する際に，既存流通業者とのしがらみを気にする必要がなかった。他方，チャネル支配力が強い既存大企業は，新規チャネルへの転換に積極的になれないという弱みを抱えてしまい，アスクルの快走を許してしまった。アスクルは，既存チャネルに対する影響力が弱いという弱みを，しがらみがないという強みに転化したのである。

　逆に，技術開発力が高いという強みを有している企業は，高コスト体質であるという弱みを抱えることがよくある。技術開発のためには多額の研究開発費を投入しなければならないかもしれない。あるいは，イノベーションのためには自由な発想，前例や規則に縛られない行動様式が必要であり，そのために非効率的な組織運営が許容されなければならないかもしれない。その結果，創造性は高まるかもしれないが，同時に非効率で高コスト体質な組織になってしまうかもしれないのである。

　自社の強みや弱みが把握できたら，強みをますます強くするにはどうしたらよいか，いかにして弱みをカバーするかといった試みも重要であるが，弱みを強みに転化することはできないか，逆に強みが弱みに変わってしまわないかということに気をつけることも大切である。

競争戦略

SWOT 分析によって，自社を取り巻く外部環境と自社の強み・弱みを把握したら，それらを組み合わせて戦略を策定する。

自社の強みを用いてものにできそうな機会を見つけることができれば，積極的な攻勢に打って出る。機会があるのにそれを実現するために必要な強みがなく，その実現に障害になりそうな弱みがあれば，強みを蓄積するなり，強みを有する他社と連携するなりして，実現に向けて踏み出すことを考える。脅威があれば，自社の強みでそれを解消できないか，あるいは脅威を何とかして機会に転換できないか考える。脅威と自社の弱みとが合わさると自社が危機的な状況に陥りそうであれば，最悪の事態を招かないように防衛的な手段を講じたり，諦めて撤退を考えたりする。各要因を組み合わせて生み出される戦略には，このような方向がいくつか考えられるであろう。

それぞれの戦略について，さらに具体的な内容はさまざまである。たとえば積極的な攻勢に打って出るにしても，どのような優位性をアピールし，事業を行っていけばよいかは，企業次第，状況次第である。

そこで，本章の以下（unit ⑤〜⑨）では，その中でもさまざまな企業，業界で共通して見られる基本的な戦略について議論する。基本的な戦略としては，他社よりもコスト優位に立って価格競争を仕掛けるか，あるいは，他社とは何らかの点で異なる方法（差別化）で事業を行い，価格引下げ圧力を回避して利益を確保するかの2通りがある。unit ⑧⑨では，それぞれの基本戦略を遂行する場合のドライバーが詳しく解説される。

そこでの議論を参考に，自社の強み・弱み，自社が直面する機会・脅威を考え，どちらの基本的な戦略をとるべきか，いかなるドライバー（要因）を利用して優位性を築くべきかを考えれば，自社の内外の状況に適合した事業戦略を策定することができるのである。

要 約

□ 企業が事業活動から生み出した価値は，顧客の支払い意欲からサプライヤーの機会費用を引いた残りである。顧客，企業，サプライヤーの間におけるその

価値の配分は，価格，調達費用に応じて決まる。
- □ 激しい競争は企業が獲得する価値の配分（利益）を圧縮するが，その中でも他社とは何らかの点で異なる事業活動の仕組みを築き上げて，利益を大きくしている企業が存在する。いくつかの要因を組み合わせて競争圧力に対処する方法が，事業戦略（競争戦略）である。
- □ 組み合わせる要因の例として，企業の外部環境にかかわる要因（脅威と機会）と，企業自体の特徴（内部）にかかわる要因（強みと弱み）とがある。これらを組み合わせて戦略を考える枠組みを，SWOT と呼ぶ。

確認問題

- □ ***Check 1*** 本文内のパソコンの例で，同質なパソコンを供給する企業が2社以上存在する場合，顧客と企業の価値の配分は，それぞれどのようになるか。また，同じ支払い意欲を持つ顧客が複数いる場合，顧客と企業の価値の配分はどのようになるか。
- □ ***Check 2*** 大きな利益を獲得している企業を取り上げ，その企業の競争戦略を SWOT を用いて分析してみなさい。

unit 5

外部要因の分析

外部環境を理解する

unit ④で述べたように，競争戦略策定の本質は，いくつかの要因を組み合わせて，競争圧力に対処するユニークな方法を考え出すことである。その際考慮すべき要因の1つに，企業を取り巻く外部環境がある。巧みな競争戦略を生み出すためには，自社が位置する環境がどの程度激しい競争の中にあり，その競争の激しさを決めているのはいかなる要因かを理解することが重要である。

外部環境要因を分析する手法はいくつかあるが，最も体系的な分析方法は，unit ③で触れた**ポジショニング・スクール**の中心的な分析枠組みである**業界構造分析**であろう。ポジショニング・スクールは，企業の競争優位が市場の構造と自社のポジショニングによって決まると考える。すなわち，魅力的な産業を事業分野として選択し，さまざまな戦略を駆使して，ライバル企業からの競争圧力やそれ以外の脅威に対処できるような戦略上の地位に自社をポジショニングすることが肝要であると主張する。業界構造分析とは，その考え方に則り，魅力的な業界を探るための分析枠組みである。

成長性，将来性，安定性など，重視する業界の魅力は企業によって異なるかもしれないが，期待される収益率の高い業界が魅力的だということは，ほとんどの企業が合意するであろう。一般に，競争が激しい市場ほど，価格の低下，費用の増大が起き，収益性が低下するので，個々の企業にとっては魅力の小さな市場となる。そこで，ポーターは，産業組織論の研究成果を応用しながら，ある業界の競争の程度，あるいは予想される収益性の程度を分析する枠組みを提示した。この枠組みは，業界の競争の程度に影響を及ぼす要因として，①**既存業者間の敵対関係**，②**新規参入の脅威**，③**代替品の脅威**，④**売り手（供給業者**

の交渉力，⑤買い手の交渉力という5つの要因を想定しているので，**ファイブ・フォース**（five force）**分析**と呼ばれる。

収益性を，以下のように定義される売上高利益率で考えると，価格が低下するほど，単位コストが上昇するほど，利益率が低下することがわかる。

$$\frac{（価格-単位コスト）\times 売上げ数量}{価格 \times 売上げ数量} = 1 - \frac{単位コスト}{価格}$$

既存業者や新規参入業者との価格引下げ競争が激しかったり，強力な代替品のために価格を上げられなかったり，買い手による価格引下げ要求が強かったりすれば，価格は低くなり，利益率は低下する。また，原材料の供給業者の値上げ要求が強くて単位コストが上昇すれば，利益率は低くなる。つまり，ファイブ・フォース分析で検討される5つの要因のうち，既存業者間の敵対関係，新規参入の脅威，代替品の脅威，買い手の交渉力は，価格に影響を与える要因であり，売り手の交渉力は単位コストに影響を与える要因である。

ファイブ・フォース分析は，競争の程度が弱く，高い収益性が期待され，魅力的な産業を探る手法であるが，その使い道はそれだけではない。ファイブ・フォース分析を適用してある業界を分析すると，5つの要因すべてがその業界の競争の程度を強めていたり，あるいは逆に5つの要因すべてが競争の程度を弱めていたりすることは少ない。むしろ，いずれかの要因が当該業界の競争の程度を決定的に左右していることが多い。あるいは，5つの要因のもとにあげられているサブ・ファクターのうちのいずれかが，その業界の競争関係の特性を決めるキー・ファクター（クリティカル・ファクター）であることが明らかになる。

ポジショニング・スクールが主張するように，ライバル企業からの競争圧力やそれ以外の脅威に対処できるような戦略上の地位に自社をポジショニングするためには，まず何が競争関係を決めるキー・ファクターなのかを知らなければならない。ファイブ・フォース分析を通じてキー・ファクターを理解することは，その業界における競争戦略を策定する際に最初に必要とされる段階なのである。つまり，ファイブ・フォース分析は，自社の事業を定義するために魅力的な産業を探る企業戦略を策定する際にも，競争圧力や脅威に対処する競争戦略を策定する際にも，有益な情報を提供してくれるのである。

図5-1　ファイブ・フォース分析

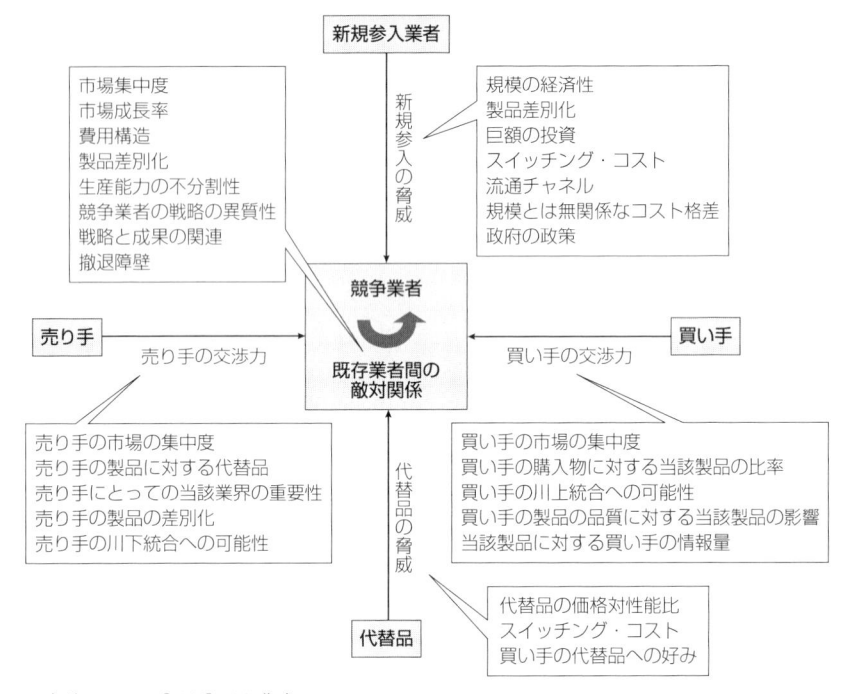

新規参入業者

市場集中度
市場成長率
費用構造
製品差別化
生産能力の不分割性
競争業者の戦略の異質性
戦略と成果の関連
撤退障壁

規模の経済性
製品差別化
巨額の投資
スイッチング・コスト
流通チャネル
規模とは無関係なコスト格差
政府の政策

新規参入の脅威

競争業者
既存業者間の敵対関係

売り手　売り手の交渉力　　　買い手の交渉力　**買い手**

売り手の市場の集中度
売り手の製品に対する代替品
売り手にとっての当該業界の重要性
売り手の製品の差別化
売り手の川下統合への可能性

買い手の市場の集中度
買い手の購入物に対する当該製品の比率
買い手の川上統合への可能性
買い手の製品の品質に対する当該製品の影響
当該製品に対する買い手の情報量

代替品の脅威

代替品

代替品の価格対性能比
スイッチング・コスト
買い手の代替品への好み

出所：Porter［1980］より作成。

競争の程度を決める諸要因

　図5-1には，ファイブ・フォース分析において，業界の競争の程度に影響を及ぼすと考えられる5つの要因と，各要因のもとにあげられている項目（サブ・ファクター）が示されている。以下では，既存業者間の敵対関係を中心に，各要因を検討しよう。
　既存業者間の敵対関係の強さを決める要因として，8つのサブ・ファクターがあげられている。これらは，当該業界の既存業者が価格競争に陥りやすいか，あるいは逆に破滅的な価格競争に陥らないように業界秩序を保ちやすいかを決める要因である。8つのサブ・ファクターは，企業間の協調の可能性，価格引下げの可能性，企業間の対抗意識の強さの程度という3つに大別できる。
　市場集中度とは，何社で当該市場の何％ぐらいを占めているか，企業間の市

> **コラム**
>
> **ハーシュマン・ハーフィンダル指数**
>
> 　市場集中度を測る指標はいろいろあるが，上位数社で市場の何％を占めているかを表す累積市場集中度や，企業規模の偏りを考慮した**ハーシュマン・ハーフィンダル指数**（HHI）などが代表的指標である。
>
> 　たとえば，上位 4 社の市場シェアがいずれも 25％ であるような市場 A と，70％，10％，10％，10％ であるような市場 B があるとしよう。両市場とも，上位 4 社集中度は 100％ で違いはない。しかし，市場 A ではどの企業も他社に比べて圧倒的に大きいわけではないので，どこもリーダーシップを発揮できないのに対し，市場 B ではトップ企業が圧倒的な市場シェアを占めているので，リーダーシップを発揮して業界秩序を維持するような協調的行動をとりやすいであろう。それゆえ，累積集中度では表れない企業の規模分布の偏りを反映した指標が必要となる。それが，ハーシュマン・ハーフィンダル指数である。
>
> 　HHI は，各企業の市場シェアの 2 乗和で定義される。HHI は 0 から 1 の間の値をとる。HHI が 0 の値をとるのは，無数の企業が非常に小さな市場シェアを分け合っているようなときであり，1 の値をとるのは市場が 1 社で独占されているときである。ゆえに，HHI の値が高いほうが，競争は緩やかであると解釈される。上記の例で言えば，市場 A の HHI は，$0.25^2 \times 4 = 0.25$ となり，市場 B の HHI は，$0.7^2 + 0.1^2 \times 3 = 0.52$ となる。したがって，市場 A のほうが競争の程度が厳しいと考えられる。
>
> 　ちなみに HHI は，市場集中度だけではなく，何らかのシェアの偏りを表すときに使われる。一例をあげれば，ある企業の売上げ構成比の HHI を計算して，多角化の程度を表すことができる。完全な専業企業であればその値は 1 であり，多数の事業を展開しているほどその値は小さくなっていく。たとえば，4 つの事業の売上げ構成比が，70％，10％，10％，10％ である場合，その HHI は $0.7^2 + 0.1^2 \times 3 = 0.52$ となる。また，事業の数は同じでも，いずれかの事業の構成比が圧倒的に大きい場合よりも，各事業の構成比が等しい場合のほうがその値は小さくなる。たとえば 4 つの事業が売上げの 25％ ずつを占めるような場合，HHI は $0.25^2 \times 4 = 0.25$ となる。ゆえに，売上げ構成比の HHI が小さいほど多角化が進んでいると解釈されるのである。

場シェアの格差が大きいのか，それとも同規模の企業で市場が占められているのかといったことを示し，企業数が多いほど，企業間の規模格差が小さいほど，協調が維持されにくく，激しい競争に陥ってしまうと解釈される。また**撤退障**

壁も企業数に関係する要因である。撤退障壁が高ければ，たとえ市場が縮小しても既存企業がなかなか撤退しないので，企業数が減少せず，競争が激しいままになってしまうと考えられる。

戦略の異質性も，業界秩序の保ちやすさ，協調行動のとりやすさにかかわる要因である。たとえば，多額の研究開発投資をかけて新製品を開発している企業は，研究開発投資を回収するまで極端な価格競争をしたいとは思わないであろう。しかし，研究開発投資をあまりかけていない他の企業は，すぐにでも低価格を設定して売上げを拡大しようと考えるかもしれない。このように企業間で戦略が異なると，ある企業が協調して価格競争を回避しようとしても，実現しにくいのである。

価格引下げの可能性にかかわるサブ・ファクターとしては，費用構造，**生産能力の不分割性**，**製品差別化**があげられる。費用構造とは，固定費用と変動費用の比率のことである。**固定費用**が大きいと，unit ⑧で詳しく論じられるように，**稼働率**を高くすればコストを下げることができる。したがって，企業は利幅を薄くしてでも大量に販売して稼働率を上げ，コストを下げて利益を大きくしようとする。薄利多売の追求である。その結果，価格競争が起こりやすくなる。生産能力の不分割性とは，生産能力の増減をどれだけ柔軟にできるかということである。不分割性が高い，つまり生産能力を変えようとするときの最小ロットが大きくて，柔軟に能力を増減できないとき，業界として余剰能力を抱えやすくなり，結果として企業は稼働率を高めるために価格を引き下げるようになると解釈される。同様に，製品差別化の程度が低ければ，企業は価格を競争の手段にせざるをえない。その結果，価格競争が激しくなると考えられる。

市場成長率は，対抗意識の強さにかかわる。成長率が高ければ，いずれの既存業者も前年比数％の成長を達成することができるが，**市場成長率**が 0 もしくはマイナスの場合，ある企業が成長すると他の企業の売上げは減少せざるをえないので，対抗意識が強くなる。つまり，市場成長率が低いほど，競争の程度が強くなると解釈される。同様に，**戦略と成果の関係**が強い，つまり戦略の良し悪しによって成果が大きく変わるような場合，企業は大きな成果を手に入れようと対抗意識を強くすると考えられる。

仮に，分析している業界で，上で見てきたサブ・ファクターの中には競争を

激しくする方向に働くものはなく，既存業者間で協調が保たれ，価格が高水準で維持されているとしよう。だからといって，既存企業が高い利益率を享受し続けることができるとは限らない。既存業者間の対抗関係が強くないと超過利潤が発生するが，それに目をつけて新規参入が起き，競争が激化して価格が下落し，早晩超過利潤は消滅してしまうからである。そこで，次に，新規参入の脅威のサブ・ファクターにあげられている**参入障壁**を検討しよう。

企業がある市場に参入して利益をあげるためには，参入規制の有無，製品を開発する際の技術的障壁，製品を生産する際に投入される原材料の入手可能性，投入される資金の大きさ，流通チャネルを確保できるか，買い手が既存製品から買い換えてくれるかどうかなど，事業遂行上のさまざまな段階を検討する要因がある。参入の脅威のサブ・ファクターは，その各段階に対応している。

また，そのサブ・ファクターのいくつかは，既存業者間の敵対関係のサブ・ファクターと重複する。たとえば，製品差別化の程度は，参入障壁としても，既存業者間の敵対関係のサブ・ファクターとしても出てきた。また，参入障壁としてあがっている**規模の経済性**や**巨額の投資**は，既存業者間の敵対関係のサブ・ファクターで出てくる生産能力の不分割性と密接に関係する。ほとんどの場合，新規参入企業よりも既存企業のほうが大規模なので，規模の経済が働く市場では既存企業がコスト優位に立ちやすく，規模の経済が参入障壁になる。そもそも規模の経済が働くときには，企業はそれを享受しようとして大規模生産をしようとするので，巨額の設備投資が必要であり，それも参入障壁として働く。ところで，巨額の設備投資が必要ということは生産能力を変化させるときの最小ロットが大きいということであり，柔軟に生産能力を変えることができない，つまり生産能力の不分割性が高いということを意味するのである。

ここで注意すべきことは，類似の要因でも，既存業者間の敵対関係と参入の脅威とで，競争の程度に対して正反対の方向に影響を及ぼすことがあるということである。たとえば，巨額の投資が必要だと参入の脅威は弱まるが，設備投資が巨額であるがゆえに生産能力を柔軟に変えられずに余剰能力を抱えがちになるとすれば，既存業者間の敵対関係は強まる。つまり，同じ要因でも，既存業者間の敵対関係と参入の脅威とでは競争の程度に及ぼす影響の方向が反対なので，いずれのルートが業界の競争の程度に強い影響を及ぼすかを吟味しなけ

ればならないのである。

　さて，仮に既存業者間で協調が保持され，参入障壁も高い場合であっても，あまりに価格が高く設定されていると，当該業界の製品と同様の機能を果たす代替品に需要がシフトしてしまう。したがって，代替品のコスト・パフォーマンスや，顧客が代替品にスイッチしやすいかどうかも，当該業界の製品の価格に上限を与えることで，当該業界の予想される収益性に影響を及ぼす。

　さらに，当該業界の買い手のパワーが強ければ，値上げ要求は簡単には通らず，逆に値下げを強いられるかもしれない。買い手の交渉力という要因も，価格に影響を及ぼし，予想される収益性を左右する。また，当該業界に原材料を供給する業者（売り手）のパワーが強ければ，原材料の値下げ要求は簡単には通らず，逆に値上げされて収益が圧迫されるかもしれない。買い手や供給業者の交渉力の源泉は，それらが当該企業にとってどの程度重要なのか，代替的な業者があるのか，買い手，供給業者の業界の競争の程度はどうなのかといったことである。したがって，買い手，供給業者のパワーという要因のサブ・ファクターには，そのようなことを検討するものがあげられている。

分析結果の評価

　上記のことを注意して，ある業界についてファイブ・フォース分析をしたとしよう。その結果をもとに，当該業界の競争の程度や予想される収益性を評価しなければならない。しかし，そのためのガイドラインはなく，実際はこれがかなり難しい作業である。

　たとえば市場集中度について言えば，分析の結果，競争の程度それ自体がわかるわけではなく，何らかの指標の値が計算されるだけである。その値で，当該業界の競争の程度が高いと考えるべきなのか低いと考えるべきなのかを判断しなければならない。そこでとりうる方法は，何かと比べて評価するという方法である。比較対象としては，他の業界が考えられるであろう。あるいは，当該業界の過去と比べて，以前よりも競争が激しくなった（あるいは緩やかになった）と判断することも有効であろう。

　次に，すべてのサブ・ファクターを分析した結果，その結果を総合して，各要因（force）の評価をしなければならない。あるいは，すべての要因を分析し

た後，それらを総合して，その業界の競争の程度，予想される収益性を評価しなければならない。この総合評価をつくる際にも，システマティックなやり方はなく，どうしても主観的判断に頼らなければならなくなってしまう。

要因間，サブ・ファクター間で分析結果が異なる場合，総合評価を下すことは難しい。しかし，最初に述べたように，総合評価を下すことも大事なのだが，当該業界の競争の程度に重大な影響を及ぼしている要因，サブ・ファクターを明らかにすることもファイブ・フォース分析の目的である。この目的にとっては，要因間で結果が異なるほうが，重要な要因が浮かび上がってくるので好ましい。

たとえば，既存企業の数が多く，規模が小さいのに対し，買い手の業界は大規模企業が多いので交渉力が強く，それが決定的に当該業界の収益性を圧迫していることがわかったとしよう。そうであるならば，M&Aや提携といった手段を通じて業界を再編し，何とか企業数を減らし，買い手との規模格差を縮めることが重要な戦略となりうる。競争の程度を決めるクリティカル・ファクターを明らかにすることのほうが，主観的判断によって総合評価を下すことよりも，戦略策定の上では有益かもしれない。

ファイブ・フォース分析の限界とその後の展開

ファイブ・フォース分析は，ビジネス・スクール（MBAコース）の戦略の授業では，必ず教えられる分析枠組みである。それだけ確立された手法ではあるが，もちろん以下のような限界もある。

ファイブ・フォース分析の主要なプレーヤーは，顧客（買い手），供給者（売り手），競争相手（既存業者，新規参入者，代替品の供給者）である。しかし，最近これ以外に，補完的な製品やサービスの供給者が重要なプレーヤーであることが認識されるようになってきた。ファイブ・フォース分析でも供給者は1つのプレーヤーであるが，それはおもに原材料の供給業者が念頭に置かれているのに対し，補完的な製品やサービスの供給者というのは当該業界に原材料を供給しないものも含まれる。後で明確に定義されるように，当該業界と垂直的な関係になくても，当該業界の製品と一緒に消費されたり，当該業界の製品の需要を促進したりするような製品やサービスの供給業者が含まれるのである。

図 5-2　価値相関図（value net）

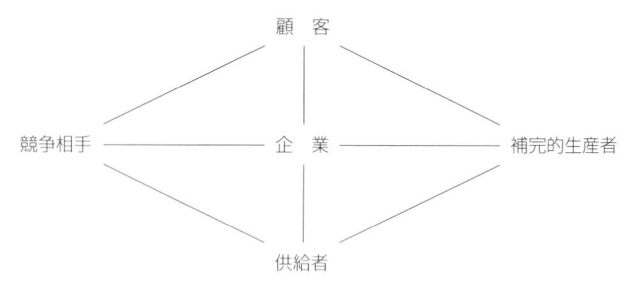

```
              顧　客
             /     \
            /       \
競争相手 ―――― 企　業 ―――― 補完的生産者
            \       /
             \     /
              供給者
```

出所：Brandenburger and Nalebuff [1996]，邦訳 [1997] 29 頁。

　同様にプレーヤーについての問題は，競争業者についても指摘できる。基本的にファイブ・フォース分析では，競争相手は同じ産業に属する他の企業であると考えられてきた。しかし，競争相手は必ずしも同業他社とは限らないであろう。

　そこで，補完的生産者を明示的に組み込み，競争相手をより一般的にとらえることができる分析枠組みが提唱された。それは，ブランデンバーガーとネイルバフがゲーム理論の考え方にもとづいて考案した，**価値相関図**（value net）という枠組みである（図5-2参照）。

　価値相関図では，補完的生産者や競争相手は次のように定義される。**補完的生産者**は，顧客との関係に着目すれば，「自分以外のプレーヤーの製品を顧客が所有したときに，それを所有していないときよりも自分の製品の顧客にとっての価値が増加する場合，そのプレーヤーを補完的生産者と呼ぶ」と定義される。あるいは，供給者との関係に着目すれば，「供給者が自分以外のプレーヤーにも供給しているとき，そうしない場合よりも自分への供給が魅力的となる場合，そのプレーヤーを自分の補完的生産者と呼ぶ」と定義される。

　他方，**競争相手**は，顧客との関係に着目すれば，「自分以外のプレーヤーの製品を顧客が所有したときに，それを所有していないときよりも自分の製品の顧客にとっての価値が下落する場合，そのプレーヤーを競争相手と呼ぶ」と定義される。あるいは，供給者との関係に着目すれば，「供給者が自分以外のプレーヤーにも供給しているとき，そうしない場合よりも自分への供給が魅力的でなくなる場合，そのプレーヤーを自分の競争相手と呼ぶ」と定義される。

たとえば，インテルとアメリカン航空とは，同業者ではない。しかし，ビデオ会議システムが普及して飛行機を使った出張が減少すれば，インテルの製品によってアメリカン航空のサービスの価値が下落するので，両社は競争相手の関係にあると考えることができる。

逆に，コンパックとデルは，インテルの次世代チップの限られた供給をめぐって争っているが，インテルが次世代チップの開発費を供給先の企業に分散させるので，コンパックとデルは，他社がいることによって，独占的に供給してもらうときよりも低価格で次世代チップを手に入れることができる。ゆえに，コンパックとデルは補完的生産者であるとも考えられるのである。このように，従来とは異なる他社の役割を意識し，企業間の複雑な相互作用を考えながら，いかにして価値を生み出していくか，生み出された価値を自分のものにしていくかを議論したものが，価値相関図である。

限界というと言い過ぎかもしれないが，ファイブ・フォース分析では非常に素朴な競争が念頭に置かれているということには注意すべきかもしれない。ファイブ・フォース分析の説明がなじみやすいのは，単純な価格競争である。しかし，実際には，たとえば差別化の程度が高い業界ほど，各社とも差別化を狙って熾烈な競争をしている。たとえばブランド・イメージの確立が重要である業界では，競って広告に巨額の投資が行われているのである。また，企業数が多いほど，集中度が低いほど競争が激しいというのも，常に正しいとは限らない。寡占市場で互いにライバル企業を特定でき，その一挙手一投足に注意を払っているほうが，対抗関係は強くなる場合も多いのである。したがって，ファイブ・フォース分析が念頭に置いている競争の性格を十分意識することが必要である。

ファイブ・フォース分析は，企業戦略と競争戦略の策定に役に立つ情報を提供してくれる分析枠組みとして，これまで常にビジネス・スクールなどで教えられてきた。いわば，戦略の基本中の基本の分析方法である。しかし，それも今日の企業間の複雑な相互作用を反映して，進化を遂げようとしているのである。

第 2 章 事業戦略の基礎

要　約

- 外部環境要因を分析する最も体系的な方法は，ファイブ・フォース分析である。ファイブ・フォース分析は，既存業者間の敵対関係，新規参入の脅威，代替品の脅威，売り手の交渉力，買い手の交渉力という5つのファクターを分析することで，業界の競争の程度や収益性を検討する枠組みである。
- ファイブ・フォース分析によって，業界の競争の程度について総合評価を下すことも大事だが，それにも増して，その業界の競争の程度を規定しているクリティカル・ファクターを見つけることも重要である。
- 企業にとって他の企業は，自社の利益を圧縮する脅威であるだけではない。協力して利益を増大させる関係にある他社も存在する。競争・協力両方の企業間関係を明示的に組み込んで，企業がいかにして価値を生み出していくか，生み出された価値を自分のものにしていくかを分析する枠組みに，価値相関図がある。

確認問題

- ***Check 1***　ある業界の動向について書かれている新聞や雑誌の記事を見つけ，その内容をもとにその業界のファイブ・フォース分析をしてみなさい。
- ***Check 2***　ファイブ・フォース分析をしたら，何がその業界のクリティカル・ファクターかを考え，それに対処するための競争戦略を考えてみなさい。他の人と比べて，注目したクリティカル・ファクターや考えた戦略が同じか違うか議論してみなさい。

unit ⑥

内部要因の分析

活動と経営資源

　この unit ⑥では，企業の強み・弱みをとらえる2つの基本的な視点を紹介する。第1は，企業をさまざまな**活動**の組合せとしてとらえる視点であり，その代表は**バリュー・チェーン**分析である。第2は，企業を**経営資源**や**組織能力**の集まりとしてとらえる視点であり，その代表は**リソース・ベースト・ビュー**（**RBV**）である。これらの視点の間には強い関連がある。このことを理解するために，活動とは何か，資源とは何かをあらかじめ整理しておくことにしよう。

　企業では多くの仕事が従業員により分担され，行われている。研究開発を行うエンジニアもいれば，工場や販売（営業）の社員，社内外のお金の流れを管理する財務の社員もいる。人間の身体が異なる役割を果たす多くの器官の集まりとしてできており，それらの連携によりうまく機能するように，すべての企業はそれぞれに異なる役割を果たす活動（機能）の組合せとして成り立っているのである。活動は研究開発，生産，販売のようにごく一般的な分け方をすることもできるし，より細かく分けることもできる。同じ販売であっても，法人顧客向けと個人顧客向けで方法が大きく異なるのであれば，両者を区別して販売活動を考えることに意味がある。

　企業の行うさまざまな活動は，機能において異なっていても，何らかの投入（インプット）を用いるという共通点がある。インプットには大きく2種類ある。第1は，部品や原材料など，企業の外から必要に応じて調達されてくるインプットである。何も外から調達せずに活動が行える自己完結した企業は存在しない。第2は，企業があらかじめ自社で蓄えているインプットである。経営資源とは，活動のために蓄えられてきたインプットのストックである（以下では単

図 6-1　経営資源の種類

```
経営資源
├── 有形資産 … 土地，建造物（工場，社屋，倉庫），機械設備，事務用機器など
├── 無形資産 … 特許，技術ノウハウ，ブランド資産，顧客ロイヤルティ，評判，企業文化など
└── 人的資源 … 従業員の知識，技能，モチベーション
   ↓
組織能力
　人的資源を中心とした資源の協働
　企業のさまざまな活動を効果的に遂行する組織の力
```

に資源と呼ぶこともある）。活動とは資源というインプットを用いて何かを生み出す行為であり，資源が活用される場である。

　経営資源はさまざまに分けることができる。「企業はヒト，モノ，カネ，情報（知識）である」という表現や，会計学における有形資産と無形資産の区別は，よく知られた資源の分類である。経営戦略論においては，図 6-1 のように区分することが一般的である。第 1 は有形資産であり，土地，社屋，機械設備などが含まれる。これらは物理的なモノとして実際に見ることができるだけではなく，金額の増減がバランス・シート（貸借対照表）に表れるという意味でも「見える資源」である。第 2 は，技術ノウハウや特許，ブランドや商標などの無形資産である。これらは手にとって見ることができず，貸借対照表に表れることもあまりない「見えざる資源」である。無形資産の多くは知識としての性格を持っている。たとえば，技術は企業の科学・工学的な知識であり，ブランドとは顧客が企業や製品について持っている知識である。第 3 は人的資源，すなわち従業員である。人的資源はすべての活動に不可欠なインプットである。人的資源なしに遂行できる活動はない。人的資源を中心にさまざまな資源を協働させ，活動を行っていく企業の力を組織能力という。製品開発力や，ものづくり能力，営業力など「○○力」と表現されるのは，ある機能における企業の組織能力を表している。

　経営資源や組織能力は，はじめから企業に備わっているわけではなく，広い意味での投資によりつくられる。工場や倉庫のような有形固定資産は，過去の設備投資の産物である。研究開発は技術を生み出すための投資であり，ブラン

図 6-2　経営資源と活動の関係

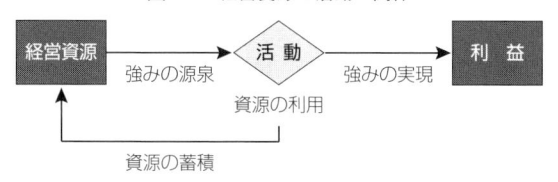

経営資源 →（強みの源泉）→ 活　動 →（強みの実現）→ 利　益
資源の利用
資源の蓄積（活動→経営資源）

ドは広告宣伝などマーケティング投資がおもに生み出す資源である。ものづくり能力も従業員への教育投資や，工場での改善活動などの投資から生まれる。これらの例が示すように，資源を生み出すための投資とは，その資源を用いる活動そのものであることがしばしばある。活動とは企業が今まで蓄えてきた資源や能力を使う場であるとともに，将来のために資源や能力が生み出される場でもあるのである。この関係を整理すると，図 6-2 のようになる。

活動として見た強み

　ポーターのバリュー・チェーン（価値連鎖）は，活動という面から企業の強みをとらえるためのフレームワークである。バリュー・チェーンは図 6-3 のように，企業を多くの活動の組合せとしてとらえる。活動は大きく 2 つのグループに分けられる。主要活動と呼ばれるのは，川が上流から下流に流れていくように，連鎖的に結びついた活動のグループである。メーカーであれば，サプライヤーから購入した部品や原材料が工場へと運び込まれ，製品へと加工，出荷され，流通経路に乗って顧客へと届くという流れを構成するのが主要活動である。これに対して，支援活動はバリュー・チェーン全体がうまく機能するように支えている活動のグループである。研究開発や人事，財務，広報といった活動が当てはまる。図 6-3 のバリュー・チェーンは，メーカーをイメージして描かれている。証券会社や銀行のバリュー・チェーンを描いてみれば，それぞれこの図とは違ったものになるだろう。

　同じ業界で活動する企業同士でも，バリュー・チェーンが同じとは限らない。独自なバリュー・チェーンが，製品に対する顧客の評価（WTP）を高めるか，供給のコストを低めるのであれば，それは活動として見た企業の強みとなる。そうした強みには，大きく 3 つのタイプがある。第 1 は，組み合わされる活動

図6-3　バリュー・チェーン

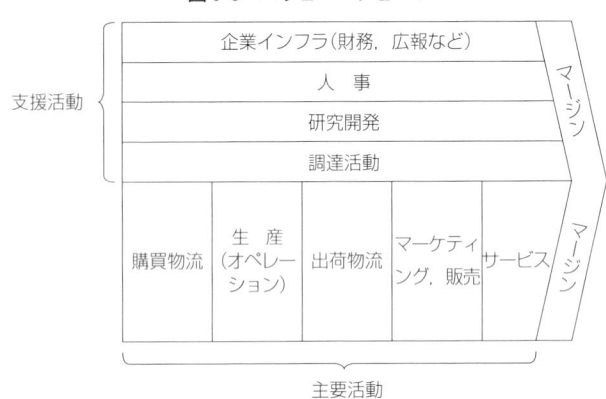

支援活動	企業インフラ(財務, 広報など)				マージン
	人　事				
	研究開発				
	調達活動				
	購買物流	生産(オペレーション)	出荷物流	マーケティング, 販売	サービス	マージン

主要活動

の違いによる強みである。すなわち，競合が行っている活動をあえて省いたり，逆に競合が行っていない活動を行ったりすることで，他社とはバリュー・チェーンの構成を変えることによる強みである。アマゾンのようにインターネット販売に特化した小売企業は，実店舗を維持，運営していくコストがかからない。それゆえに実店舗で販売する企業よりも低価格で販売できるとすれば，それは店頭販売という活動を省くことによる強みである。アップルは，競合の行っていない活動をバリュー・チェーンに取り込んでいる例である。同社は製品（マック）の使い勝手を競合より高めるため，OS（オペレーティング・システム）の開発を自社で行っている唯一のパソコン・メーカーである。

　第2は，同じ（同種の）活動を，競合とは異なる方法で行うことによる強みである。パソコン産業では需要予測をもとにした見込み生産が主流であるが，デルは実際の需要に応じて生産する受注生産を実現することで，コスト削減に成功した。スペインのアパレル・ブランドであるZARA（ザラ）は，競合が低賃金国に委託している生産の多くをコストの高い自国であえて行うことで，顧客が今求めている製品をスピーディに提供できるようにした。生産に限らずバリュー・チェーンを構成するすべての活動が，やり方を工夫することで競争優位の源となる可能性を持っている。

　第3は，さまざまな活動が個々の部品としてではなく，活動同士のつながりにより全体として生み出す強みである。デルの受注生産方式は，外部の販売業

者を介してではなく，デル自身が顧客から直接注文を受けるダイレクト販売が行われているからこそスムーズに機能する。そのダイレクト販売は，マーケティング活動が店頭での製品説明を必要としない知識抱負な企業ユーザーをおもなターゲットとしているからこそ機能する。企業をさまざまな活動の組合せ（バリュー・チェーン）として見ることの最大のポイントは，こうした活動同士が互いにうまくリンクすることで生まれる強みをつくり出していくことにある。unit ①で指摘したように，経営戦略とは特定の機能や活動の部分最適ではなく，多くの機能や活動を利益という共通目的に向けて方向づけていく全体最適にこそ本質があるのである。unit ⑩で見るように，バリュー・チェーンが全体として生み出す強みには，競合により模倣されにくいという特徴もある。同じ強みを持つためには，1つではなく複数の活動を連動させて変えていかねばならないからである。

資源として見た強み

　活動は経営資源というインプットを必要とする。したがって，ある企業が何らかの活動上の強みを持っているということは，その企業が何か独自な資源を持っているためと考えることもできる。リソース・ベースト・ビュー（RBV）は，経営資源という視点から企業の強みをとらえる見方である。独自な資源であれば，何でも強みになるわけではない。単に他と異なるという意味であれば，企業のほとんどの資源は「独自」だからである。本社ビルという有形資産を競合企業間で比べれば，所在地，建物の大きさ，新しさ，外観，社員食堂の有無など，おびただしい違いがあるだろう。だが，顧客が製品やサービスをどの企業から購入するか決めるときに，企業の本社ビルが検討のポイントとなることはあまりない。どのような資源が，利益を得るための強みとなるのだろうか。

　3つのポイントがある。第1は，資源が顧客にとっての便益（価値）を大きくすることに貢献するかである。unit ④で見たように，企業が製品やサービスを通じて顧客に提供する価値は，顧客が支払ってもよいと考える価格（WTP）が高まるか，顧客に販売できる下限価格であるコスト（C）が下がることで大きくなる。したがって，顧客にとっての便益を大きくする資源とは，製品やサービスをより魅力的にすることで顧客のWTPを引き上げるか，コスト

を下げることでより安価に顧客に販売できるか，どちらかを可能にする資源である。前者の例としては製品技術があげられる。優れた技術は顧客にとってより好ましい製品をつくり出すことで，企業が顧客に提供する便益を大きくすることに貢献しうる。「しうる」ということは，優れた技術イコール企業の強みでは必ずしもないということである。世界中のエンジニアが驚嘆するような革新的な技術であっても，それを用いた製品に顧客が価値を見出さなければ，企業の強みとはならない。企業の強みとは，企業自身ではなく顧客の目で判断されるべきものなのである。

第2のポイントは独自性である。顧客にどんなに大きな便益を提供する資源であっても，同じような資源を競合も持っているか，容易に手に入れることができるのであれば，それは企業の強みとはならない。ある資源が強みとなるためには，何らかの理由によりそれが企業に独自なものであり続ける必要がある。以下の理由が考えられる。

第1は供給が物理的に限られているか，利用を制限する制度的な仕組みが存在するために，資源が稀少であるということである。銀座の一等地という資源は，銀座という街（土地）の大きさが有限であるため，それを用いて事業を行える企業が限られている。特許法をはじめとする知的財産保護のための法制度は，技術や著作権などの資源の利用を所有企業に制限する仕組みである。特許を持つ企業は，その特許で守られている技術を一定期間，独占的に使用することができる。

第2の理由は資源の獲得に大きな費用がかかることである。ある資源を獲得するために大きな費用（時間や労力を含む）を負担する必要がある場合，それを持つことのできる企業は限られる。特許は時間が経てば効力を失い，どの企業も自由に技術を使うことができるようになる。しかしながら，その特許を生み出した技術力という組織能力は，企業が多額の研究開発費と多くの人材を投入して，長年にわたり地道に磨いてきたもので，競合が一朝一夕に追いつくことは難しいかもしれない。1つの特許が失効しても，別の価値ある技術を次々と生み出すことができれば，この企業の優位は維持される。技術力に限らず，組織能力は日々の活動の中で時間をかけてつくられていくものだけに，短期的な獲得が難しい。ブランドもまた，短期での獲得が難しい資源である。単に知名

度を上げるだけであれば，大規模な広告宣伝により短期間でも可能かもしれない。しかしながら，ブランドとは単なる知名度ではなく，品質や安心など企業が顧客に提供する価値の保証である。保証が信憑性をもって顧客に受け入れられるためには，実績の積重ねという時間のかかるプロセスを経なければならない。

　資源が強みとなるための第3のポイントは，価値の不確実性である。銀座の一等地でブティックやレストランを営めば，大きな売上げを見込むことができる。そうした価値は誰の目にも明らかであるために，銀座一等地の地価や賃貸料は高い。このコストゆえに，銀座で事業をしたからといって，利益がもたらされるとは限らない。このように資源の持つ価値が明らかな場合，その取得や利用の費用に価値が反映されるため，資源が利益をもたらす可能性は低くなる。10万円で確実に転売できる何かをオークションにかければ，参加者の資金に制限がない限り，価格は10万円までつり上がっていくであろう。最終的に落札した人が，この何かを転売しても利益が出ないのは明らかである。ある資源がどれほどの価値を持つものなのか取得（投資）の段階では明らかではないからこそ，それは利益をもたらす可能性を持つのである。この可能性は，投資が当初期待されたほど価値ある資源を生み出さないというリスクと表裏の関係にある。医薬品企業は膨大な研究開発費を投じ，おびただしい成分の薬効を日々探っているが，ほとんどの努力は無駄になる。だが，優れた新薬に結びつく成分を発見できれば，その特許は膨大な利益を企業にもたらす貴重な資源となる。経営資源への投資は「ノーリスク，ノーリターン」なのである。

　企業の強みとなる資源とは，以上の3つの条件をすべて満たす資源である。そうした資源がどういったものかは，産業により，企業により大きく異なる。あえて一般化すれば，それは無形資産や組織能力といった「見えざる資源」であることが多い。これらの資源の多くは，企業内部での活動（投資）を通じて獲得される。技術は研究開発活動という投資の成果であり，ブランドはおもにマーケティング，ものづくり能力は生産活動の成果である。こうした自前でつくるという性格があるために，競合が自社と同じような資源を外部（市場）からすぐに調達することは難しい。もちろん市場で調達できなくても，同じような資源を競合がすぐに自分でつくれれば，資源の稀少性は失われてしまう。しかしながら，無形資源や組織能力がつくられていくプロセスには**経路依存性**と

> **コラム**

非戦略的な資源の役割

　企業は多くの経営資源の集まりであるが，それらすべてが利益の基礎という意味で強みになるわけではない。この unit で紹介した3条件を満たすのは，むしろ一握りの資源でしかない。仮にこれらの資源を「戦略的な資源」と呼ぶとすると，それ以外の資源（非戦略的な資源）は企業にとってどのような意味を持つのだろうか。戦略的でないということは，重要ではないということなのだろうか。

　非戦略的な資源は2つの意味で重要である。第1に，これらの資源は企業活動がうまく回り，戦略的な資源が強みとしての機能を発揮する機会をつくる。仮にある企業の強みが技術だとしても，それを用いた製品を生産し，販売することができなければ，この資源から利益を得ることはできない。生産や販売が機能停止してしまえば，利益以前に企業が成り立たない。戦略的資源は多くの非戦略的資源のサポートの上に強みとなる。土台が崩れてしまえば，上に乗るものも崩れるのである。非戦略的な資源への投資は，強みを安定して発揮するための土台づくりという重要な意味を持っている。

　第2に，非戦略的資源には，競争をリードするのではなく，ついていくために重要な役割を果たすものがある。ハイテク産業ではすべての企業が技術開発にしのぎを削るため，技術で競合を引き離すことは本当に難しい。だが，サービスなど技術以外の何かで顧客に独自な価値を提供することができれば，それが企業の強みとなる。しかしながらこの場合も，顧客がサービスに注目して自社を選んでくれるためには，技術が少なくとも他社と同等であることが必要であるかもしれない。自社にとって非戦略的であっても，顧客にとって重要な何かへの投資を怠ることは，競争からの脱落を意味するのである。

呼ばれる特徴があるため，短期間での模倣は難しい。

経路依存性

　一般的に言えば，経路依存性とは国や産業，企業の発展の方向性が，過去どのように発展してきたかという歴史（たどってきた経路）に制約されるということを指している。企業の経営資源や能力について言えば，ある企業が今日どのような資源を持てるかは，この企業が今日までにどのような資源に投資し，蓄えてきたかという歴史（経路）に制約されるということである。ブランド資源を考えるとわかりやすい。今まで「庶民的で親しみやすい」というブランド・

イメージをつくることに専念し，成功してきた企業が，このイメージをさらに強めていくことと，「高級でステータス感のある」というまったく異なるブランド・イメージに転換することを考えれば，前者のほうがはるかに容易であることは想像に難くないだろう。経路依存性は，バリュー・チェーンにも働く。ある活動や活動間のつながりを，今までの延長で変えていく，改善していくことと，まったく異なるものにつくり変えていくのでは，前者のほうが容易である。

　活動を変えることの難しさは，それを通じて獲得される資源や組織能力の蓄積の方向性を変えることの難しさにつながる。土地や建物，機械設備といった，基本的に企業の外から調達される有形資産であれば，短期間でも大幅な入替えをすることが原理的には可能である（現実には多くの障害がある）。それに対して，企業の内部で蓄積され，その方向性に強いイナーシア（慣性）が働く無形資産や組織能力は，調整に長い時間と労力を要するのである。この特性ゆえに，企業の資源や能力のストックは，しばしばバスタブにたとえられる。バスタブ一杯に水を張るには，蛇口から少しずつ水を入れていくしかない。今入っている水を入れ替えるためには，古い水を排水口から少しずつ捨て，新しい水を溜めていかねばならない。時間がかかるのである。同様に，企業がコツコツとつくり上げてきた強みを競合が一朝一夕に模倣することは難しい。もちろん自分が道の上で止まってしまえば（資源の蓄積を止めてしまえば），競合は追いついてくる。しかしながら，強みに安穏とすることなく歩き続ければ，競合に簡単にキャッチアップされないどころか，むしろリードを広げられる可能性もある。

企業の弱み

　経路依存性は企業の強みだけではなく，弱みを考える上でも有用な概念である。企業の弱みには大きく2種類ある。第1は，強みがないという意味での弱みである。企業の強みを支える資源や能力は，コツコツと時間のかかる蓄積プロセスを経て，ようやく獲得される。また，このプロセスには不確実性がつきものである。苦労して歩んだ末に，強みとなるような資源や能力には至らなかったということは十分に起こりえるのである。

　第2の弱みは，ある強みを持っているがための弱みである。経路依存性の意味するところは，成功してきた企業が自分たちの歩んできた道の延長を歩くこ

とは容易であるが，まったく異なる道を歩くことは，過去に蓄えてきた資源や能力が障害となるため，むしろ難しいということである。あるタイプの強みを持っているということは，異なるタイプの強みの獲得を困難にしうるという意味で弱みなのである。これは産業において，強みとなる資源や能力が変わりつつあるときに大きな問題となりうる。かつてデル・コンピュータが法人への直接販売を手段として躍進したときに，ヒューレット・パッカード（HP）はじめとする競合は，販売店や流通業者とのつながりという資源が足かせとなって，デル型の事業への転換がなかなか進められなかった。逆にパソコン需要が法人から個人へとシフトし，実店舗での販売が重要になっている最近では，デルがHPの持つ資源に対抗することに苦しんでいる。経営戦略においては，どのような強みをいかに持つかと同様に，その強みゆえの弱さへの目配りが重要なのである。

要 約

- 企業の強みと弱みは活動（バリュー・チェーン）と経営資源という2つの視点からとらえることができる。活動は資源をインプットとして用い，多くの資源は活動の中で蓄積される。
- 企業に競争優位をもたらす資源とは，顧客に価値を提供し，稀少性や模倣コストのため企業に独自であり，その価値が事前には不確実なものである。
- 無形資産や組織能力が蓄積されていくプロセスには，経路依存性が働く。経路依存性は資源の独自性を維持する効果を持つ反面，今までとは異なる資源の獲得を難しくし，企業に弱みをもたらすこともある。

確認問題

- *Check 1* ある産業を取り上げて，そこにおける成功企業1社の強みを資源と活動の両面から検討してみなさい。
- *Check 2* 「持たざる強み」という表現がよく用いられる。持たないことが強みになるのはどのような資源だろうか。

unit ⑦ 競争優位と基本戦略

競争と利益

　この第2章では，競争優位の2つの大きな型であるコスト優位と差別化優位について検討する。まずこの unit ⑦では，競争優位が持つ一般的な性格とコスト優位と差別化優位の違いを明らかにする。その上で，これら2つの競争優位を区別することの意味を，基本戦略と呼ばれる考え方によりながら検討する。

　unit ②で定義したように，競争優位とは競争の圧力に負けることなく利益を得る企業の力である。その一般的な性格を理解するために，競争がどのように企業から利益を奪っていくのかを考えてみよう。以下では利益の総額ではなく，製品1単位当たりの利益に注目する。パソコン・メーカーであれば，パソコン1台販売することで，いくらの利益が得られるのか考えるのである。製品1単位当たりの利益は，製品1単位当たりの売上げである製品価格（P）から製品1単位の費用（C）を引いたものである。販売規模が同じであれば，価格と費用の差であるマージン（$P-C$）が大きいほど，利益の総額も大きくなる。マージンが0であれば，利益の総額も0であることは言うまでもない。

　企業はいかにしてマージンを大きくすることができるだろうか。1つの方法は，顧客に高い価格で販売することである。もちろん，いくらでも高くできるわけではない。1つの理由は，他の企業との競争があるからである。もう1つの理由は，顧客が支払ってもよいと考える価格に上限があるからである。この上限より高い価格で販売することは，競争がなかったとしても不可能である。この上限価格が顧客の支払い意欲（WTP）である。顧客のWTPは，製品から見込まれる満足（効用）が大きくなると高くなる。デザインがよい，性能がよい，使いやすいなどの理由で好感されている製品へのWTPは高くなる。もち

第2章 事業戦略の基礎

> **コラム**
>
> **サプライヤーをめぐる競争**
>
> 　企業の競争にはさまざまなタイプがある。最もわかりやすく，目立ちやすいのが顧客をめぐる競争である。競争優位という場合，この競争に負けずに利益を得る力を普通考える。だが，これが企業の行う唯一の競争ではない。もう1つの重要な競争はサプライヤー，すなわち部品や原材料をはじめとするインプットの供給業者をめぐる競争である。顧客をめぐる競争が「買ってもらう」競争であるのに対し，サプライヤーをめぐる競争は「売ってもらう」競争である。この競争における企業の優位は買い手としての優位性である。事業に必要なインプットを，なるべく有利な条件で供給してもらうためには，自社がサプライヤーにとって魅力的な取引相手でなければならない。これは顧客をめぐる競争における差別化優位が，顧客にとっての製品，サービスの魅力度（WTP）に依存していることに似ている。実際，サプライヤーをめぐる競争における優位は，unit ④で紹介したサプライヤーの機会費用（SOC）によりとらえることができる。SOC とはサプライヤーが企業に売ってもよいと考える下限の価格であるから，これが低いほど企業がサプライヤーにとって魅力的な取引相手であるということである。SOC の低い企業は自分のコストを引き下げることができ，ひいては顧客をめぐる競争を有利に進めることができる。
>
> 　サプライヤーをめぐる競争が見えやすいのは，銀行（金融仲介業）である。銀行は預金者から預かった預金を，資金を必要としている企業や個人に融資し，融資と預金の金利差を利益（マージン）として得ている。この活動に不可欠なインプットは預金である。預金を集めることができなければ，銀行は成り立たない。この重要性ゆえに，銀行は本来的にサプライヤーである預金者を「お客様」と呼ぶのである。買ってくれるお客様（顧客）だけではなく，売ってくれる「お客様」（サプライヤー）を意識することが重要なのは，銀行はじめとする仲介業に限られるものではない。

ろん顧客としては，実際に支払う価格（P）は低いほうがよい。高く評価している製品であっても，価格があまりに高ければ，顧客はもっと「お買い得感」「値ごろ感」のある製品を選ぶだろう。すなわち，顧客が製品を選ぶための基準とするのは，WTPと価格（P）のバランス（$WTP-P$）である。この差は企業によって創造された価値のうち，顧客が獲得（享受）する部分である。

　企業はより大きな価値を提供することで，顧客に他社ではなく自社から購入してもらおうと競争する。競争が激しくなるにつれて顧客に提供しなければな

らない価値（WTP−P）は大きく，利益は小さくなる。価格競争の場合がわかりやすい。価格競争とは価格（P）を下げていくことで，顧客に提供する価値の大きさを競うことである。価格を下げた分だけ，企業のマージン（P−C）は確実に小さくなる。こうした競争がどんどん進んでいっても企業が利益を得られるためには，顧客に提供できる価値がもともと競合よりも大きい必要がある。企業が利益を得られるギリギリの価格は製品1単位の費用（C）であるから，顧客に企業が提供できる最大の価値は，顧客のWTPと費用の差（WTP−C）である。この価値の大きな企業は，競合と同等以上の価値（WTP−P）を顧客に提供しても，大きな価値（P−C）が利益として残る。すなわち，競争優位とは競合と比べた価値の提供力（WTP−C）の大きさとして見ることができる。

競争優位のタイプ

図7-1は，競争優位の類型を顧客への価値提供力という点から示したものである。①〜③では，A社がB社よりも大きな価値の提供力（WTP−C）を持つという点で共通しているが，その源が異なっている。①においては，A社は製品の供給にかかる費用（C）が低いがゆえに，B社よりも大きな価値を提供する力を持っている。**コスト優位**と呼ばれる優位性である。コスト優位を持つ企業は費用の低さを活かして，競合よりも低価格で製品を販売することができる。顧客のWTPが競合と同じか低くても，低価格であるためにより大きな「お買い得感」を提供できるということが，コスト優位企業の強みである。カジュアル衣料のユニクロ，ファミリーレストランのガストなどは，読者にもなじみ深いコスト優位企業（ブランド）の例と言えるだろう。

②は**差別化優位**と呼ばれる競争優位を描いている。ここでは費用の低さではなく顧客のWTPの高さが，A社の価値提供力の大きさをもたらしている。すなわち，差別化優位とは顧客が自社の製品を競合よりも高く評価してくれているという強みである。顧客の評価（WTP）が高いために，A社はB社よりも高価格で販売しても，顧客にB社と同等以上の価値（WTP−P）を提供できる。コスト優位企業の強みが低価格で売っても利益が得られることだったのに対し，差別化優位企業の強みとは，プレミアム価格（競合を上回る価格）で販売しても顧客が逃げないということである。衣料品や腕時計などの高級ブランドは，イ

図 7-1　競争優位の類型

① コスト優位　② 差別化優位　③ 二重の優位

顧客の支払い意欲（WTP）

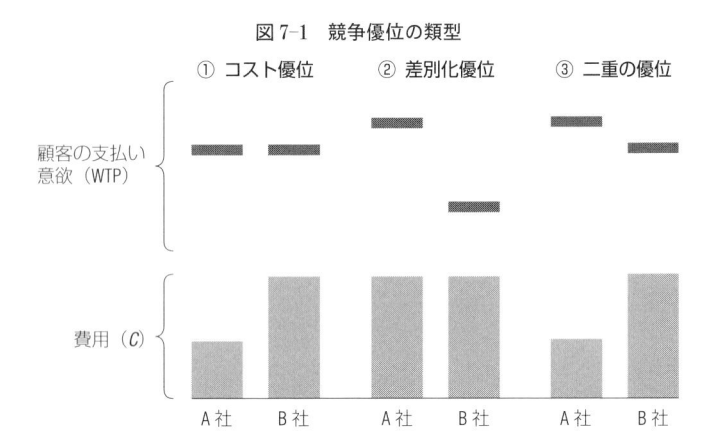

費用（C）

A社　B社　A社　B社　A社　B社

メージしやすい例だろう。

　ところで，②ではA社は顧客のWTPでB社に優位にあり，費用（C）でB社と同等である。現実にはこうした優位は稀かもしれない。すなわち，A社がWTPにおいて優位であるならば，コスト面ではB社に劣位になることが多いかもしれない。顧客のWTPを高めているおもな要因がブランド・イメージである場合，良好なイメージをつくり，維持していくためには広告宣伝などのマーケティング費用がかかる。製品の性能を高めていくためには，研究開発費というコストがかかる。顧客のWTPを高めるためのこうしたコスト負担は，差別化優位企業がコスト面では競合に対して不利になる一因となる。同様にコスト優位を持つ企業が，①で描かれているように費用では優位にあり，WTPでは互角という状況も稀かもしれない。思い切って費用を下げるためには，研究開発やブランドへの投資など，顧客のWTPを高める活動を控える必要があるかもしれないからである。

　これらが意味するのは，顧客の製品評価や費用の一方のみに注目しても，競争優位はわからないということである。どんなに費用が低くても，顧客のWTPがそれ以上に低ければ，企業が顧客に提供可能な価値の大きさは，競合より小さくなってしまう。WTPが高くても，それを実現するための費用が大き過ぎれば，やはり顧客に提供可能な価値は競合よりも小さくなる。コスト優位とは顧客に提供可能な価値の大きさ（WTP－C）が競合よりも大きく，その

源が低い費用にあるということであり、単に費用が低いということではない。差別化優位とは顧客に提供可能な価値の大きさ（WTP−C）が競合よりも大きく、その源が高いWTPにあるということであり、単にWTPが高いということではない。コスト優位も差別化優位も、競合より価値の提供力が大きいことが共通した条件なのである。

最後の③が描いているのは、こうした費用とWTPのトレードオフ（二律背反）を打ち破る競争優位である。ここではA社はB社よりも顧客のWTPが高いという差別化優位の特徴を持つ一方で、費用（C）は競合よりも低いというコスト優位の特徴もあわせ持っている。したがって、A社は顧客を失うことなくプレミアム価格で販売することもできれば、赤字になることなく競合よりも低価格で販売することもできる。コスト優位と差別化優位をあわせ持つという意味で、**二重の優位**と呼ばれるタイプの競争優位である。

スタック・イン・ザ・ミドル

二重の優位は可能なのだろうか。この問題を考える上でのポイントは2つある。第1に、二重の優位を持つということは、どの競合よりも顧客の支払い意欲が高く、同時にどの競合よりもコストが低いというスーパーマンのような企業になる必要はないということである。③ではA社の競合がB社1社だけであるため、そうした状況が描かれているが、競合は複数社存在するのが普通である。競合が多く存在する場合、顧客の製品評価の高さと費用の低さの両面で、同時にナンバーワンになることは難しい。しかしながら、一番ではなくとも平均よりも高い顧客のWTP、一番ではなくとも平均より低い費用（C）を実現することで、トータルの顧客への価値提供力（WTP−C）で一番となることは可能かもしれない。第2のポイントは、「二兎を追うものは一兎をも得ず」という危険である。性格の異なる2つの優位を追求したがために、どちらの実現も中途半端になり、トータルの価値の提供力は、一方の優位のみを追求している競合よりも低いという状況に陥る可能性である。こうした問題は、**スタック・イン・ザ・ミドル**（stuck in the middle，板挟み）と呼ばれる。

スタック・イン・ザ・ミドルに企業が陥る一因は、顧客の好みやニーズとの齟齬である。仮に低価格ゆえに顧客の支持を得ている企業と、非常に高い品質

ゆえに顧客の支持を得ている企業というまったく異なるタイプの競合がいる場合，これら企業の間でほどほどの品質とほどほどの価格という中間的なポジションをとることの是非は，そうした中庸な製品を好む顧客がどれだけ存在しているかに依存する。品質重視派と価格重視派に顧客がきれいに分かれるならば，中庸な製品は誰にとっても魅力のない中途半端な製品となってしまう。二兎を追うという行為が，企業の活動に自己矛盾をもたらす危険もある。製品の品質を高めるためには，他社が機械化しているものを，あえて熟練した職人の手で行う必要があるかもしれない。高い品質を顧客に認知してもらうためには，広告宣伝を活発に行う必要があるかもしれない。こうした取組みは，事業活動のコストを高めてしまうので，顧客に認められた高品質という目標を達成すればするほど，低コストというもう一方の目標の達成は困難になる。より一般的には，コスト優位のために必要とされる資源・組織能力と，差別化優位のため必要な資源と能力は異質なもので，企業が同時に持つことは難しいかもしれない。バリュー・チェーンのつくり方も，費用を抑えるという目標と，顧客のWTPを高めるという目標では大きく変わりうる。後者では不可欠な活動が，前者では無駄ということは十分にありえる。

基本戦略

スタック・イン・ザ・ミドルという危険があるために，ポーターは二重の優位の追求は避けるべきであると主張する。ポーターは事業戦略の形を，事業領域の広さと競争優位のタイプに従って，図7-2のように区分している。こうした事業戦略の大きな形は，**基本戦略**と呼ばれる。第1の形は，広い事業領域とコスト優位の組合せであるコスト・リーダーシップ戦略である。自動車（乗用車）メーカーで言えば，韓国の現代自動車が例として考えられる。第2の形は，差別化戦略である。この戦略は幅広い事業領域での差別化優位を特徴とする。ドイツのメルセデス・ベンツは，こうした戦略をとっている乗用車メーカーである。第3の形はフォーカスと呼ばれるものである。この戦略の特徴は，事業領域の絞込みである。すべての製品セグメントや市場で活動するのではなく，狭い領域にあえて活動の場を限定した上で，コスト優位か差別化優位を追求していくものである。日本のスズキは，軽自動車をはじめとする小型車に注力し

図7-2　ポーターの基本戦略

活動の領域	広範囲	差別化戦略 （高いWTP）	コスト・リーダーシップ （低い C）
	限定的	フォーカス	

ながら，うまく低コストを実現してきた。逆にドイツのポルシェは，高性能なスポーツ・カーやSUVに特化した上で，製品差別化をうまく行っている。

　このようにポーターの基本戦略からは，二重の優位を目指す戦略は除かれている。はたして，スタック・イン・ザ・ミドルは不可避なのであろうか。必ずしもそうは言えない。たとえば世界の自動車産業におけるトヨタやホンダの位置づけを考えてみると，韓国メーカーほど低価格（コスト）ではなく，ドイツの高級車メーカーのように顧客のWTPが高いわけではない。しかしながら，これら企業の利益パフォーマンスは優れている。それを支えているのは，顧客の視点で見れば手ごろな価格と優れた品質のバランスであり，企業内部から見れば低コストと高品質を両立させる力である。これら企業の競争優位を，二重の優位としてとらえることは可能である。

　トヨタやホンダがスタック・イン・ザ・ミドルに陥らないのは，自動車産業においては，コストと品質のある部分は矛盾するものではなく，同じコインの表と裏のような関係があるからである。すなわち，低コストを実現するためのカギである生産性を高めるためには，複雑な自動車の生産工程をうまくコントロールする必要がある。生産工程がうまくコントロールされると，生産性が上がるだけではなく，不良品が市場に送り出されるリスクも低下する。したがって，生産プロセスの管理が低コストと品質の共通のドライバーであるのである。さらに自動車は安全性が大変重要で日常的に使用される高額製品であるために，手ごろな価格で信頼性の高い製品への需要が大きな規模で存在しており，目指す優位と顧客ニーズとのミスマッチも生じない。したがって，二重の優位を追求することが，事業戦略として意味をなさないとは言い切れない。自社のコスト効率と顧客のWTPを同時に高める仕組みが存在するのであれば，そこで競合より秀でた能力を持つことで，独自な強みを持つことは可能である。

そうした仕組みが存在しない場合に二重の優位を追求することは，別々の方向に逃げている2匹のウサギを，1人の人間が同時に追いかけるような困難な作業となる。トヨタやホンダといえども，二兎を追う難しさから解放されているわけではない。自動車に対する顧客のWTPは多くの要因に依存する。不良品率の低さや壊れにくさといった信頼性は，コスト効率を犠牲にすることなく高めることができるが，製品の高級感，ステータス感を向上させようと思えば，マーケティング活動にお金をかけたり，高級感のある店舗に投資したりといった費用負担が生じてくる。信頼性に加えて，こうした優位性を追求すれば，コストは当然増加する。手ごろな価格を実現する力（コスト優位）が，「普通の人が，普通に購入可能な車」というイメージをつくり，高級・ステータス感の追求においては弱みとなるという厄介な問題もある。したがって，トヨタやホンダがメルセデス・ベンツやBMWといった高級ヨーロッパ車メーカーと同じような優位を追求すれば，今までの優位と目指す新しい優位の板挟みになり，何も得られないという危険がある。トヨタが展開しているレクサスというブランドは，ヨーロッパのメーカーが世界的に競争力を持っている高級車セグメントをターゲットとしているが，ブランド，広告宣伝等のマーケティング，販売店舗など多くの面で今までのトヨタ・ブランドとは切り離されている。これは，スタック・イン・ザ・ミドルに陥らずに二兎を追うためには，事業組織や事業のやり方を分けていかなければならないということを，トヨタが示しているとも言える。

　結局のところ，二重の優位は可能かという問題は，どのような産業のどのような優位かという具体的な顔が見えて，はじめて議論できるようになる。ある種の二重の優位は可能であり，本来的に相容れない強みの組合せは不可能である。重要なことは，企業はどのような価値でも顧客に提供できるわけではないということである。いかなる強みを目指すのか不明瞭な戦略は，結局何の強みも企業にもたらさない。

要　　約
- 競争優位とは顧客により大きな価値を提供しても利益を得る力であり，競合

を上回る価値提供力（WTP$-C$）として一般に考えることができる。
- □ 競争優位は競合よりも低価格での製品供給を可能にするコスト優位と，高価格での販売を可能にする差別化優位，これらの特徴をあわせ持つ二重の優位の3種類に大きく分けることができる。
- □ 二重の優位はいつでも実現可能なわけではなく，低コストと高い WTP を矛盾なく実現するための内的，外的な条件が揃わなければならない。条件が満たされないときに二重の優位を追求することは，スタック・イン・ザ・ミドルと呼ばれる問題を引き起こす。

確認問題

- □ ***Check 1*** 差別化優位，コスト優位，二重の優位を持つと考えられる企業の例を探してみなさい。
- □ ***Check 2*** 今まで差別化優位を追求していた企業がコスト優位に転換するにはどのような障害があるだろうか。逆の転換には，どのような障害が考えられるか。

unit 8

コスト優位

コスト・ドライバーとコスト構造

　unit ⑦で見たように，コスト優位とは競合よりも低コストであるがゆえに，低価格で製品・サービスを販売したとしても利益を確保できる企業の力である。価格とは製品1単位の売上げであるから，それを低くしても利益が生じるためには，製品1単位当たりの費用である平均費用（ユニット・コスト）が低い必要がある。したがって，コスト優位とは費用の総額が小さいということでは必ずしもなく，競合と比べた平均費用の高低の問題である。

　競争上の強みとしての低コスト（コスト優位）は，他社と同じことを同じようにしていたのでは実現できない。何かを思い切って競合とは変えていかなければならない。事業活動の費用を大きく左右する要因をコスト・ドライバーという。表8-1は代表的なコスト・ドライバーをまとめたものである。これらの要因の重要性は，産業や事業の仕方によって変わってくる。個々のドライバーはすべての費用に同じように影響するのではなく，ある特定のタイプの費用に影響するからである。どのようなタイプの費用がどの程度のウェイトを占めているかというコスト構造が変わると，ドライバーの重みも変化するのである。コスト構造をよく踏まえずに，コスト優位を実現していくことはできない。

　コスト構造を理解するためには，以下の2つのコスト区分が重要である。第1は，固定費用と変動費用の区分である。変動費用とは事業規模とともに増減していく費用，固定費用とは事業規模に依存せず一定額で発生する費用である。前者の例としては，サプライヤーから購入する部材の支払いがあげられる。企業が生産を増やせば，より多くの部材が必要となるため，それらの購入費用は増加する。固定費用の例は，設備の維持費や減価償却費である。これらの費用

表 8-1　おもなコスト・ドライバー

① 高い稼働率
② 規模の経済性
③ 経験効果
④ 範囲の経済性
⑤ 独自な技術, バリュー・チェーン
⑥ サプライヤーとの関係

は生産規模とともに変動する度合いが低い。

　第 2 は, 企業内部の活動で生じる費用（内部費用）と, 外部から何かを購入してくるための費用（調達費用）の区分である。部材の購入費は後者の例である。内部費用はバリュー・チェーンのすべての段階で発生する。研究開発であれ, 生産, マーケティングであれ, 事業活動には必ず従業員の働きを必要とするため, 人件費という内部費用が生まれるためである。

　これらの 2 つの費用区分は独立ではない。部材の購入費用が変動費用でもあり, 調達費用でもあることからわかるように, 企業外部から何かを購入する費用は活動規模に応じて増減する変動費用の性格が強く, 逆に内部費用は正社員の給与や減価償却費など固定的な性格が強い。ただ, 同じ人件費でもパートやアルバイトの給与は, 正社員のそれに比べて変動的である。調達費用でも通信費や光熱費など, 固定的な費用もある。こうした区分を念頭に置いて, 表 8-1 にまとめたコスト・ドライバーの働きを検討していこう。

高い稼働率

　製造業企業の工場やホテルの客室設備など大きな固定資産が事業活動で必要とされる場合, これら資産を維持, 運営するための固定費用が大きく発生する。活動規模を固定資産の生産能力（キャパシティ）になるべく近づけ, **稼働率**を高くすることができれば, こうした固定費用は分散され, 平均費用が低下する。この効果をオペレーティング・レバレッジと呼ぶ。

　オペレーティング・レバレッジがコスト優位の基礎となりうるのは, 稼働率を高く維持することへの障害がある場合である。たとえば, 需要の季節変動が大きく, ピーク時とオフピーク時の水準に大きな違いがある産業では, ピーク

時には稼働率が高くなるが，オフピーク時には大幅に低下するという頭の痛い問題がある。変動パターンの異なる製品をうまく組み合わせることでトータルでの生産を平準化させたり，変動の小さな製品分野に特化したりするなど，独自な方法で稼働率を高く維持することに成功した企業は，オペレーティング・レバレッジの高さゆえのコスト優位を持つことができる。

規模の経済性

オペレーティング・レバレッジは，ある想定された規模（キャパシティ）で活動するために負担しなければいけない固定費用が存在するため，実際の活動規模がキャパシティに近づくほど，固定費用が分散されるという効果である。これに対して**規模の経済性**は，大きなキャパシティでつくられた事業のほうが，キャパシティの小さな事業よりも平均費用が低くなるという効果である。オペレーティング・レバレッジは固定費用が存在すれば，必ず発生するのに対し，規模の経済性は常に働くとは限らない。ホテルの例で，もう少し具体的に考えてみよう。

ここに客室数1000室と2000室の大型ホテルが2つあるとする。両ホテルとも客室稼働率が50％から80％に向上すれば，それぞれの固定費用がより広く分散されることで，1部屋当たりのコストは低下する。これがオペレーティング・レバレッジである。これに対して規模の経済性とは，両ホテルが同じ稼働率で操業しているときに，客室数2000と大きなキャパシティを持っているホテルのほうが，客室数1000の相対的に小さなホテルよりも，1部屋当たりのコストが低いことを言う。キャパシティ当たりの平均費用が，キャパシティが大きくなるほど低くなることとも言える。ミクロ経済学の用語で言えば，長期平均費用曲線が右下がりということである（図8-1の①）。

ある事業に規模の経済性がどの程度働くかは，規模の経済性をもたらすメカニズムが内在する度合いによる。代表的なメカニズムの1つは，固定費用負担の相対的な低下である。キャパシティを大きくすれば，必要とされる固定資産は大きくなり，固定費用も大きく発生するようになる。だが，固定費用がキャパシティの等倍以下でしか増えないならば，平均固定費用はむしろ低下する。ホテルの場合，客室数を2倍にしたとしても，レストラン，アスレチック設備，

図 8-1　規模の経済性と経験効果

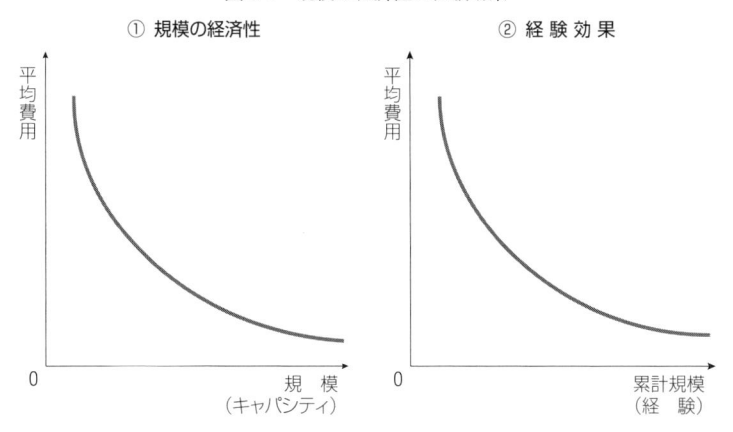

① 規模の経済性

縦軸: 平均費用　横軸: 規模（キャパシティ）

② 経験効果

縦軸: 平均費用　横軸: 累計規模（経験）

ビジネス・センター，宴会場などの非宿泊施設は 2 倍以下で済むか，場合によっては同じ規模で運営できるかもしれない。こうした効果は，導入のための最低規模が大きな設備が存在する産業で大きくなる。たとえば，鉄鋼や化学など大規模プラントへの投資を必要とする産業である。

　固定費用は「見える資源」である固定資産からのみ発生するわけではない。広告宣伝や研究開発などの「見えざる資源」への投資もまた，固定費用としての性格を持つため，規模の経済性を生み出す要因となる。ホテルが集客のために新聞や雑誌に広告を出すとすると，その 1 回当たりの費用はホテルの規模に関係なく一定である。大きなホテルほど，客室当たりの広告費は低くなる。研究開発費にも同じような性格がある。新しい製品を開発するための費用は，それをどれだけの規模で生産・販売しようが変わりないことが多い。より大きな規模で活動する企業のほうが，研究開発費を広く薄く分散できる。

　規模の経済性が生まれるもう 1 つのメカニズムは，生産性の向上である。規模が大きくなると従業員間でより高度な分業が行えるため，生産性が向上することがある。小さなホテル（ペンション）であれば，支配人兼フロント兼コンシェルジュのオーナーが，宿泊客のチェックイン／アウト，周辺の案内，予約受付などすべての業務を 1 人でこなしていたりするが，大きなホテル・チェーンともなると，これら業務は個々のホテル・レベルで分離され，異なる従業

員によって担当されているだけではなく，一部はチェーン・レベルで集中管理されていたりする。資本設備の専門化も生産性の向上に貢献する。小さな規模のときには汎用的な設備で行われていた作業が，規模が大きくなると，特定の製品のための専門設備で行うことが可能になる。

上の説明から明らかなように，規模の経済性は企業自身の活動の費用である内部費用に働くものである。内部費用のうちとくに固定費用が大きなウェイトを占めている場合，規模は重要なコスト・ドライバーとなる。だが，こうした条件を満たす産業においても，やみくもに規模を大きくすることがコスト優位につながるとは限らない。規模があまりに大きくなっていくと，活動が複雑化し生産性が低下するため，費用が規模と等倍以上に大きくなっていく効果（規模の不経済性）も存在するからである。

経験効果

平均費用は累積生産規模（過去から今までの生産の累計）に応じて低下することがある。この効果を**経験効果**と呼び，累積規模と平均費用の関係を描いたものを経験曲線という（図8-1の②）。経験効果と規模の経済性は図にするとよく似ているが，それらの仕組みはまったく異なる。今まで多くの顧客を泊めてきたという意味で経験の深いホテルが，経験の浅いホテルよりも低コストで活動できるというのが経験効果であり，キャパシティの大小の問題では必ずしもない。経験効果の背後で働いているのは，経験を通じた学習である。学習により活動の生産性が高まっていくため，製品1単位つくるのにかかる内部費用が低下していくのである。このため，経験効果は学習効果とも呼ばれる。この効果が強い場合，活動の規模を早くから大きくし，他社に先駆けて経験を蓄積する（学習を進める）ことがコスト優位につながる。

経験から学び，生産性の向上につなげていく機会は，企業のすべての活動にある。経験の蓄積が生産性の継続的かつ大幅な上昇につながっていく傾向がとくに強いのは，多くの作業の複雑な組合せから成り立っている活動である。そうした活動では生産性の低下をもたらすさまざまなエラーが発生する確率が高い分だけ，学習の機会も豊富に存在し，成果が生産性に反映されやすいのである。複雑あるいは精密な機械製品の組立ては，典型的な例である。航空機，船

舶，オートバイ，腕時計，電子デバイス（半導体など）の生産には強い経験効果が認められる。コスト構造において，こうした性格の内部費用が大きなウェイトを占めている場合，経験効果は重要なドライバーとなる。

範囲の経済性

範囲の経済性とは事業の規模ではなく，範囲を広くすることによるコストの低下である。複数の事業を別々に営むのではなく，一緒に営むことの経済性である。自治体のごみ焼却施設に温水プールが併設されていることがある。これは範囲の経済性のわかりやすい例である。ごみを燃やせば熱エネルギーが発生するが，ごみを燃やすだけの施設では，このエネルギーは無駄になる。一方で，温水プールだけを単独でつくれば，水を温めるためだけに熱エネルギーを発生させなければならない。焼却施設と温水プールをくっつけることで，前者で出た熱を後者で有効に利用することができるわけである。

範囲の経済性が生まれるメカニズムをより一般的に表現すれば，事業間で共有される経営資源や活動があるために，それらの生成，維持，運営に必要とされる費用が節約されるということである。パソコンをもともとの事業分野としていたアップルが，携帯音楽プレーヤー（iPod）や携帯電話（iPhone）といった事業分野に多角化していくことの1つの合理性は，事業間でブランドやOSをはじめとする技術を共有できるということが考えられる。このように範囲の経済性は，企業が事業領域を広げていく重要なメカニズムとなる。この点については unit ⑯ でより詳しく検討しよう。

独自な技術，バリュー・チェーン

企業間の生産性の違いは，規模や経験（累積規模）の違いによってのみもたらされるわけではない。こうしたドライバーで劣位にあるにもかかわらず，競合より高い生産性を実現している企業は多い。多くの研究によれば，トヨタをはじめとする日本の自動車メーカーの工場生産性は，規模や経験で勝るGMをはじめとするアメリカのメーカーの工場生産性より高い。これは生産という活動に用いられる**技術**がトヨタとGMでは異なっており，後者が前者の技術を簡単には真似できないことに起因していると考えられる。「トヨタ生産方式」

と呼ばれる同社に固有なものづくりの方法が，生産性優位をもたらしているわけである。

技術を科学的，工学的な知識や能力という狭い意味ではなく，広くもののやり方ととらえるならば，その重要性は生産活動だけに限定されるものではない。バリュー・チェーンのすべての場所において，技術は生産性の重要な規定要因となる。多くの活動を連携させて，ある方向で運営していくバリュー・チェーンの全体像もまた，1つの「技術」としてとらえることができる。unit⑩で紹介するように，アメリカの航空会社であるサウスウエスト航空は多くの活動や取組みをうまくリンクさせることで，業務活動が全体として効率的にまわる仕組みをつくり出してきた。費用はバリュー・チェーンのすべての場所で発生するため，特定の活動ではなく，バリュー・チェーン全体としての生産性を高める技術を持つ企業は，強いコスト優位を実現できる。

サプライヤーとの関係

ここまでにあげたコスト・ドライバーがすべて内部費用にかかわるものであったのに対し，**サプライヤーとの関係**は調達費用に影響する。企業とサプライヤーの関係には，競争（win-lose，利害の不一致）と協力（win-win，利害の一致）の二面性が常にある。取引価格が高くなれば，売り手であるサプライヤーの利益は増え，買い手である企業の利益は減る。これが競争である。こうした競争的関係の中で調達費用を下げるためには，サプライヤーにとって不利な低い取引価格を受け入れさせる交渉力を持つ必要がある。交渉力を高める典型的な方法は，取引規模を大きくし，相手にとって重要な顧客となることである。深い提携関係にある日産とルノーは，共通部品の購買を共同購買組織であるRenault-Nissan Purchasing Organization（RNPO）に一本化している。2社合わせてより大きな買い手となることで，部品メーカーに対する交渉力を高めるためである。

ところで多くの産業では，取引規模の大きな顧客には有利な（低い）建値を提示するボリューム・ディスカウントと呼ばれる慣行がある。交渉のベースとなる建値がそもそも低いのは，大きな顧客と取引することが，サプライヤーにとってもメリットになるためである。たとえば，取引ごとに一定の費用をサプ

ライヤーが負担しているならば，数多くの小さな顧客と取引するよりも，大きな顧客と一度に取引したほうが費用は小さくなる。大きな受注が入ることで，サプライヤーの資産稼働率が高まり，オペレーティング・レバレッジが向上するというメリットもある。こうしたサプライヤーにとってのメリットが大きい場合，購買規模を大きくすることによる調達費用の低減は，純粋に交渉力だけの効果ではない。自社とサプライヤーがそれぞれに便益を得る協力の要素がある。

　一般的に言えば，サプライヤーとの協力によりコストを下げるということは，サプライヤーに何らかのメリットを提供する見返りとして，自社への販売価格を下げてもらうということである。そうしたメリットとしては，取引規模以外にも多くのものが考えられる。たとえば，取引の安定化である。ある一社からの受注を安定的に見込めると，サプライヤーは自分の活動を計画しやすくなり，稼働率の維持も行いやすくなる。迅速な情報提供もサプライヤーにとってのメリットである。アメリカのウォルマートや，日本のセブン-イレブンといった小売企業は，サプライヤー（ベンダー）とリアルタイムで販売（在庫）情報を共有するシステムを構築している。サプライヤーはこうした企業と取引することで，自社製品への消費者の反応をスピーディに把握し，製品投入やマーケティングに反映させることができるようになる。

優位を実現する仕組み

　すでに指摘したように，コスト・ドライバーの相対的な重要性は，産業や事業の仕方によって大きく変わってくる。製造業と小売業ではコスト構造が大きく異なるし，同じ小売業でも伝統的な店舗での販売とアマゾンのようなインターネットでの販売では，費用の発生パターンが異なるのである。自分たちの事業のコスト構造をよく理解した上で，カギとなるドライバーを見出していかなければならない。

　コスト・ドライバーの特定は優位を実現するための第一歩に過ぎない。そのドライバーを活かしてコストを実際に下げるためには，そのための仕組みを自社の中につくる必要がある。たとえば，規模の経済性を活かしてコストを下げることは，単に規模を大きくするだけでは実現しない。客室数1000のホテル

コラム

マーケット・シェアは手段か，結果か

　マーケット・リーダー（ある産業・市場で最大シェアの企業）は，マーケット・シェアが高いだけではなく，利益パフォーマンスも競合より優れていることがよくある。自動車におけるトヨタ，コンビニエンス・ストアにおけるセブン-イレブン，家庭用ゲーム機における任天堂などである。この傾向はどの程度，一般的なものなのだろうか。PIMS（profit impact of market strategy）は多くのアメリカ企業の協力をもとに，事業のマーケット・シェアと利益パフォーマンスの関係を解明しようとした古典的な研究である。図8-2はPIMSの最もよく知られたアウトプットである。この図では，平面軸に平均的な競合と比べたマーケット・シェアと製品品質，垂直軸に利益率（投資収益率，ROI）がとられている。相対品質の高低にかかわらず，相対シェアの高い事業の利益率が高い傾向があることが明瞭に読みとれる。

　こうした発見は，利益を高めるための手段として，マーケット・シェアの獲得を重視する考え方の普及につながった。しかしながら，シェアを獲得するには低価格での販売や積極的な広告宣伝など，さまざまなコストがかかる。やみくもにシェアを追求すると，かえって利益パフォーマンスを低下させてしまうおそれがある。PIMSデータを用いた後の研究は，図8-2に示されるようなシェアと利益率の関係は，一般に単なる相関関係であり，シェアを高めれば利益も高まるという因果関係を示すものではないことを見出した。一般的に言えば，マーケット・リーダーの利益パフォーマンスが優れているのは，何らかの競争優位を持っているがゆえに顧客に広く受け入れられ（シェアが大きく），同時に利益パフォーマンスもよいのであり，シェアが高いがゆえに儲かっているわけではないということである。シェアは

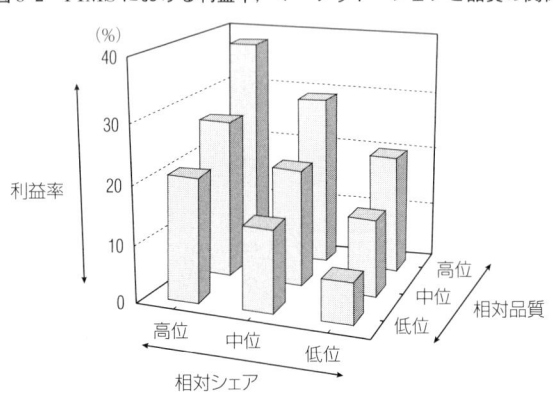

図8-2　PIMSにおける利益率，マーケット・シェアと品質の関係

利益と同様に結果（パフォーマンス）であり，手段（ドライバー）ではないというのが平均的な競争の姿なのである。

　もちろん，平均的とは「常に」という意味ではない。シェア（規模）が競争優位を高めるメカニズムが強く存在するのであれば，シェアへ積極的に投資していくことが重要な意味を持つ。たとえば，規模の経済性や経験効果によるコスト低減や，ネットワーク外部性（unit ⑪）などが強く働く場合である。重要なことは，自らの産業や事業の特性を，利益の生み出される仕組みという視点でよく理解することである。ある仕組みの存在しないところで，それがあるかのように振る舞ってもよい結果は生まれないが，現に存在する仕組みを無視して振る舞うことも，同じように危うい行為である。

を2つ合併でくっつけて，キャパシティ2000のホテル・グループにしても，これらホテルが今まで通りの活動していたのでは，費用は単純に2倍になっておしまいである（実際には，大きなグループを管理するための費用が膨らんで2倍以上になる可能性が高い）。ホテル間で機能や資産の共有を進めるなど，大きくなった規模に合わせて事業の仕組みを変えていかなければ，大きくなったメリットは活きてこない。競争優位とは何を目指すかだけではなく，どのように実現するかが問題なのである。

要　約

- コスト優位を実現するためには，コストを左右する何らかの要因（コスト・ドライバー）を，競合とは大きく変えていく必要がある。何が重要なコスト・ドライバーかは，コスト構造に応じて変わってくる。
- 代表的なコスト・ドライバーとしては，①稼働率（オペレーティング・レバレッジ），②規模の経済性，③経験効果，④範囲の経済性，⑤独自な技術，バリュー・チェーン，⑥サプライヤーとの関係などがある。

確認問題

- *Check 1*　オペレーティング・レバレッジ，規模の経済性，経験効果の違いを説明しなさい。

☐ *Check 2* このunitで取り上げた6つのコスト・ドライバーについて，それらがとくに重要と考えられる産業を1つずつあげ，その理由を説明しなさい。

unit 9

差別化優位

差別化優位の一般的特徴

　unit ⑦で見たように，差別化優位を持つ企業は競合よりも高い価格で製品（サービス）を販売し，利益を得ることができる。コスト優位と同様に，差別化優位の姿は多様であるが，共通の特徴は企業の供給する製品（サービス）が「顧客にとって価値ある独自な何か」を備えているため，顧客の支払い意欲（WTP）が競合製品（サービス）よりも高いということである。WTP が高いがゆえに，競合よりも高い価格で販売しても，顧客を失わないのである。

　「顧客にとって価値ある」というポイントは，差別化優位の最も基本的な条件である。どんなに独自性が高く，企業にとって思い入れのある何かであっても，顧客がそれを魅力と感じなければ，WTP は高まらない。プロダクトアウト（技術主導）型の製品開発は，技術的には独自で優れているが，肝心の顧客には評価されない製品を生み出す危険が高いと言われる。これは差別化優位をつくっていく上での，典型的な落とし穴である。これに対して，マーケットイン（顧客ニーズ主導）型の製品開発では，顧客がどのようなニーズを持っているか分析し，それを満たすような製品を開発していくため，企業の手前味噌な「差別化」は起きにくくなる。ただし，開発された製品の顧客にとっての魅力が，自社に独自な技術や資源に裏打ちされたものでなければ，競争優位にはつながらない。unit ⑥で見たように，「顧客にとっての価値」と「独自性」という条件が同時に満たされることが，競争優位が生まれるためには必要である。

　「顧客にとって価値ある」という条件をもう少し補足すると，それは「顧客が価値を認識している」と言い換えることができる。すなわち，差別化優位のベースとなるのは，過去の経験などから顧客が実際に知っているか，何らかの

理由により期待している（見込んでいる）価値である。顧客にとって本来的にどんなによい製品でも，そのよさを顧客が知らなければ，それが顧客のWTPに反映されることはない。よさの伝わらない「よいもの」は，顧客にとって「悪いもの」と何ら変わらない。このため差別化優位を実現していく上では，広告宣伝はじめとするマーケティング活動など，顧客に自社製品（サービス）のよさを伝えるための努力が大切になる。とくに企業と顧客の間の情報や知識のギャップ（非対称性）が大きく，顧客が製品の良し悪しを判断することが難しい場合には，「伝え上手」であることが，企業が差別化優位を持つための重要な条件となる。この点については，後でもう少し検討しよう。

差別化優位のドライバー

差別化優位のドライバー，すなわち自社の製品（サービス）に対する顧客のWTPを競合よりも高くすることに貢献しうる要因は多様である。アップルのiPodを考えてみよう。この製品は携帯デジタル音楽プレーヤー市場において，高い人気（顧客の評価）を得ている製品である。その人気はどこから来るのだろうか。洗練されたデザインや使いやすさなど，iPodのモノ（製品）としての魅力が貢献していることは間違いない。だが，消費者がiPodを購入するときに考慮しているのは，それだけではないだろう。印象的なテレビ・コマーシャルや，都市部一等地に出店しているアップル・ストアがつくり出すおしゃれなイメージも重要な要素として考えられる。さまざまなアクセサリーや周辺機器など，補完製品の充実度も魅力かもしれない。iPodと連動し，音楽などコンテンツを取り込むソフトであるiTunesの使いやすさ，インターネットでコンテンツを配信（販売）するiTunes Storeの豊富なコンテンツの品揃えも重要な要素である。このように見ると，iPodの人気を支えているのは，製品そのものの魅力だけではないことがわかる。

これはiPodに固有な話ではない。差別化優位のドライバーは，製品（サービス）そのものの魅力を高める要因にとどまらない広がりがあるのである。表9-1は，おもな差別化ドライバーをまとめたものである。第1にはもちろん，製品そのものの魅力に影響する要因がある。性能，品質，デザイン，使い勝手などは，私たちがものを選ぶときに重視する代表的な要素である。これらは製

表 9-1　差別化優位のドライバー

① 製品の特性	性能，品質，デザイン，使いやすさ
② 顧客心理	製品／ブランド・イメージ，企業の評判
③ 活動の特性	販売・配送の体制，取引条件
④ 補完的な製品・サービス	周辺機器やソフトの充実，顧客サポート

品を見たり，触ったりすることで確認できる要素でもある。第2には，顧客の心理に働きかけることで，製品評価に大きな影響を及ぼす要素がある。製品やブランドのイメージ，企業の評判などである。第3は販売や配送など，顧客への製品供給にかかわる活動がある。丁寧な製品説明や接客，スピーディな配送などがあげられる。最後は製品を補完する製品やサービスにかかわる要素である。携帯音楽プレーヤーや DVD レコーダーのように製品がソフトとともに用いられる場合，購入後のアフター・サービスが重要な場合などで，補完製品・サービスの充実度は顧客の WTP を決める重要な要因となる。

　もちろん，これらの要因のすべてが，差別化のドライバーとして，いつでもどこでも同じように重要ということはない。ある企業にとって何が有効な差別化ドライバーになるかは，技術や需要などの産業の特性と，企業の持つ経営資源や能力に制約される。iPod の差別化ドライバーの広がりは，かなり例外的である。同じアップルの製品でも，マック（Macintosh）の属するパソコン産業は，技術の標準化が進んでおり，製品自体の差別化が大変難しくなっている。差別化ドライバーを表 9-1 のように広くとらえることの意義は，多くのドライバーを用いた差別化を達成することでは必ずしもなく，わずかでも存在する差別化の機会を見逃さず，活かすことにある。デル・コンピュータは製品そのものの差別化は困難というパソコン産業の現実を踏まえ，顧客との直接取引を通じて独自な便益を提供する仕組み（ダイレクト・モデル）をつくることに成功し，競合のパソコン・メーカーを上回る利益を獲得することに成功してきた。

見える差別化と見えざる差別化

　差別化ドライバーは顧客に提供する価値という見地から，いくつかの分類ができる。たとえば，製品特性，製品の供給活動，補完製品・サービスに区分さ

> コラム

製品セグメントと顧客セグメント

　製品セグメントや顧客セグメントなど，セグメント（部分）という言葉が企業経営，とくにマーケティングの分野でよく用いられる。製品セグメントとは，多様な製品をいくつかの基準により区分けしたものである。セダン，クーペ，SUV，ミニバンといった乗用車のセグメントは，製品の形状にもとづく区分である。高級ホテル，エコノミー・ホテル，ビジネス・ホテルなど，価格帯や用途により分けられることもある。企業の競争はセグメントをまたぐことがある。パソコンを買うときに，デスクトップにするかノートにするか迷う人は多くいるだろう。しかしながら，最も激しい競争は同じセグメント内の企業間で起きる。リッツ・カールトンの最も直接的な競合は他の高級ホテルであって，エコノミー・ホテルではない。差別化優位はこうした直接的な競合との比較で考えなければならない。高級ホテルの部屋がエコノミー・ホテルの部屋より広くてきれいなのは，顧客にとって当たり前なのである。

　一方，顧客セグメントとは顧客を何らかの属性により区分するものである。年齢，性別，居住地，職業，所得，ライフ・スタイル，価値観といった属性は，顧客が個人であるときに用いられることが多い基準である。顧客が企業の場合は，業種，所在地，売上高，従業員数といった基準が広く用いられる。顧客セグメントは基準を変えることでさまざまに分けることができるが，意味のある区分は顧客間のニーズや購買行動の違いを浮彫りにするものである。この条件をよく満たす顧客セグメント区分は，自社がターゲットとすべき顧客像を描いていくための重要な出発点となる。

れるドライバーは，顧客にかなり具体的な便益を提供するものである。携帯音楽プレーヤーの音質がよいことは顧客にとって歓迎すべきことであるし，それで再生できる音楽の種類が多いことも明らかな便益である。注文した品が手元に届くのは早いほうがよい。これらの便益はまた，競合製品間で比較して，相対的な良し悪しを判断しやすいという特徴を持つ。こうした具体的で，客観的に評価しやすい何かにもとづく差別化を「**見える**（tangible）**差別化**」という。

　これらに比べると，製品やブランドのイメージ，企業の評判といったドライバーが顧客にもたらす便益は曖昧で，つかみどころがない。客観的に計測し，比較することも難しい。このように，客観的にとらえにくく，曖昧であるにもかかわらず，顧客のWTPに影響を及ぼす何かにもとづく差別化を「**見えざる**

(intangible) 差別化」という。「見える」「見えざる」という区分は，企業の有形資産 (tangible assets)，無形資産 (intangible assets) の区分と似ている。有形資産が貸借対照表に数字で記録されるのに対し，技術やブランドといった無形（見えざる）資産は貸借対照表には現れない。だが，数字として見えないことは，技術やブランドが企業活動において重要ではないということを意味するものではない。

　見える差別化と見えざる差別化は相対立するものではないが，両者の相対的な重要性は製品（サービス）の種類によって変わってくる。一般的には，消費財のほうが，顧客が企業である機械などの資本財や中間財（部品，素材）に比べて，見えざる差別化の重要性が大きくなる。これには大きく2つの理由がある。

　第1の理由は，消費財には消費者の自己表現の働きをするものが多くあることである。広く共有されている製品，ブランド・イメージは，顧客の自己表現を助ける。たとえば，メルセデス・ベンツというブランドは，「経済的・社会的に成功した人の車」というイメージが広く持たれている。このイメージゆえに，経済的・社会的ステータスの表現に価値を見出す顧客にとって，メルセデス・ベンツというブランドは価値を持つことになる。先のiPodにも，デジタル時代の音楽文化の象徴（アイコン）として，所有することが他の多くのユーザーとの価値観の共有（iPodコミュニティへの参加）を示すという自己表現機能がある。

　第2の理由は，企業と顧客の情報の非対称性が消費財では大きくなりがちであることである。ここで情報の非対称性とは，製品の客観的特徴についての顧客と企業の知識の違いである。資本財や中間財の場合，売り手も買い手も豊富な知識を持つプロ（企業）同士であるから，非対称性は小さい。これに対して，普通，消費者は自分が購入する製品（サービス）の専門家であるわけではない。専門家である売り手企業に比べて，買い手である消費者の持つ知識はきわめて限られている。非対称性は経験財と呼ばれる製品でとくに大きくなる。経験財とは，消費者が製品を評価する唯一の方法が，実際に購入し，使ってみることであるという製品である。たとえば，シャンプーがあげられる。使ったことのないシャンプーの良し悪しを的確に判断できる消費者はまずいないだろう。そ

の他，歯磨き，洗剤などの日用品，缶ビールやコーヒー等の飲食品は典型的な経験財である。

　ここにあげられた経験財は，私たちがテレビ・コマーシャルで目にする機会の多い製品でもある。これは偶然ではない。経験財においては，顧客の製品知識が限られているため，企業のほうから製品のよさをアピールする必要性が高く，その効果が大きいのである。このため，企業は広告宣伝を通じて，消費者に製品のよさを伝えることを競うようになる。もっとも，経験財はその性格からしてテレビ・コマーシャルなどで製品のよさを正確に消費者に伝えることは難しい。このため，多くのコマーシャルは顧客に強い印象，よいイメージを持ってもらうことを重視してつくられている。顧客がある製品を購入しようとするときに，競合ではなく自社製品を想起し，手にとってもらえる可能性を高めるためである。消費者が製品を使ってみて満足するならば，この消費者は自社製品のよさを実際に知っている貴重な顧客となる。

　消費者が知識の不足を補うために参照するイメージは，企業のブランドからも発信される。日用品や飲食料品などの分野では，花王や味の素など，全国で大規模に活動するナショナル・ブランド企業が高い競争力を持っている。これら企業のブランドに共通する価値は，高い知名度とナショナル・ブランドとしての実績が消費者にもたらす安心感である。消費者は普通，まったく聞いたことのないブランドの製品よりも，親しみのあるブランド名で販売されている製品のほうに安心感を持つ。この傾向は，消費者がなじみ（知識）のない製品，新製品で強くなる。このためナショナル・ブランド企業は，新製品投入により製品ラインの幅を広げながら成長することが多くなる。逆に，食品メーカーの不祥事の例が示すように，消費者がブランド名と安心感を結びつけられなくなると，こうした企業の競争力は根本から揺らいでしまう。

垂直的差別化と水平的差別化

　差別化ドライバーは，顧客のWTPへの影響の仕方という点でも2つに分けることができる。1つには，すべての顧客のWTPを高めるようなドライバーがある。たとえば，携帯音楽プレーヤーの音質や食品の安全性である。これらは顧客が誰でも，高いほうがよい。このように，基本的に誰にとっても望まし

図9-1 垂直的差別化と水平的差別化

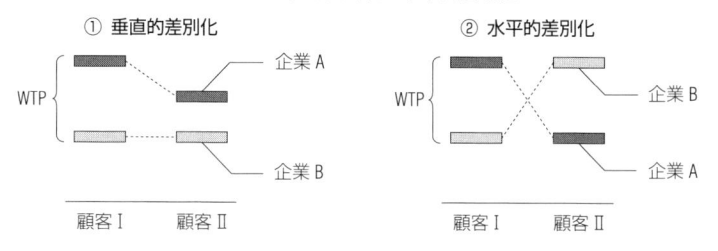

① 垂直的差別化　　　　　② 水平的差別化

(図：WTPと企業A・企業Bの顧客I・顧客IIに対する位置関係を示す図)

い何かにもとづく差別化を**垂直的差別化**と呼ぶ。一般に性能や品質と呼ばれる製品特性での差別化は垂直的な性格が強い。誰にとっても望ましいとは、誰にとっても同じように望ましいということではない。携帯音楽プレーヤーの音質を重視する程度は、人によって差がある。高い音質を楽しむためには「金に糸目をつけない」オーディオ・マニアがいる一方、一般的なユーザーはある程度の音質で満足できる。前者が高音質に認める価値（WTP）に比べて、後者のそれは相対的に低い。したがって、高音質プレーヤーの価格によっては、普通の音質のプレーヤーのほうが一般的なユーザーには望ましい（顧客の獲得価値が大きい）選択になる。

　もう1つのタイプのドライバーは、顧客によってWTPに与える影響が反対になる。すなわち、ある顧客の評価は高くするが、別の顧客の評価はむしろ低くする。製品のデザインを考えてみよう。一般的に言えば、製品のデザインはよいほうがよい。しかしながら、何をよいデザインと思うかは人によって違う。ある人には華やかで素晴らしいと思えるデザインが、別の人には悪趣味に見えることは十分にありえる。このように、モノのデザインやレストラン、ホテル等の空間の雰囲気、飲み物の味など、個人の好みによって評価が分かれる何かにもとづく差別化を、**水平的差別化**と呼ぶ。水平的な差別化優位の特徴は、優位の及ぶ顧客の範囲が程度の差はあれ限定され、範囲の外では差別化劣位になるということである。

　図9-1は垂直的差別化と水平的差別化の特徴を図示したものである。①では、企業Aが企業Bに垂直的な差別化優位を持つ状況が描かれている。この場合、企業Aは顧客タイプIでもIIでも競争優位を持つが、優位の大きさはタイプIの顧客でとくに大きくなっている。②は水平的差別化を描いたものである。

すなわち，企業 A は顧客タイプ I で高い WTP にもとづく競争優位を持つのに対し，タイプ II の顧客では企業 B に対して，むしろ競争劣位になっている。この場合，タイプ II の客は利益を出しながら獲得することが望めないという意味で，企業 A の顧客ではない。

差別化戦略と顧客の定義

実際には，企業の差別化を垂直的，水平的ときれいに区分するのは難しいことが多い。企業が顧客に提供する製品・サービスのパッケージには，さまざまな差別化ドライバーが含まれている。複数のドライバーにもとづく差別化であれば，ある部分は垂直的差別化としての性格を持ち，別の部分は水平的差別化としての性格を持つことは十分に考えられる。しかしながら，それらが全体として顧客から評価される度合いは，やはり顧客によって違うはずであり，競合に対して差別化劣位になる顧客層が大きく存在する可能性もある。自社が苦手とする顧客までやみくもに獲得しようとすれば，顧客の数は増えても利益は減ってしまう。差別化優位を利益へと結びつけていく上では，潜在的顧客のどの範囲を自社の顧客としてとらえるのかという**顧客の定義**が重要である。

顧客の定義は，どのような差別化優位をつくるかという出発点においても不可欠である。差別化優位は，企業の持つ独自な資源や能力が，顧客が価値を認める何かを生み出すときにもたらされる。すなわち，企業の強みと顧客ニーズの適合が差別化優位の要である。この適合は，多様な広がりを持つ顧客ニーズの中で，その充足に自社の強みが活きるものを特定するところから始まる。しばしばそれは，自社がターゲットとすべき顧客像を明確にすることにつながる。差別化することで企業は顧客によって選ばれると同時に，顧客を選んでいるのである。

要　約

- 差別化優位は顧客により価値のある製品（サービス）を供給する企業の力である。顧客にとっての価値を決める要因（差別化ドライバー）は，モノ・サービス自体の魅力以外にも多様である。

- [ ] 客観的に比較可能なドライバーにもとづく差別化を見える差別化，ブランド・イメージのように客観的な把握が難しいドライバーによる差別化を見えざる差別化という。後者は顧客と企業で情報の非対称性が大きなときに，とくに重要になる。
- [ ] 差別化優位は優位の及ぶ顧客の範囲によって，垂直的な差別化と水平的な差別化に区分できる。どちらもターゲットとする顧客の明確化が重要である。

確認問題

- [ ] *Check 1* 　差別化優位を持つと考えられる企業を1社取り上げて，その優位の性格をドライバーや優位のタイプなどの視点で分析しなさい。
- [ ] *Check 2* 　垂直的差別化がとくに重要となる産業，水平的差別化がとくに重要となる産業の例をあげ，産業のどのような特徴がそうした違いをもたらすのか検討しなさい。

第 2 章 事業戦略の基礎

KeyWords 2

- ☐ 価　値　37
- ☐ 顧客の支払い意欲（WTP）　37
- ☐ 価値の創造　37
- ☐ サプライヤーの機会費用（SOC）　37
- ☐ 競争戦略　39
- ☐ 3 C　40
- ☐ SWOT　42
- ☐ 業界構造分析　43, 48
- ☐ ポジショニング・スクール　48
- ☐ 既存業者間の敵対関係　48
- ☐ 新規参入の脅威　48
- ☐ 代替品の脅威　48
- ☐ 売り手（供給業者）の交渉力　48
- ☐ 買い手の交渉力　49
- ☐ ファイブ・フォース分析　49
- ☐ 市場集中度　50
- ☐ ハーシュマン・ハーフィンダル指数　51
- ☐ 撤退障壁　51
- ☐ 戦略の異質性　52
- ☐ 生産能力の不分割性　52
- ☐ 製品差別化　52
- ☐ 固定費用　52
- ☐ 稼働率　52, 79
- ☐ 市場成長率　52
- ☐ 戦略と成果の関係　52
- ☐ 参入障壁　53
- ☐ 規模の経済性　53, 80
- ☐ 巨額の投資　53
- ☐ 価値相関図　56
- ☐ 補完的生産者　56
- ☐ 競争相手　56
- ☐ 活　動　59
- ☐ バリュー・チェーン　59
- ☐ 経営資源　59
- ☐ 組織能力　59
- ☐ リソース・ベースト・ビュー（RBV）　59
- ☐ 経路依存性　65
- ☐ コスト優位　71
- ☐ 差別化優位　71
- ☐ 二重の優位　73
- ☐ スタック・イン・ザ・ミドル　73
- ☐ 基本戦略　74
- ☐ 経験効果　82
- ☐ 範囲の経済性　83
- ☐ 技　術　83
- ☐ サプライヤーとの関係　84
- ☐ 見える差別化　92
- ☐ 見えざる差別化　92
- ☐ 垂直的差別化　95
- ☐ 水平的差別化　95
- ☐ 顧客の定義　96

References

淺羽茂［2004］『経営戦略の経済学』日本評論社。

淺羽茂［2008］『企業の経済学』日本経済新聞出版社。

Brandenburger, A. M. and Nalebuff, B. J. [1996] *Co-opetition*, New York, NY: Currency Doubleday.（ネイルバフ，B. J.＝ブランデンバーガー，A. M.〔嶋津祐一・東田啓作訳〕［1997］『コーペティション経営——ゲーム論がビジネスを変える』日本経済新聞社；ブランデンバーガー，A.＝ネイルバフ，B.〔嶋津祐一・東田啓作訳〕［2003］『ゲーム理論で勝つ経営——競争と協調のコーペティション戦略』日本経済新聞社）

Brandenburger, A. M. and Stuart, Jr., H. W. [1996] "Value-based business strategy," *Journal of Economics & Management Strategy*, vol. 5, no. 1, pp. 5–24.

Buzzell, R. D. and Gale, B. T. [1987] *The PIMS Principles: Linking Strategy to Performance*, New York, NY: Free Press.（バゼル，R. D.＝ゲイル，B. T.〔和田充夫・八七戦略研究会訳〕［1988］『新 PIMS の戦略原則——業績に結びつく戦略要素の解明』ダイヤモンド社）

Cabral, L. M. B. [2000] *Introduction to Industrial Organization*, Cambridge, MA: MIT Press.

Dranove, D. and Marciano, S. [2005] *Kellogg on Strategy: Concepts, Tools, and Frameworks for Practitioners*, Hoboken, NJ: John Wiley & Sons.

Grant, R. M. [1991] *Contemporary Strategy Analysis: Concepts, Techniques, Applications*, Oxford, UK: Blackwell.（グラント，R. M.〔加瀬公夫監訳〕［2008］『グラント現代戦略分析』中央経済社，原著第 6 版〔2008 年刊〕の訳）

伊丹敬之［2003］『経営戦略の論理 第 3 版』日本経済新聞社。

Learned, E. P., Christensen, C. R., Andrews, K. R. and Guth, W. D. [1965] *Business Policy: Text and Cases*, Homewood, IL: Richard D. Irwin.

Peteraf, M. A. [1993] "The cornerstones of competitive advantage: A resource-based view," *Strategic Management Journal*, vol. 14, no. 3, pp. 179–191.

Porter, M. E. [1980] *Competitive Strategy: Techniques for Analyzing Industries and Competitors*, New York, NY: Free Press.（ポーター，M. E.〔土岐坤・中辻萬治・服部照夫訳〕［1982］『競争の戦略』ダイヤモンド社）

Porter, M. E. [1985] *Competitive Advantage: Creating and Sustaining Superior Performance*, New York, NY: Free Press.（ポーター，M. E.〔土岐坤・中辻萬治・小野寺武夫訳〕［1985］『競争優位の戦略——いかに高業績を持続させるか』ダイヤモンド社）

第3章

競争優位のダイナミズム

10 競争優位の持続可能性
11 業界標準をめぐる競争
12 イノベーション
13 産業進化

第3章 競争優位のダイナミズム

この章の位置づけ

　この章の各 unit では，第2章で解説した競争戦略の基礎を発展させ，いくつかの応用的なトピックについて議論する。取り上げられるトピックは，競争優位の持続可能性，業界標準，イノベーション，産業進化である。

　これらのトピックは，一見バラバラで，あまり関係のない問題であると思われるかもしれない。しかし，これらのトピックには共通する特徴がある。それは，企業間競争が静態的なものではなく，ダイナミックなものであるということに関連するトピックだということである。相手の出方に対して反応することから企業間の相互作用が生まれ，その相互作用の積み重ねで競争が進んでいく。技術や需要の変化に応じて企業を取り巻く条件が変わり，それにともなって企業間競争のあり方も変化する。技術や需要の変化の中には，企業自身が生み出すものもある。

　第2章の事業戦略の基礎では，ある時点での（競争）状況を分析し，それに適した戦略について議論し，長期間にわたる競争のダイナミックな側面はあまり議論されなかったが，企業間競争とは本質的にダイナミックなものなのである。そこで本章では，企業間の複雑な相互作用が生み出す競争のダイナミックな面に焦点を当てて議論する。

この章で学ぶこと

　unit 10　企業間競争は，ダイナミックなものである。自社がある行動をとれば，ライバルがそれに反応する。いったん競争優位を得ても，ライバルの反撃にあって，その優位性が消滅してしまうかもしれない。競争優位を持続させることはできるのか，優位性を持続させるメカニズムについて考える。

　unit 11　ある製品の業界標準の行方が市場の立上がりや競争の帰結に大きく影響を及ぼす場合，製品を供給する企業は，競合を排除するのでは

なく，競合と協力関係を構築しようとすることがある。この unit では，企業間の競争と協力が織りなす複雑な相互作用について考える。

unit 12　新製品開発，生産工程の革新，ビジネス・モデルの創造などのさまざまな新しい試みを，イノベーションと呼ぶ。この unit では，イノベーションが企業間競争に及ぼす影響や，イノベーションから収益を生み出す方策について考える。

unit 13　企業間の競争の構造は一定ではない。需要や技術が変化するにつれて，産業は黎明期，成長期，成熟期と進化していき，それにともなって競争構造も変わる。競争構造がどのように変化していくか，産業特性が競争構造の変化の姿や程度にどのような影響を及ぼすかについて考える。

unit 10

競争優位の持続可能性

持続可能な競争優位

　第2章の unit ④〜⑨では，企業が競争優位を獲得すべく採用する基本戦略について論じたが，この unit では，獲得した**競争優位の持続可能性**について検討する。前章で詳しく議論されたように，企業はさまざまな要因（ドライバー）を駆使して，競争優位を獲得しようとする。もちろん有効な戦略を遂行して大きな競争優位を獲得することは，利益を追求する企業にとってきわめて大事なことである。unit ①で述べたように，企業間競争は企業の利益を圧縮する。差別的優位性がなければ，どの企業の利益も等しく圧縮され，生み出される価値は供給業者や消費者に移ってしまう。他方，競争上優位に立った企業は，他の企業ほど利益を削らなくてもよく，大きな利益を手に入れることができる。

　ただし，これだけでは競争戦略としては十分ではない。なぜなら，今得ている競争優位を消滅させようとして，ライバルが模倣や対抗などさまざまな手段を講じてくると予想されるからである。企業間競争は，企業が獲得する利益を圧縮するだけでなく，利益をあげ続けることを許そうとしない。したがって，利益を追求するためにいかにして企業間競争に対処するかを考える競争戦略は，獲得した競争優位の持続可能性にも配慮しなければならないのである。

　獲得した競争優位の大きさだけを問題にするのは，何らかのスポーツの試合で，自分が応援する競技者やチームの得点を聞いただけで一喜一憂するようなものである。当然，応援しているチームの得点が相手チームの得点を上回っていなければ喜べない。しかし，それに加えて，自社の競争優位の大きさだけでなく，それに対して他社がどのような反撃をしているか，その結果いったん獲得した競争優位がどうなるのかがわからなければ，戦略の成否を判断すること

表10-1　おもな隔離メカニズム

強みの源泉の専有
不確実性の存在
強みの累積
システムとしての活動
競合の強みを逆手にとる

はできないのである。

　しかも，企業の戦略が成功した場合，その結果もたらされる好業績，すなわち利益率の改善・向上，マーケット・シェアの増大，急速な成長自体が，「その企業の戦略が成功している」ことのシグナルとなる。当然，ライバルは好業績をあげた企業の戦略に注目し，それを模倣したり，それに対抗した戦略をとったりするであろう。大きな競争優位を獲得するほど目立つので，ライバルからの反撃を受けやすく，獲得した優位性を持続することが難しくなる。ライバルの対応を無視し，競争優位を得たからといって満足するのでは不十分なのである。

　ある研究によれば，新製品の70％について，ライバルは1年以内に詳細な情報を手に入れることができると言われている。しかも，平均すると，模倣はイノベーションよりも3分の1のコストしかかからず，3倍速くできるそうである。あるいは，価格競争よりも，非価格競争のほうが，ライバルの対抗行動が起きにくいと考えられがちであるが，ライバルもマーケティング・ミックスを調整して激しく対抗するかもしれない。たとえば広告競争に関する実証研究は，ある企業が広告投資を増やすと，ライバルも投資を増やして対抗するため，互いの投資の効果が帳消しになってしまうことを示している。

　つまり，ライバルの模倣や対抗行動が起きれば，競争が激化し，いったん獲得した差別的な競争優位は消滅してしまうかもしれない。ゆえに，ライバルの合理的な意思決定にもとづく反撃を明示的に考慮に入れた上で，競争優位がどの程度持続可能かを議論することが重要なのである。

　ライバルの反撃があっても競争優位が持続する要因は，**隔離メカニズム**（isolating mechanisms）と呼ばれることがある。競争圧力から自社を隔離する，あるいは自社の優位性を消滅させようとする力から自社を隔離するメカニズムと

いう意味である。以下では，第2章の議論も踏まえながら，表10-1にまとめられているような各種の隔離メカニズム，あるいは自社の優位性が持続する要因について議論する。

強みの源泉の専有

unit ⑥では，企業が優位性や強みを持つことができる条件の1つに，その企業が独自な活動を行うために必要な資源を保有しているということがあげられていた。このような場合，ライバルがその資源を手に入れることができなければ，資源を保有する企業の優位性は持続すると考えられる。つまり，強みの源泉である資源の数に限りがあり，かつその資源がある企業に専有されているために他の企業が入手できないということが，優位性が持続する最初の要因としてあげられるのである。

このような要因によって，企業の優位性が持続する例はいろいろと指摘される。たとえば，良質な原材料のおかげで優れた製品ができ，その製品を供給する企業に優位性をもたらしているとしよう。良質な原材料が入手できる地域，供給業者は限られていることが多いので，資源の産出地，供給源を押さえられてしまうと，ライバルは成功企業と同じように効率的に事業を行うことができない。あるいは，ある技術が企業の強みの源泉である資源だとしよう。もし当該技術がある企業によって特許として保有されていれば，その企業の許可なく他社は当該技術を使用することはできない。あるいは，特許に抵触しないような劣った技術を使わざるをえない。それゆえ，成功企業よりも不利な条件で事業を遂行しなければならない。その結果，特許を保有する企業の優位性は持続するのである。

また，資源と呼ぶには違和感があるが，やはりそれが専有されているために優位性が持続するものとして，顧客へのアクセスが考えられる。優れた流通チャネルや有力な出店候補地は限られているので，それを押さえた企業は競争優位を持続できる。人通りの多いところは，特別に客を引き付ける努力をしなくても，店頭まで人が来てくれるが，そのような立地は限られている。そのような好立地に出店できなかった企業は，コストを払って集客をしなければならず，競争上不利な立場に置かれる。たとえば，日本コカ・コーラが飲料市場で長い

> **コラム**
>
> **ウォルマートの初期の成功要因**
>
> 　世界最大の小売業であるウォルマートは，1970年代半ばからの10年間，自己資本利益率33％，売上成長率40％と目覚しい業績を持続していた。このころのウォルマートの競争優位が持続した理由の1つは，地域的な規模の経済と市場の先占めであると考えられる。
>
> 　1960年代までは，フル・ラインのディスカウント・ストアが成立するには最低10万人の人口が必要であるというのが業界の常識であった。ところがウォルマートの創業者であるサム・ウォルトンは，ロー・コスト・オペレーションを実現すればもっと小さな町でもうまくやれると確信し，アーカンソー，ミズリー，オクラホマの人口5000人から2万5000人の地方都市に，次々と店舗を展開していった。
>
> 　エブリデー・ロー・プライス（EDLP）を標榜するウォルマートの価格は，概してライバルよりも安かったが，ライバル店が離れている店舗では，ライバルが隣合せで競合している店舗よりも高い価格が設定されていた。他のディスカウンターでは競合他社の進出していない地域の店は全体の12％に過ぎなかったのに対し，ウォルマートの約3分の1の店が競合他社の進出していない郡部にあった。おかげで，ウォルマートは高い利益率を享受することができた。
>
> 　ウォルマートが地方都市でもディスカウンター事業が成り立ち，高い利益率をあげられることが明らかになった後でも，他のディスカウンターがウォルマートを模倣して同じ地域に出店しなかったのはなぜだろうか。それは，地方都市では，需要が限られているため，1つの店舗しか出店が見合わないからである。その市場を独占している店は高い利益をあげることができるが，そこにライバルが参入しても，価格競争が起き，かつ需要が分割されてしまうために，十分な利益が得られない。ゆえに，参入が起こらないのである。ウォルマートは，そのようなちょうどよい大きさの地方都市にどんどん出店していったため，ライバルが独占できるような都市は多くは残っていなかった。そのため，ウォルマートは高い利益率を享受し続けることができた。つまり，ウォルマートの競争優位は，規模の経済性と地域的な市場独占という理由によって，持続していたのである。

間首位を独走することができたのは，限られた優良な立地に自動販売機を展開してきたからだと言われている。これは，ライバルにとって顧客へのアクセス（よい立地）が制限されており，それを専有した企業の優位性が持続している例である。

　さらに，市場そのものを専有でき，その結果優位性が持続する場合もある。

たとえば，隣の町まである程度の距離があり，地域的に隔離された市場があるとしよう。さらに，その市場で事業を行うときには，**規模の経済**が働くとしよう。企業は，その市場に独占的に製品を供給できるのであれば，規模の経済が働くために十分にコストが下がり，大きな利益をあげることができる。ところが，その市場は2つの企業が参入したらいずれも正の利益をあげることができないぐらい小さいとしよう。つまり，2社がその市場に参入すると，2社で需要を分け合うが，それでは十分な規模で操業することができないので，規模の経済が享受できず，コストが下がらないために利益が出ないのである。

このような場合，ある企業が最初にこのような市場に目をつけて参入すれば，その企業は大きな利益をあげることができるが，それに気づいたライバルが後から参入しようと思っても，正の利益があがらないので参入を諦めざるをえない。ゆえに，最初に参入した企業の優位性，あるいは利益は持続するのである。このメカニズムが働いて，長期間高い利益率を享受し続けた企業の例として，初期のウォルマートをあげることができる。これについては，コラムも参照されたい。

不確実性の存在

ある企業が何らかの資源を投入して優位性を獲得していたとしても，その優位性の源泉が何かを他の企業が同じようにわかっているとは限らない。いかなる資源が優位性をもたらしているのかが，他社にはわからないかもしれない。あるいは，ある資源が投入されているのはわかっていても，他社には，その資源の価値やその資源が生み出す優位性の大きさがわからなかったり，過小評価されていたりして，他社が対価を払ってまでその資源を入手しようとはしないのかもしれない。つまり，ある入手可能な資源が企業の優位性の源泉である場合でも，その資源に関して不確実性が存在するために，他社はその資源を入手せず，企業の優位性が持続する場合が考えられるのである。

この要因は，**因果の曖昧さや歴史的・社会的状況への依存**と呼ばれることがある。因果の曖昧さとは，ある企業が競争優位を確立している原因がよくわからないために，模倣できないということである。競争優位の源泉である企業の能力が**暗黙知**であると，競争優位がどうしてもたらされているのかがわからない

ことが多い。言葉に表現されている**形式知**とは異なり，暗黙知は個人の経験にもとづく知識で，言葉に表現することが難しいので，自分自身でさえもその知識を説明することが難しい。それゆえ，競争優位が暗黙知にもとづいていると，外部からは理解しにくく，模倣が困難となるのである。

　また，企業の差別的能力が，その企業の歴史や複雑な社会的プロセスにもとづいている場合，他社がそれと同等の能力を身につけることは難しい。たとえばトヨタの強みの1つは，部品メーカーとの協力関係であると言われる。協力関係が機能するのは，巧みなインセンティブの仕組みにもよるだろうが，トヨタと系列部品メーカーとの歴史的付合いや属人的な信頼関係にもよっている。同様の協力関係を築くには時間がかかるということ以上に，トヨタのような歴史的・社会的状況にないライバルは，協力関係を構築することがどれほど重要か，いかにして構築していけばよいかを，十分には理解できないのである。

強みの累積

　企業の競争優位が持続するのは，優位性をもたらす源泉が限られていて，あるいはそれが何か明らかではなくて，他社がその源泉を手に入れることができないという場合だけではない。優位性を得ている企業をライバルが模倣することは可能だが，ライバルが模倣しているうちに当該企業がさらに強みを強化するために，結局ライバルが追いつくことができないという場合もある。つまり，強みあるいはその源泉が累積していくので，先にその強みを積み上げて競争優位を確立した企業は，その後も強みを蓄積し続け，優位性を持続可能にするのである。強みの累積が優位性を持続可能にする場合として，以下のいくつかの要因を指摘することができる。

　まず，強みの累積の最も典型的なメカニズムは，unit ⑧で解説した**経験効果**であろう。累積生産量が倍加するごとに一定の割合でコストが低下するという経験効果が働く場合，より多くの経験を先に積んだ企業のほうがコスト優位にある。もちろんライバルも，同程度の経験を積めば早晩そのコスト水準に到達することができる。しかし，そのときには先発企業はさらに経験を積み，より低いコスト水準に到達している。ゆえに，依然として2つの企業の間にはコスト格差があり，先発企業の競争優位は持続するのである。

2つ目は，**評判やブランド**といった要因である。unit ⑨でも述べたように，とりわけ企業と顧客の間の情報の非対称性が大きい経験財の場合，企業は広告宣伝活動などを通じて，自社製品に対してよい評判を形成しようとすることが多い。この評判は，イメージや知名度と言い換えてもよいであろう。あるいは，企業が浸透させたブランドが，よい評判，イメージを想起させることもある。評判を形成したりブランドを浸透させたりするのは，一朝一夕にできることではなく，一定期間継続的な働きかけが必要となる。つまり，評判やブランドは，累積的な特徴を有する競争優位の源泉なのである。もちろん後発企業も，大規模に広告を打つことで，先発企業が確立している評判やブランド・イメージを覆そうとするかもしれない。しかし，上で述べたように，評判やブランド・イメージは累積的なので，後発企業がそれを覆すのは容易ではないのである。

　また，消費者が先に経験したブランドは，後で経験するブランドよりも高い評判を得る傾向にあるとも言われている。それは，ある製品において最初に使用されたブランドが，消費者の選好形成に影響を及ぼすからである。消費者は，必ずしもある製品の明確な理想像を事前に有しているわけではなく，最初に試したブランドの属性がその製品の理想であると考える傾向があるという。たとえばビール市場において，戦後すぐのキリンビールのラガーや，ドライ戦争のときのアサヒビールのスーパードライがそれぞれの製品カテゴリーで「本物」と認識されたことは，先発ブランドが消費者の選好形成に重要な影響を及ぼした例と言えるかもしれない。もし参入順序が消費者の選好に異なる影響を及ぼすのであれば，後発企業が先発ブランドの高い評判，よいイメージを覆すのは容易ではない。

　3つ目の要因として，**ネットワーク外部性**をあげることができる。これは，ユーザー数が多いほど，その製品から得られる便益が増大するという性質である。この性質が働く市場では，初期にライバルよりも多くの顧客を獲得した企業に優位性が生まれるので，その企業がますます多くの顧客を獲得するようになる。後から当該製品を購入しようとする顧客が，自分よりも前に購入した人の決定の後を追うことによって，その製品から大きな便益を得ようとするからである。つまり，初期の優位性の源泉（ユーザー）を獲得した企業が，その後ますます優位性を蓄積するようになるのである。ネットワーク外部性について

は，次の unit ⑪ で詳しく議論する。

　以上のような要因は，先発企業が優位性を獲得・持続させる傾向を生み出す。ただし，常に先発企業が優位に立てるわけではない。たとえば先発企業による研究開発，顧客教育，インフラストラクチャーの開発といったさまざまな投資にフリーライドできる後発企業のほうに，優位性が生じることもある。

システムとしての活動

　これまで述べてきた優位性が持続するメカニズムは，企業の強みの源泉としての資源にかかわるものであった。これは，unit ⑥で議論された，企業が独自の資源を持っているために強みが生まれるという考え方から派生するメカニズムである。他方，unit ⑥には，企業の強みのとらえ方として，もう1つの考え方が議論されている。それは，企業の強みを活動という面からとらえようとする考え方であり，この考え方の代表的な分析手法としてバリュー・チェーンが紹介された。優位性が持続するメカニズムにも，企業の強みを活動という側面から把握する考え方と通じるものがある。それは，活動のシステム，あるいは**戦略フィット**と呼ばれるメカニズムである。

　競合他社に比して何らかの優れた価値を生み出している企業は，さまざまな活動がその価値創造に向かって相互に強化し合うような一貫したシステムを形成していることが多い。たとえばサウスウエスト航空は，全席自由席で，機内食やフリークエント・フライヤー・プログラム（FFP，いわゆるマイレージ・サービス）は提供しない。乗継ぎ時の手荷物預かりをしない。パイロットは搭乗券チェックや客室の清掃まで行う。インターネットや自動発券機を使ってチケットを販売し，代理店を通さないので，手数料が省ける。また，混雑する大空港を拠点とせず，中都市・第2空港間の短距離直行ルートを専門とする。短距離ゆえに，保有機はボーイング737型に統一でき，整備効率が高い。ゲートでの滞留時間も短いので，多頻度のピストン輸送が可能となる。つまりサウスウエスト航空は，乗客サービスを限定し，高い飛行稼働率を維持することによって，格安運賃を提供している。しかも，それぞれの業務上の特徴や工夫が，相互に関連しながら，低料金という価値を一貫して生み出している。換言すれば，さまざまな業務が戦略にフィットしているのである（図10-1参照）。

図 10-1　サウスウエスト航空の業務活動システム

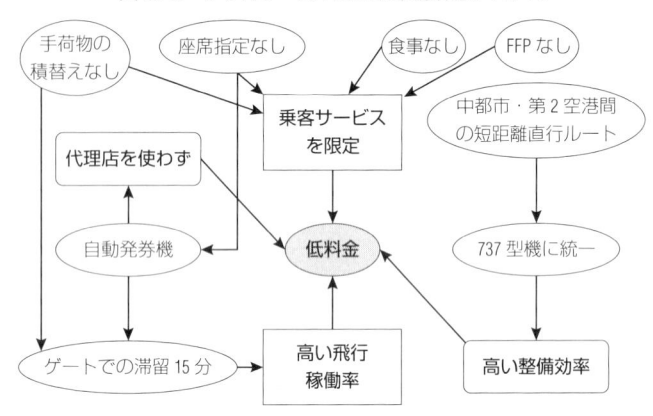

【図：サウスウエスト航空の業務活動システム】
- 手荷物の積替えなし
- 座席指定なし
- 食事なし
- FFPなし
- 乗客サービスを限定
- 代理店を使わず
- 自動発券機
- 低料金
- 中都市・第2空港間の短距離直行ルート
- 737型機に統一
- ゲートでの滞留15分
- 高い飛行稼働率
- 高い整備効率

　戦略フィットを実現している企業と同等の価値を生み出すためには、ライバルはさまざまな活動のシステム全体を模倣、調整しなければならない。システム全体の模倣が成功する確率は、システムを構成する活動の数が増えるにしたがって低下するであろう。つまり、価値を生み出すそれぞれの活動は明らかであり、1つひとつを模倣することは難しくはないが、戦略にフィットしたシステム全体を模倣することは難しいのである。

競合の強みを逆手にとる

　持続可能な競争優位は、先発企業や大規模企業だけが享受できるものではなく、後発企業や小規模企業についても考えることができる。既存企業や大規模企業は、これまで当該事業を行ってきた時間の中で、さまざまな経験や資源を蓄積している。この有形・無形の資源は、強みの源泉にもなるが、今後の当該企業の活動を制約することもある。何らかの資源を豊富に蓄積している企業は、従来の事業のやり方を変えたり、蓄積した資源を無効にしたりするような変化には対応しにくい。そこに、新規企業や小規模企業が付け入る隙があるのである。

　たとえば、小規模な新規企業が既存企業よりも低い価格設定を行って市場に参入する場合、強固な財務体質を有する大規模な既存企業にとっては、価格を下げて参入企業に対抗し、新規企業を市場から追い出すこともできるであろう。

しかし，参入企業がそれほど大きな脅威でなければ，既存企業にとっては価格を下げて自らの利益率を低下させるよりも，多少のマーケット・シェアを諦めるほうが合理的な行動となりうる。

たとえば，倒産したイースタン航空の従業員が経営したキーウィ航空は，1日につきせいぜい4回しか飛行せず，多くとも市場全体の10％のシェアしか獲得しないと明言したために，競合する大規模既存企業であるデルタ航空からの報復を受けずに済んでいた。既存企業の攻撃的な報復を引き起こさないように，新規企業が自発的に供給能力を小規模に維持し，拡大の意図がないことを既存企業に信じてもらうことがこの戦略を成功させるカギである。この戦略は，柔よく剛を制す柔道にたとえて，**柔道ストラテジー**と呼ばれる。

あるいは，強大なラガーを有するキリンビールに対して，アサヒビールが出したスーパードライも，キリンビールが反撃しにくい製品であった。それまでアサヒビールが発売した樽生のような周辺需要を掘り起こす製品の場合，キリンビールは即座に追随して，強力な営業力によってリピート・オーダーを奪うことができた。しかし，スーパードライは，キリンビールの基幹製品であるラガーと真っ向から衝突する製品である。それゆえ，キリンビールがドライ・ビールを出して追随すると，ドライ・セグメントにおける競争が激化してその認知度が向上する。その結果，それまでラガー・ビールを飲んでいた人がドライ・ビールを飲むようになるため，ドライ・セグメントが拡大する一方，ラガーの需要が激減する。キリンはドライ・セグメントでアサヒビールを凌駕することができたかもしれないが，それにともなって自社の基盤とも言えるラガーの需要が縮小するのは好ましくない。それゆえ，キリンビールはドライ・セグメントから力を抜かざるをえなかった。このビール市場の例は，既存の上位企業が強力な製品を有して優位に立っているとき，新規企業や下位企業がその製品と密接な代替関係にある製品を発売すれば，既存の上位企業は反撃しにくいことを示している。既存企業が反撃しにくい製品を出せば，たとえ小規模企業であっても，優位性を持続することが可能なのである。

上の2つの例は，それまでに蓄積した何らかの資源あるいは強みを持っている既存企業が，何らかの新しい方法で挑戦をしてきた小規模企業に対して，無視したり，その動きを許容したりした例である。もちろん大規模既存企業は，

その挑戦に対抗することはできるだろうし、小規模企業を叩き潰すこともできるかもしれない。しかし、自分が有する資源や強みが制約になり、新しい方向に変化したくない。むしろ対抗しないほうが自分にとってもダメージが少なく、望ましいのである。これは、unit ⑥の最後に議論された、**経路依存性**ゆえに、既存大企業の強みの裏返しとしての弱みが露呈した例である。

以上で述べてきた、資源の専有、不確実性、強みの累積、システムとしての活動、相手の経路依存性といった要因のいずれかあるいはその組合せが存在すれば、企業は競争優位を持続させることができる。ただし、これまでの議論から明らかなように、競争優位が持続可能かどうかは、ライバルの反応を考慮に入れなければならない。自分がある手を打ったときに、ライバルがどのような反応を示すかを斟酌しながら、自分の打つ手を考えなければならない。その意味で、競争優位の持続可能性を考慮に入れた競争戦略は、高度な戦略であると言えるであろう。

要 約

- ある時点での戦略が功を奏して競争優位を得ても、ライバルがその企業の戦略に注目し、それを模倣したり、それに対抗した戦略をとったりすれば、競争優位は消滅してしまうかもしれない。ゆえに競争優位の持続可能性を検討することが重要である。
- ライバルからの競争圧力から自社を隔離する、あるいは自社の優位性を消滅させようとする力から自社を隔離するメカニズムには、強みの源泉の専有、不確実性の存在、強みの累積、システムとしての活動、競合の強みを逆手にとる、といったことが考えられる。

確認問題

- *Check 1* 長期にわたって好業績をあげ続けている企業を取り上げ、その企業の競争優位がなぜ持続しているのかを考えなさい。
- *Check 2* 上位企業、先発企業の優位性が持続する条件、下位企業、後発企業の優位性が持続する条件を、それぞれ考えなさい。

unit 11

業界標準をめぐる競争

　差別化優位を持った企業は，当該製品に対する顧客の支払い意欲（WTP）が，競合の製品に対する WTP よりも高いために，企業間競争の中であっても，競合よりも高い価格で製品を販売し，より高い利益を享受することができる。unit ⑨で議論したように，企業が差別化優位を獲得する方法＝差別化優位のドライバーには，製品の特性（性能，デザインなど），顧客心理（ブランド，評判など），活動の特性（販売・配送体制，取引条件など），補完財・サービス（周辺機器，サポートなど）というようにさまざまなものがある。差別化優位を築こうと考える企業は，時間，資源を投入することによって，これらのドライバーのいずれかもしくはその組合せを働かせようとする。

　ただし，製品によっては，あるいはドライバーによっては，その差別化優位の程度が，製品を供給する企業の時間・資源の投入量だけによって決まるのではなく，その製品のユーザー数，**インストールド・ベース**（設置台数，installed base）やマーケット・シェア，互換製品の供給企業数によって大きく影響を受ける場合がある。このような場合，ある消費者の購入の意思決定は，他の消費者のそれに影響を受ける。また，製品を供給する企業は，競合を排除するのではなく，競合と協力関係を構築しようとすることが多くなる。異なる企業の製品の間に**互換性**があるか，どの企業の製品が**業界標準**となっているかが，企業間競争にきわめて重要な影響を及ぼすからである。この unit では，このような現象が観察される産業における複雑な企業間の相互作用を議論する。

ネットワーク外部性

　たとえばオーディオ・ビジュアル機器では，これまで業界標準の座をめぐっ

て激しい規格争いが繰り広げられてきた。VTRではVHS対ベータ，ビデオ・ディスクではレーザー・ディスク対VHD，DVDではDVD-RAM対DVD-RWや，ブルーレイ対HDといった規格の争いである。ここで例にあげた規格は，各ハード（機器）に対応したメディアの技術様式であるが，一般に業界標準の座をかけて争う規格とは，メディアに限らずさまざまな技術の様式である。

　同じ規格であれば，相互に接続が可能であったり，同じメディアを使えたりする。このような性質を互換性があるという。互換性とは，そもそも機械の部品の形状や寸法が統一されているため容易に交換できる性質を意味するが，接続が可能であったり同じメディアが使えたりすれば，相互に取換え可能なので，部品以外にも互換性という用語が使われるのである。

　オーディオ・ビジュアル機器の場合を見ればわかるように，業界標準をめぐる規格間競争が繰り広げられているときには，技術を開発した企業がライバルに技術を供与し，自社製品と同じ規格の互換製品を供給してもらうことがよく観察される。つまり，製品・技術を開発した企業は，ライバルの模倣を防ぐどころか，ライバルに技術を公開し，模倣をしてもらっているのである。このような行動が観察されるのは，その市場に**ネットワーク外部性**と呼ばれる性質が働いているからである。

　ネットワーク外部性とは，インストールド・ベースやユーザー数が増えるにしたがって，その財から得られる便益が増大するという性質である。たとえば，DVDプレーヤーを例に考えてみよう。DVDプレーヤーは，映像ソフトを再生して楽しむハード（プレーヤー）なので，多様なソフトが低価格で供給されているほど，その魅力は増すと考えられる。ソフト制作会社は，互換性のない規格のハードが市場で競争している場合には，マーケット・シェアの大きな規格のハード向けにソフトをつくろうとするであろう。ユーザーの少ないハード向けに供給するよりも，多くのユーザーに保有されているハード向けに供給したほうが，より多くソフトが売れると予想されるからである。それゆえ，多様なソフトがマーケット・シェアの大きなハード向けに供給されるようになる。

　また，ソフトは初期の開発費用が大きいが，その生産（複製）にはほとんど費用がかからない。規模の経済が強く働くので，ユーザー数の多いハード向け

> **コラム**
>
> **なぜネットワーク外部性と呼ぶか**
>
> 　ネットワーク外部性は，その名前から推察されるように，そもそもは通信ネットワークの研究から生まれた。通信ネットワークに加入するのは，それに加入している他の人と交信したいからであるが，加入者の多い通信ネットワークは，通信可能な相手が多いことを意味する。ゆえに，ネットワークのサイズ（加入者数）が大きいほど，そのネットワークに加入することから得られる便益が大きくなるのである。
>
> 　実際19世紀後半には，次のようなことがアメリカの電話市場で起こった（名和[1990]）。当時のアメリカの電話市場には，AT&Tのほかに多くの独立系電話会社が参入していた。それぞれのシステムは相互に接続できなかったので，複数の電話機を持つユーザーも少なくなかったと言われる。独立系電話会社は，AT&Tより低い料金を設定していたが，結局この競争に勝利したのはAT&Tであった。AT&Tは市外回線を持っていたので，AT&Tのネットワークの加入者は，市外回線を通じて全国の人と通信できたからであった。
>
> 　最近では，異なるキャリア（通信会社）の固定電話，携帯電話の間でも通信が可能である。ただし，ある携帯電話のキャリアでは，同じキャリアの携帯電話同士では格安料金もしくは無料で通話できる料金プランを提供している。その結果，番号ポータブル制への移行にともなって，そのキャリアへの加入者が増加している。これは，ネットワーク外部性と低価格とをうまく結びつけている例と言える。
>
> 　通信ネットワークの例のように，ネットワークのサイズが直接的に便益を増大させる効果を，ネットワーク外部性の**直接的効果**と呼ぶ。それに対して，DVDプレーヤーのように，当該財の補完財のメニューが増えたり価格が下がったりすることによって，当該財の魅力が増大する効果を，**間接的効果**と呼ぶ。

のソフトは，それが大量に生産・販売され，コストが低下すると予想される。コストに連動して価格も引き下げられれば，ユーザー数の多いハード向けのソフトは低価格となる。

　したがって，マーケット・シェアの大きな規格のDVDプレーヤー向けのソフトは，種類が豊富で，しかも安く供給されるので，その規格のプレーヤーの魅力が増大する。unit ⑨の議論に則して言えば，DVDプレーヤーのようなハードとソフトを組み合わせて使用するために互換性が重要である製品では，ハードに対する顧客の支払い意欲（WTP）を増大させるためには，**補完財（ソフト）の充実**という差別化優位のドライバーが有効である。その補完財の充実度

は，ハードのユーザーの数の増加につれて高まるのである。

　もちろん互換性が重要となる製品でも，品質，ブランド，販売条件など，補完財以外のドライバーも重要であり，ユーザー数とは関係なく自社の時間・資源の投入によってそのドライバーを働かせることはできる。しかし，互換性が重要な製品では，ネットワーク外部性が働くために，ユーザー数が競争の帰結を左右してしまう傾向にある。このような製品市場では，売れているハードはますます売れるようになり，そのハードが業界標準となり，一人勝ちという結果になりがちなのである。

　ネットワーク外部性が働く場合，消費者は他の消費者の行動を予測する必要がある。他の多くの消費者の行動を無視し，他の人とは異なる規格の製品を購入すると，補完財の多様性が限定され，ネットワーク外部性を享受できなくなるからである。

　他の消費者の行動（の予測）が自分の消費行動に影響を及ぼす場合，消費者や企業は，「卵が先か鶏が先か」という問題に直面する。消費者は，異なる規格が並存しているときには，ネットワーク外部性の恩恵を被れなくなることを恐れて，どちらの規格が主流になるか見極めてから購入しようとする。しかし，消費者が購入を控えていると，いずれの規格の製品も売れず，規格争いに決着がつかない。規格争いの行方が不確実で，いずれの規格も業界標準にはならないと，消費者はさらに購入を控える。その結果，市場が立ち上がらないという事態が生じてしまうのである。

　「卵が先か鶏が先か」という問題に直面する企業は，そのパラドックスから脱出するために，市場が立ち上がるのに必要なユーザー数，すなわちクリティカル・マス（critical mass）を何とかして達成し，業界標準を確立しようとする。そのためには，単独で自社が推す規格を業界標準にしてしまおうとする場合もあるが，他社の力を借りて自社規格を業界標準にしようとしたり，ライバルと協議して規格統一を達成しようとしたりする。その結果，自社技術を公開したり，ライバルに採用してもらったりするのである。

業界標準を確立するための戦略

　市場での競争の結果，支配的なマーケット・シェアを獲得し，自社規格を事

実上の標準（de facto standard）にしようとする場合，企業のとる戦略は２つに大別できる。他社の模倣・追随を防ぎながら単独で自社製品を業界標準にしようとする**クローズド戦略**と，他社に対して自社規格を公開して採用してもらい，他社と協力しながら，自社製品およびそれと互換性のある製品を業界標準にしようとする**オープン戦略**である。

　クローズド戦略にもとづく企業行動は，第２章の各 unit で述べた競争の基本戦略や unit ⑩で議論した持続可能な競争優位の考え方と大きな違いはない。ライバルの協力を仰がずに大きなマーケット・シェアを獲得するには，なるべく早期に，よりよいものをより低価格で供給するしかない。ただし，競争に参加する限りはトップ・シェアをとることが重要なので，値下げでも品質向上でも，通常の場合よりも企業間の競争が激しくなることが予想される。

　また，クローズド戦略をとる企業は，**知的財産権**を盾に模倣を防いだり，他社が追随できないように頻繁な技術変更を行ったりする。あるいは，自社製品のユーザーが他社に流れるのを防ぐために，早めに新製品の告知を行うこともある。

　新製品の早期の告知は，ユーザーにスイッチング・コストがかかることと関係する。**スイッチング・コスト**とは，ある製品のユーザーが，その製品を使い続けたり，その製品（の互換製品）に買い替えたりするときには発生しないが，それ以外の（非互換）製品に買い替えるときには発生するコストである。たとえば現在使用している製品向けのソフト，データなどは，非互換製品に買い替えたら使えなくなるので，新たなソフトを買ったり，データを変換したりしなければならない。そのための手間，費用がスイッチング・コストである。

　スイッチング・コストが高ければ，自社製品の既存のユーザーは，簡単には他社の非互換製品に流れない。たとえば iPod のユーザーにとっては，ダウンロードした楽曲や iPod 用のさまざまなアクセサリーが大きなスイッチング・コストとなっており，他の携帯音楽プレーヤーに乗り換える可能性は低い。顧客のスイッチング・コストを高めるために，企業が自社製品向けのソフトやアクセサリーを無料もしくは低価格で提供することもある。

　既存ユーザーが他社製品に移るのは，スイッチング・コストを支払っても割が合うほど他社製品の魅力が高く，自社がそれに見合う製品を出せない場合に

限られる。したがって，他社が魅力的な新製品を発売したときには，自社もそれと同等の新製品を近いうちに発売することを告知しておけば，既存顧客はスイッチング・コストを払ってまで他社製品に乗り換えようとはしないのである。

　このようなクローズド戦略をとったとしても，必ずしも自社単独で業界標準を確立できるとは限らない。むしろ，他社に自社の技術を採用してもらい，自社製品と同じ（互換性のある）製品を供給してもらうオープン戦略をとったほうが，「卵が先か鶏が先か」という問題を解決できるかもしれない。複数の企業が同じ規格の製品を供給する場合のほうが，当該規格の製品の供給量は多くなるし，特定の企業に依存する危険性もなくなるので，買い手が楽観的な予想を形成しやすいからである。

　買い手に楽観的な予想を形成してもらうためには，他社に互換機を供給してもらう以外にもさまざまな方法がとられる。たとえば，オーディオ・ビジュアル機器のハード・メーカーが，ソフトのメディアの生産に乗り出すことがある。ソフトがなければハードは何の役にも立たないため，補完財であるソフトの安定的供給はハード・メーカーや消費者にとって重大な関心事である。ゆえに，自ら研究開発や生産設備に投資することによって補完財を安定的に供給することは，他社に互換機の供給を促したり，消費者に楽観的な予想を形成してもらったりすることにつながるのである。

　また，他社に，OEM（相手先ブランドでの販売）のための製品を供給するから，自社の規格を採用してもらうように働きかけることもある。OEM 供給してもらえれば，その企業は生産設備に投資をする必要がないので，その製品を扱いやすくなる。ゆえに，他社への OEM 供給が可能なように生産能力を拡充することも，自社規格を推進する企業がしばしばとる行動である。さらに，研究開発投資をして次々に新製品を開発し，自社規格製品の魅力を高め，優位性をアピールすることも重要である。

　これらは，開発企業の研究開発投資，設備投資といった資源のコミットメントをともなう行動である。資源のコミットメントをともなうかどうかは，他社や消費者に対する影響力に大きな違いを生むことがある。自社技術・製品の魅力を単に言葉で伝えるだけよりも，資源のコミットメントをともなう場合のほ

うが，その企業の真剣さ，開発した製品に対する自信が他社や消費者に伝わり，好意的な評価をもたらすからである。

専有可能性

　ネットワーク外部性が働く市場で業界標準を確立し，市場を立ち上げるためには，オープン戦略は有効な手段である。しかし，オープン戦略は，それによって自社規格を業界標準にすることができた企業に，別の問題をもたらす。

　たとえば，家庭用VTRでは，VHS方式がベータ方式を駆逐した。ビクターや松下電器といった開発企業がオープン戦略をとり，多くの企業がVHSのVTRを供給したことが，VHS勝利の要因の1つである。ところが，VHS方式のVTRを供給する企業が増えた結果，そのVHS陣営の企業間で価格競争が激化し，売上げ数量は大きくなったが利益はあまりあがらない，繁忙貧乏の状態に陥ってしまったと言われている。つまり，オープン戦略は，互換機メーカーを増やし，業界標準を確立し，市場を立ち上げるが，同時に競争も激化させてしまうという問題をもたらすのである。

　この問題の本質は，図11-1に示されている。開発企業が獲得する利益は，市場が大きいほど，**専有可能性**の程度が高いほど大きくなる。今，市場が立ち上がるかどうか，どの程度大きくなるかが，開発企業の戦略のオープンの程度に比例すると考えよう。オープンの程度が高ければ，互換機を供給する企業が増え，業界標準が確立し，市場が立ち上がりやすくなるからである。他方，開発企業の戦略がオープンであるほど，互換製品を供給する企業数が増えるので，競争が激しくなる。その結果，開発企業による利益の専有可能性が低下すると考えられる。

　つまり，オープンの程度は，市場規模に正の影響，専有可能性に負の影響という2つのルートを通じて，開発企業が獲得できる利益に影響を及ぼす。ゆえに，開発企業は次のようなジレンマに直面することになる。クローズド戦略をとれば，利益を専有できるが，市場が大きくならず，その製品が生み出す利益，そして自分が獲得できる利益が小さくなる。他方，オープン戦略をとれば，市場は拡大し，その製品が生み出す利益も大きくなるかもしれないが，専有可能性は低下するので，開発企業が自分のものにできる利益はやはり小さくなって

図 11-1　オープンの程度と利益の専有可能性

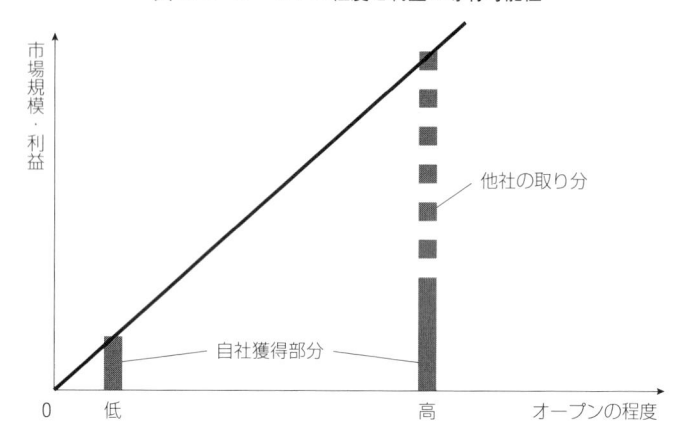

（縦軸：市場規模・利益、横軸：オープンの程度、他社の取り分、自社獲得部分、低、高）

しまう。

　もちろん、オープン戦略をとらなくても市場が拡大するのであれば、このジレンマは生じない。競合や消費者が、当該製品が業界標準になるであろうと合意していれば、市場は拡大する。ゆえに、当該製品の魅力が争っている他の規格の製品の魅力をはるかに上回っている場合には、合意が形成されやすく、開発企業がクローズド戦略をとっても、市場は立ち上がるだろう。

　たとえば、iPodのケースがこれにあたる。iPodは、unit ⑨でも触れたように、そのデザインや使いやすさなどの点で、他の携帯音楽プレーヤーを圧倒的に凌駕している。それゆえ、アップルはオープン戦略をとらなくても、携帯音楽プレーヤーの市場を成長させ、iPodによってその市場を支配することができた。また、iPodの成功は、iTunes Music Storeを通じた音楽配信、アップル・ストアの展開、広告など、プレーヤー自体の魅力以外の要因も大きい。したがって、製品を供給する企業のマーケティング努力によって、当該製品が業界標準になるという合意の形成を促すことも重要と言えるであろう。

　それに対して、開発企業がオープン戦略を採用しなければ市場が立ち上がらない場合、先述のジレンマが生じる。このジレンマを克服するためには、開発企業は、以下で述べるような何らかの方法を講じて、オープン戦略をとりながら専有可能性を高めることが必要である。

　まず、技術以外の面で差別化優位を築くことが考えられる。互換性を維持す

るために，技術的な面で製品を差別化できない場合でも，販売促進，広告，販売後のメインテナンス・サービスなどに努力を投入することによって，開発企業が市場を支配できれば，拡大した市場の大きな部分を獲得することができる。次世代DVDの事実上の業界標準となったブルーレイにおいて，開発メーカーのソニーは，マーケット・シェアを高めるために，ブルーレイの中での自社製品の優位性をテレビの広告などを通じて積極的に訴えている。

　また，当該製品市場で優位に立てなくとも，獲得利益を大きくすることはできる。製品仕様や技術を公開する代わりに多額のライセンス収入を獲得するという方法である。先に触れたVTRでも，開発メーカーのビクターは，製品市場からの利益は大きくなかったが，巨額の特許料収入をVHSの互換機メーカーから獲得していたと言われている。

　さらに，ハードについてはオープン戦略によって競争状態をつくるが，ソフトを独占的に供給するという方法も考えられる。オープン戦略によってハードの市場では競争が激化する。ゆえに，ハードではあまり儲からない。しかし，競争激化によってハードの売上げが増大すれば，その補完財であるソフトに対する需要が増大する。そのソフト市場を独占していれば，大きな利益を獲得できるのである。数世代前のカラオケで普及したレーザー・ディスクにおいて，パイオニアはこの戦略で大成功を収めたと言われている。

競争と協力のミックス

　開発企業が，オープン戦略をとりながら利益の専有可能性も高めることによってジレンマを克服する方法として上であげたものは，一例に過ぎず，他にもいろいろな方法が考えられるであろう。ただし，効果的な方法をとるのはなかなか難しいようである。だから，オーディオ・ビジュアル機器では，常に激しい規格間競争が繰り広げられ，どの企業も低い利益率に甘んじることが多いのであろう。

　ネットワーク外部性が働く市場において有効な戦略を打ち出すのが難しいのは，企業間の相互作用がきわめて複雑だからである。その複雑さを示すために，unit⑤で紹介した価値相関図（バリュー・ネット）を，次世代DVD市場におけるソニーを想定して描いてみよう。図11-2の価値相関図の中には，ソニーに

図11-2　DVD市場におけるソニーの価値相関図

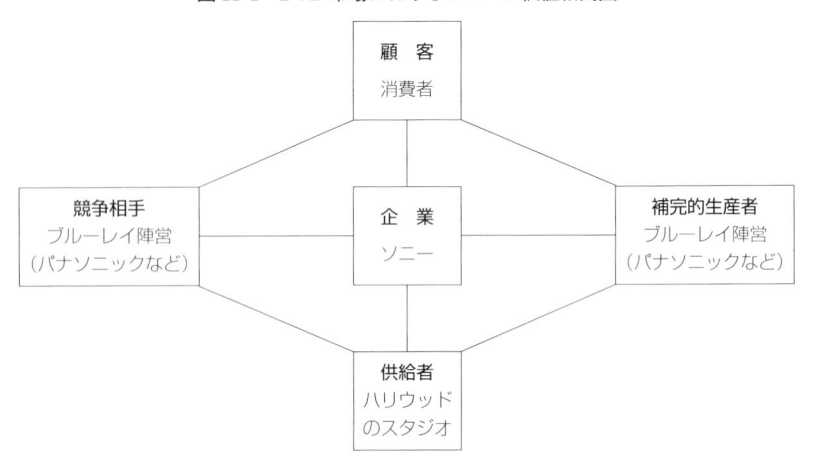

```
                    顧　客
                    消費者

  競争相手                              補完的生産者
  ブルーレイ陣営        企　業          ブルーレイ陣営
  (パナソニックなど)    ソニー          (パナソニックなど)

                    供給者
                    ハリウッド
                    のスタジオ
```

とって，顧客はDVDを楽しむ一般消費者であり，供給者にはたとえばDVDソフトのコンテンツを保有しているハリウッドの映画会社があることが示されている。

　興味深いのは，競争相手にも，補完的生産者にも，パナソニックなどのブルーレイ陣営に属する企業が記されていることである。ソニーもパナソニックも同じブルーレイ規格のDVDプレーヤーを供給しているので，ブルーレイのプレーヤーを購入しようと考えている顧客を取り合っている。ゆえに，両社が競争相手であることは明らかである。

　ところが，同時に両社は補完的生産者でもある。とくに，ブルーレイとHDのいずれの規格が業界標準の座を得るか争っているときには，パナソニックなどブルーレイ陣営の企業は，ソニーにとって補完的生産者としての性格の色が濃い。なぜなら，パナソニックのブルーレイ規格のDVDプレーヤーが売れれば，ブルーレイのプレーヤー全体のユーザー数が増える。すると，ソニーのブルーレイの所有者，あるいは潜在的な顧客は，ソフトの種類の増加などのネットワーク外部性の恩恵を受けることができ，ソニーの製品の価値が増加する。ゆえに，パナソニックなどのブルーレイ陣営の企業は，ソニーにとって補完的生産者と考えられる。つまり，プレーヤーのどのような側面に注目するかに応じて，同じプレーヤーが競争相手にも補完的生産者にもなりうるのである。

あるいは，業界標準決定前の**規格間競争**のフェーズか，業界標準決定後の**規格内競争**のフェーズかによって，プレーヤーの役割が変化すると考えることもできる。業界標準を確立するときにはライバルと協力するが，その結果業界標準が確立した後の競争がますます激烈になる。互換機を供給する企業は多いし，各社の製品が互換機であるだけに，技術の根幹のところでの差別化が定義上不可能だからである。

ネットワーク外部性が働く市場では，あるいは製品間の互換性が重要であったり，どの製品が業界標準になるかに注目が集まったりする産業では，企業間の相互作用は，「右手で握手しながら左手で殴り合う」と形容されるほど，複雑な競争と協力が混じり合ったものとなる。それゆえ，複雑な企業間の相互作用を解きほぐしながら，競争と協力をうまく組み合わせた精緻な戦略を策定・実行することが望まれるのである。

要約

- ネットワーク外部性が働く市場では，差別化優位の程度が，製品を供給する企業の時間・資源の投入量だけで決まるのではなく，その製品のユーザー数，設置台数（installed base）やマーケット・シェア，互換製品の供給企業数によって大きく影響を受ける。
- ネットワーク外部性が働く市場では，自社規格を事実上の標準にすることが重要である。そのためには，他社の模倣・追随を防ぎながら単独で自社製品を業界標準にしようとするクローズド戦略と，他社に対して自社規格を公開して採用してもらい，他社と協力しながら，自社製品を業界標準にしようとするオープン戦略とがある。
- オープン戦略は，互換機メーカーを増やして業界標準を確立し，市場を立ち上げるが，同時に競争も激化させてしまうという問題をもたらすので，競争と協力をうまく組み合わせた戦略が必要となる。

確認問題

- **Check 1** インストールド・ベース（設置台数）やユーザー数が増えるにしたがって，その財から得られる便益が増大するというネットワーク外部性がな

ぜ働くのか,いろいろな場合について考えなさい。

☐ ***Check 2*** オープン戦略をとる企業がいかにして利益の専有可能性を保っているかについて,いろいろな事例を調べなさい。

unit 12

イノベーション

イノベーションとは

　これまで議論してきたように，企業はさまざまなドライバーを駆使して，コスト優位もしくは差別化優位を生み出そうとする。その際，新製品の開発・導入，より効率的な生産技術の開発・適用，事業の新しい進め方（ビジネス・モデル）の創造などさまざまな新しい試みをともなうことがある。これらの新しい試みは，すべて**イノベーション**と呼ばれるものである。

　イノベーションというと，新しい製品の開発（製品イノベーション）や効率的な生産方法の開発（工程イノベーション），すなわち技術革新が念頭に置かれることが多い。しかし，イノベーションの重要性をいち早く指摘したシュンペーターによれば，イノベーションとは利用しうるいろいろな物や力の新しい結合のことであり，新技術の開発に限定されない。また，イノベーションの対象には，製品や生産工程だけでなく，原材料の新しい調達方法，新しい販売チャネルの開拓など企業のバリュー・チェーン上のあらゆる段階，さらには事業全体の新しい遂行の仕方であるビジネス・モデルそのものも含まれる。

　あるいは，イノベーションというと，急激な変化を想定しがちであるが，その変化の程度はさまざまである。現状を否定するようなきわめて大きな変化が革新的イノベーションと呼ばれるのに対し，現状からの漸次的・連続的な小さな変化（改良・改善）は改良的イノベーションと呼ばれる。

　このように，イノベーションは，変化する対象，変化の程度によって多様である。しかし，さまざまな種類のイノベーションにはいくつかの共通する特徴がある。まず，イノベーションとは，物や力の結合が既存のそれから新しいそれへと変わることなので，従来の結合を前提に設けられた意思決定のための与

件や行動のための規則が適用できなくなる。それゆえ，高い不確実性にさらされる。たとえば新技術にもとづく製品イノベーションの場合，技術開発が成功するのか，開発はいつ完了するのか，その技術を用いた新製品は商業的に成功するのか，といったことはすべて不確実なのである。

　また，人間は変化に抵抗する傾向があるため，新しいことや従来とは異なることを行おうとすると周囲から反対されることが多い。したがって，イノベーションを遂行するためには，「確固たる事物をつかみ，その真相を見る意志と力」「1人で衆に先んじて進み，不確定なことや抵抗のあることを反対理由と感じない能力」「他人への影響力」といった能力が必要である。これらの能力は先見の明とともに**企業者精神**の主要な構成要素であり，そのような能力を有した企業者がイノベーションを実現すると考えられる。

　このようにイノベーションは，これまでの常識や規則が適用されない不確実性のもとで行われ，変化に対する抵抗に屈することなく，逆に周囲を巻き込みながら進められなければならない。イノベーションを遂行することは，ルーティン・ワークを効率的に行うのとは本質的に異なり，容易ではない。また，イノベーションは，既存の産業構造や企業間競争を一変させてしまうようなインパクトを秘めている。それゆえ，イノベーションの影響を正しく理解すること，イノベーションをうまく遂行することは，企業間競争を勝ち抜くためにきわめて重要である。そこで，以下では，イノベーションのマネジメントや企業間競争におけるイノベーションの影響について議論する。

◨ イノベーションのマネジメント

　いかにすれば，さまざまな困難をともなうイノベーションを促進することができるだろうか。以下では，イノベーションを生み出すために必要な資源，能力という観点から，イノベーションのマネジメントの問題を考えてみよう。

　企業の規模とイノベーションの関係に関する研究では，大規模企業のほうが小規模企業よりもイノベーションを遂行するのに有利であるといった仮説が唱えられることがある。これは，イノベーションには巨額の投資が必要であり，大企業のほうが巨額の投資を行いやすいと考えられるからである。たとえば，技術革新について言えば，研究開発には規模の経済が働くと言われている。大

規模な研究開発のほうが、洞察が生まれる研究者相互の交流が頻繁であり、研究者間での分業によって専門知識を蓄積でき、特殊な設備を利用しやすく、イノベーションにつながる思いがけない結果を見過ごす可能性が低い。ゆえに、大規模な研究開発を行う資力のある大規模企業のほうが、イノベーションを生み出しやすいと考えられるのである。

また、先にイノベーションは不確実性をともなうと指摘したが、それゆえ企業は、何とかして不確実性に対処しようと試みる。たとえば技術開発において、1つの可能性に絞って開発をするのはリスキーなので、いくつかの代替的な可能性を追求してリスク分散しようとする。しかし、並行開発には多大な経営資源が必要である。ゆえに、小規模企業よりも、豊富な経営資源を有しているがゆえに並行開発が可能な大規模企業のほうが、イノベーションを起こしやすいと考えられるのである。

では、イノベーションは常に豊富な資金力を有する大企業が生み出すかといえば、そんなことはない。ベンチャー企業のような小規模企業が、イノベーションを行い、それがきっかけとなって業界地位が一変してしまうことさえある。このようなことが起こるのは、イノベーションの促進要因に資金力以外の要因があり、それが小規模企業に有利に働いているからである。

ベンチャー企業のような小規模企業では、従業員の報酬はイノベーションの成否に直接的に依存しているので、イノベーションを生み出そうとするインセンティブが大きい。それに対して大規模企業では、従業員はすでに一定の報酬を得ているので、それに満足してイノベーションを起こそうという意欲が相対的に弱い。先に、イノベーションの遂行に重要な要因として、企業者精神を指摘したが、安定した大規模企業には企業者精神が欠けてしまうと言ってもよいかもしれない。

また、既存の大企業では、複雑な組織構造を持ち、さまざまな規則がつくられる。このような組織は、既存の定型的な業務を効率よく遂行するのには適しているが、反面イノベーションを起こしにくいとも指摘される。イノベーションを起こすためには、周囲の抵抗にもかかわらず、未知なることに挑戦したり、変化を生み出したりすることが必要であるが、規則にがんじがらめにされていたり、個人の力では動かしにくいほど組織が巨大で複雑であったりすれば、イ

ノベーションを生み出すような動きがとれなくなってしまうからである。いわゆる**官僚制の逆機能**が顕在化し，あるいは大企業病が蔓延して，自由な発想が妨げられてしまうと言ってもよいであろう。

ただし，競争に負けないためには，事業を効率よく遂行しなければならないので，どうしても企業は効率性を追求しようとする。ゆえに，イノベーションを起こし続けようとする組織は，特別な配慮をして，組織の創造性・革新性を維持しなければならない。

たとえば創造的組織づくりに成功していると言われる3Mを例にすれば，新製品比率を25％以上にするという目標が明示されていたり，いくつもの障害を乗り越えて新製品の開発・事業化を成し遂げたプロダクト・チャンピオンを英雄視し，その武勇伝を語り継いだりしている。これによって，否が応でも従業員の関心をイノベーションに向けさせ，失敗には寛容で，新しいことに挑戦する文化をつくり出しているのである。また，自由な発想，ルーティンから逸脱する行動を促進するために，研究所の人間が就業時間の15％は自分のために使ってよいというルールがある。さらに，イノベーションは，組織内にあるさまざまな情報が結びついて生まれることが多いので，テクニカル・カウンシル，テクニカル・フォーラム，技術監査といった，技術者たちがアイディアを交換する場が設定され，意識的に情報の融合が行われるような工夫が組み込まれているのである。

▣ 企業間競争に対するイノベーションの影響

ある産業の発展の中で，イノベーションは繰り返し生み出される。イノベーションの結果，新しい製品，生産工程，ビジネス・モデルがもたらされるので，イノベーションを成し遂げた企業が競争優位を確立する。もちろん，既存のリーダー企業がイノベーションを起こしてその市場地位を維持する場合もある。しかし，ときには，新規参入企業や下位の企業がイノベーションを起こし，それがきっかけとなって，企業の競争上の地位が変化することもある。

資金力をはじめとする経営資源を豊富に有する既存のリーダー企業よりも先に，新規参入企業や下位企業がイノベーションに成功する理由の1つは，上で述べたように，既存の大企業の組織が大規模かつ複雑で，硬直したものになっ

てしまうため，イノベーションが阻害されるからである。もちろん，従来のやり方で事業を効率よく遂行しようとすれば，ルールを整備し，きちんとした構造の組織をつくり上げなければならないので，イノベーションが起きにくくなるのもいたしかたないが，その結果，既存の大企業が保守的になってしまうことが，イノベーションで新規参入企業や小企業に先を越される理由の1つである。

　また，イノベーションが阻害されているのではなく，合理的な判断の結果，新規参入企業が先にイノベーションを達成するのを既存の大企業が許していると考えられる場合もある。たとえば製品イノベーションを念頭に置いて考えてみよう。有望な新製品を開発するとき，現行製品で市場を支配している既存企業は，新製品を開発して発売すると，自社の現行製品と食い合いになり好ましくない。かといって，新製品開発をしなければ，開発に成功した新規企業に市場を奪われてしまうかもしれない。このような場合，既存企業は，製品の開発は行うが，仮に新規企業よりも先に開発に成功しても，新製品を市場に出さずにいたほうが望ましいことがある。そして，新規企業が新製品を開発して市場に導入したら，即座に追随し，市場を奪われないようにするのである。この場合，既存企業は，合理的判断によって，新製品開発競争におけるリーダーにはならず，迅速な追随者（fast follower）になっているのである。

　以上の2つの場合とは異なり，企業の特徴ではなく，技術の特徴によって，既存企業がイノベーションの達成に遅れ，おもに新規参入者や下位企業がイノベーションの担い手になる場合もある。クリステンセンは，ハード・ディスク・ドライブ産業で起こったイノベーションを分析し，以下のような興味深い議論を展開した。

　ディスク・ドライブ産業では，フェライト・ヘッド，薄膜ヘッド，MR（磁気抵抗）ヘッドと3つの世代のヘッド技術が生み出された。各世代の技術は，改良によって性能が向上し，旧世代の技術に取って代わっていく。その様子が，図12-1に描かれている。ここで，薄膜ヘッド技術でもMRヘッド技術でも，開発競争をリードしたのは業界の大手企業であった。これらの新技術は，そのときの主要顧客が既存の性能指標で評価したときに，既存技術よりも製品性能を向上させる。これらの新技術は，企業が蓄積してきた能力を持続・向上させ

図 12-1　磁気ヘッド技術の乗換えによる記録密度の持続的向上の軌跡
（メガビット／平方インチ）

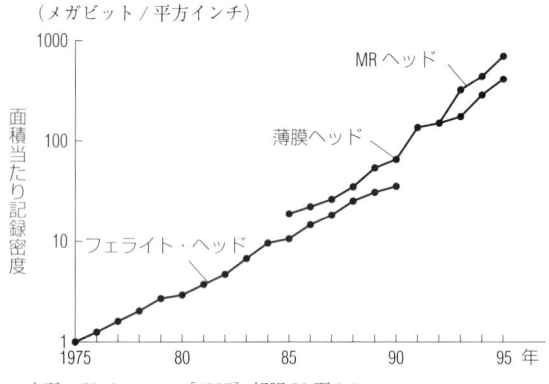

[図：1975年から1995年にかけての面積当たり記録密度の推移。フェライト・ヘッド、薄膜ヘッド、MRヘッドの3つの技術曲線が示されている。]

出所：Christensen [1997] 邦訳 33 頁より。

るような技術であり，**持続的技術**と呼ばれる。既存の技術で優位に立っていた企業は，既存の顧客の要望に沿える技術的革新，すなわち持続的技術イノベーションについては，進んでそれを開発・採用してきた。保守的であったり，リスクを恐れたりして，技術革新に遅れるということはなかった。

ところが，14 インチ・ドライブが 8 インチ・ドライブに置き換わったときには，それを主導したのは新規参入企業であった。14 インチの主要顧客は容量を重視するメインフレーム・メーカーであったのに対し，8 インチはドライブの小型化を欲していたミニコンピューター・メーカーにおもに販売されていった。その後 8 インチは，容量を増やすことに成功してメインフレームにも取り入れられ，14 インチに取って代わり，14 インチの供給企業を駆逐した。同様のことは，その後，5.25 インチ，3.5 インチでも繰り返された（図 12-2 参照）。

このように，従来とはまったく異なる価値基準を市場にもたらす技術は**破壊的技術**と呼ばれる。破壊的技術は，主流市場の顧客からは評価されないが，主流から外れた新しい顧客には評価される。ある時点での業界のリーダー企業は，そのときの主流市場の顧客を相手にしているので，その顧客の要望に応えようとはするが，その顧客が関心を寄せない新しい（破壊的）技術には十分な注意を払わない。その結果，技術開発に遅れてしまうのである。

では，ある時点でのリーダー企業は，常に新しい技術，市場のシグナルに注意を払い，ある世代の技術，市場に拘束されないようにすればよいのだろうか。

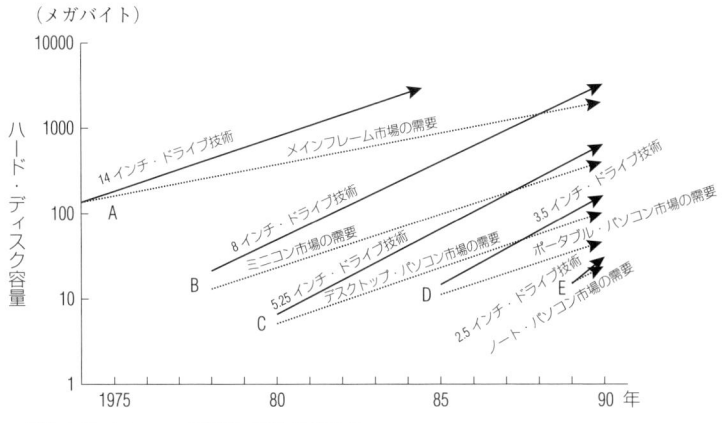

図12-2 ハード・ディスクの小型化と容量の変化

(メガバイト)
縦軸:ハード・ディスク容量
横軸:1975, 80, 85, 90 年

14インチ・ドライブ技術 / メインフレーム市場の需要
8インチ・ドライブ技術 / ミニコン市場の需要
5.25インチ・ドライブ技術 / デスクトップ・パソコン市場の需要
3.5インチ・ドライブ技術 / ポータブル・パソコン市場の需要
2.5インチ・ドライブ技術 / ノート・パソコン市場の需要

出所:Christensen[1997]邦訳41頁より。

答えはそれほど簡単ではない。企業がある時点で競争に勝ち抜き,リーダーであるのは,そのときの顧客と緊密な関係を構築し,その要求を満たすように持続的技術を開発し続けたからである。既存の技術や市場に注意を払わなければ,そもそも現時点で競争に勝ち抜けない。したがって,ティッドらが言うように,企業は,持続的技術イノベーションと破壊的技術イノベーションという「2頭の馬を同時に御す」きわめて難しい課題をこなさなければならないのである。

イノベーションの収益化

これまでの議論では,イノベーションを促進することは容易ではなく,とりわけ既存の大企業にとっては,組織を革新的に保ったり,主要顧客以外のニーズに注意を払ったりすることが難しいため,イノベーションに遅れる場合があると述べてきた。そこでは,イノベーションを生み出すこと,あるいは新技術を開発することこそが,課題であると考えられてきた。

ところが最近,新技術が開発されても,それが事業化につながり,収益を生むことが難しくなっていると言われる。研究開発活動から技術は生まれるが,それが事業化につながらず,企業内に死蔵されてしまっている。あるいは,多額の投資をして新製品を開発したが,すぐにライバル企業が類似の製品を出し,価格競争が激化して利益があがらない。技術開発から事業化,収益の獲得まで

の間に断絶があり，このプロセスがスムーズに流れない。一言で言えば，**イノベーションの収益化**の問題である。

そもそもイノベーションは，その発生源によって，2つに大別される。1つは，市場に満たされないニーズがあるとき，何らかの要因によって製品に対する需要の変化があったとき，満たされないニーズを満たそうとしたり，需要の変化に対応しようとしたりして起きるイノベーションであり，**ディマンド・プル型イノベーション**と呼ばれる。先のハード・ディスクの例で言えば，小型ドライブに対する需要が生まれ，それを満たすために開発された8インチ・ドライブが，ディマンド・プル型イノベーションと考えられる。もう1つは，新技術が開発され，それをもとに生まれた新製品や新しい生産方法で，**テクノロジー・プッシュ型イノベーション**と呼ばれる。たとえば，ヒト・ゲノムが解読され，それによって新薬が開発されれば，それはテクノロジー・プッシュ型イノベーションの典型例と言えるであろう。

ディマンド・プル型イノベーションは満たすべきニーズがすでにわかっているので，事業化に結びつきやすい。それに対してテクノロジー・プッシュ型イノベーションは，それが満たす潜在的ニーズと結びつかないと，事業化に直結しない。市場にどのようなニーズがあるか，潜在的ニーズを満たす技術を開発しているのかを考慮せずに，技術者・研究者の独りよがりで技術開発を進めれば，新技術は生まれてもそれを製品化・事業化に結びつけるのは容易ではないであろう。

ところが，自社の技術開発力があると自負する企業は，ともすれば市場ニーズについての情報を十分に収集したり吟味したりせずに，技術開発を行ってしまう。それに対して，次々に新製品を生み出している企業は，意識的に技術と市場ニーズとの融合を図っている。たとえば花王では，生活者研究センターで消費者の生活パターンを研究し，それを製品開発に役立てている。また，新製品発売後も，「健康診断」や「人間ドック」と呼ばれるモニタリングを通じて消費者の意見を吸い上げ，その後の製品改良に役立てているのである。

また，技術が開発されても事業化がうまくいかない原因は，そもそも事業を成功させるのに必要な資源が技術だけではなく，技術以外の必要な資源や能力が企業に備わっていないからかもしれない。画期的な技術が開発され，それを

もとに新製品が開発されたとしよう。その新製品が商業的に成功するためには、まずその製品の発売が消費者に知られなければならない。画期的な新製品であれば、消費者にその新製品で何ができるのか、何がその製品の魅力なのかを伝えることが大切になってくる。それゆえ、広告宣伝、消費者教育を含めたマーケティング力やコミュニケーション力が必要なのである。

　また、製品が売れるためには、消費者がその製品を購入する場や条件が整っていなければならない。したがって、販売チャネルを拡充したり、支払い手段や配送手段など消費者にとって購入しやすくする販売条件を用意したりしなければならない。さらに、当該製品と合わせて使う補完財があるとき、それを充実させておくことも必要である。オーディオ・ビジュアル機器であればコンテンツ、パソコンやゲーム機であればソフトウェアなどは、補完財の典型である。また、メインテナンスを含むサービス体制の充実も望まれる。

　このように、製品が商業的に成功するためには、製品を開発するための技術だけでなく、マーケティング、販売、補完財などさまざまな技術以外の資源や能力が必要になる。これは、**補完的資産**と呼ばれ、イノベーションから収益をあげるために必要不可欠であると考えられている。製品や事業の商業的成功には、技術よりもむしろ補完的資産のほうが大きな影響を及ぼすと言っても過言ではない。

　たとえば、unit ⑪でも触れたアップルのiPodで使われている技術は、決して最先端のものではない。しかし、補完的資産はきわめて充実している。特徴的な広告宣伝で、iPodの魅力は知れわたっている。拡充されてきたアップル・ストアは、販売チャネルであり、ブランド発信の場でもある。豊富な楽曲を取り揃え、それを配信するiTunes Music Storeが整備されている。周知の通りiPodは大成功を収めたが、それはこのような補完的資産の充実によるところが大きいのである。

　今日、イノベーションの収益化が問題となっているもう1つの理由は、せっかく技術を開発し、製品化を成し遂げても、他社もすぐに同等の製品を市場に出すので価格競争が激化してしまい、利益を得られないからである。これは、今日の電機業界などに典型的に見られる深刻な現象である。他社よりも先にイノベーションを遂行して新製品を発売するだけでなく、イノベーション後の製

品市場において，自社製品を差別化する工夫をしたり，製品自体からではなく他に収益が確保できるようなビジネス・モデルを確立したりすることが必要であろう。

　そのためにも，上で指摘したさまざまな補完的資産を充実させておくことが重要となる。多様な補完的資産を充実させておけば，事業の商業的成功の可能性が高まるだけでなく，それぞれの補完的資産が相互に強め合って，競争優位を高めることができる。一貫した活動のシステムをつくり上げることで，他社は簡単には追随することができず，価格競争には巻き込まれずに，利益をあげ続けることができるのである。

　以上では，イノベーションの収益化の問題として，いかにすればイノベーションあるいは技術開発を製品・事業化にうまく結びつけることができるか，事業を商業的に成功させて利益をあげ続けることができるかという問題を議論してきたが，イノベーションから収益をあげる方法は，技術を製品化・事業化することだけではない。技術は，それ以外にさまざまな方法で収益を生み出す。それは，最近注目を集めている**知的財産戦略**と関係する。

　知的財産には，商標，トレード・シークレット，ソフトウェアなどいろいろなものが含まれるが，この unit ととくに関係するのは技術であり，とくに特許など知的財産権が確立したものである。開発した技術を特許化しておけば，もちろんその技術を用いて製品を開発し，収益をあげることができるが，それ以外に，その技術を他社に販売して収入を得たり，他社が使用することを許可する代わりにライセンス収入を得たりするという方法もある。そもそも知的財産権というものが考案されたのは，技術という情報財の流通を促進するという目的のためでもあったのである。

　また，ある製品の特許を取得していれば，他社が模倣製品を出したときに，権利侵害を主張して製品差止めをするなど，事業の防衛をすることができる。このような行為も，模倣製品によって自社製品の売上げが減少するのを食い止めることによって，収益に貢献するのである。

　さらに，最近では，技術を無償で公開する動きもしばしば見られる。これは，先にあげた技術を販売して収益をあげるという方法に反する動きであるが，無償ゆえに自社技術を広く多くの企業に使ってもらうことができる。もし自社が

> コラム

IBMのイノベーションの収益化

　IBMという会社は，技術を用いてどのように収益をあげるかという問題を考える上で，大変興味深い会社である。1980年代までのIBMは，メインフレーム中心の垂直統合型ビジネス・モデルをとっていた。すなわち，コンピュータを構成する各レイヤー（半導体，本体，OS，アプリケーション・ソフトなど）をすべて自社で手がけていた。それは，最初のメインフレームであるシステム360を開発した際，そのための半導体やソフトウェアを開発してくれる企業がなかったため，自らすべてを開発しなければならなかったからだと言われている。おかげでIBMは，多様な自社技術を蓄積していった。当時のIBMにとって，技術とはそれを使った新製品によって収益をあげる手段であった。

　その後1990年代に，IBMは2つの変化を遂げたと考えられる。1つは，環境変化その他の理由によりメインフレーム中心の垂直統合型ビジネス・モデルがうまく機能しなくなると，ハードからソフトまでさまざまな製品，技術を熟知していることを強みに，ユーザーが抱える問題を情報システムによって解決するソリューション事業を中心に据えるようになった。そのためにコンサルティング会社の買収も行い，自らをサービス・カンパニーと位置づけるようになった。つまり，技術はさまざまな資源の1つであり，それらを束にして顧客にサービスを提供し，収益をあげようと考えたのである。

　1990年代のもう1つの変化は，技術を用いて収益源である製品・事業を生み出す源泉として技術をとらえるのではなく，収益を生み出す取引の対象として技術をみなすようになったということである。IBMは，保有特許の再評価に着手し，他社に積極的に特許を販売することによって，年間15億ドルの技術料収入あげるようになった。

　ところが数年前，IBMは，ソフト分野500件の特許を無償公開した。これは，技術を取引することによって収益を得る立場とは相容れないものである。この変化は，ライセンス収入を断念する代わりに，自社技術の利用を促し，市場を広げ，自社（サービス）事業の拡大を狙ったものだと伝えられている。

当該技術のユーザー企業向けの事業を行っていれば，多くの企業に自社技術を使ってもらうことによって，その技術のユーザー企業向けの事業が拡大することになる。たとえばその技術を用いた製品の補完財事業とか，その技術のメインテナンス事業などである。もしそれらの事業を自社が支配していれば，自社技術を無償配布することによって，関連事業の拡大を促し，そこからの収益を

増大させることができるのである。

　以上のように，知的財産をもとに収益をあげる方法はいろいろ考えられる。知的財産戦略も含め，イノベーションの収益化の問題を解決することは容易ではないが，競争戦略の目的が競争圧力に負けずに利益をあげることであるとすれば，イノベーションの収益化の問題が，競争戦略の中でイノベーションを考えるときに，最も中心的な問題であると言えるのである。

要　約

- □ 新製品の開発・導入，より効率的な生産技術の開発・適用，事業の新しい進め方（ビジネス・モデル）の創造などさまざまな新しい試みを，イノベーションと呼ぶ。変化させる対象，変化の程度の点で，イノベーションにはさまざまな種類がある。
- □ イノベーションを促進するには，大規模投資や不確実性への対処といった大企業に有利な要因もあるが，企業者精神の衰退など大企業に不利な要因もある。企業者精神を維持し，従来の価値基準にとらわれず，継続的にイノベーションを生み出すためには，さまざまな工夫が必要である
- □ 技術が開発されても事業化に結びつくとは限らないし，事業化されても市場で成功するとは限らない。イノベーションをもとにいかに収益をあげるかを考えることが肝要である。

確認問題

- □ *Check 1*　イノベーションの一般的な特徴と，大企業と小企業のいずれがイノベーションを生み出すのに有利かという問題を，イノベーションの一般的な特徴に関連づけながら考えなさい。
- □ *Check 2*　下位企業や新規参入企業がイノベーションを先に起こすことによって，企業の競争上の地位が逆転してしまった例を取り上げ，なぜリーダー企業がイノベーションに遅れたのかを考えなさい。
- □ *Check 3*　技術開発に成功しながら，なかなか事業化できない事例や，収益向上に結びつけた事例を比較しながら，イノベーションの収益化の難しさ，その克服の仕方を考えなさい。

unit 13

産業進化

シェイクアウト

　ある産業の歴史をたどってみると，今日よりずいぶん多くの企業がかつては活動していたり，その中に意外な企業が含まれていたりして驚くことがある。たとえばオートバイ産業である。この産業では，ホンダ，ヤマハ発動機，スズキ，川崎重工の4社による寡占状態が長く続いている。しかしながら，時代を大きくさかのぼって1950年代の初頭を見てみると，実に200社を超える企業がこの産業で活動していた。この中には戦前からオートバイの生産を手がけていた名門企業や，三菱重工や富士重工といった大企業も含まれていたが，それらの多くは60年代半ばには撤退していった。現在の4社体制は，1971年にブリヂストン自転車（当時）が撤退することででき上がったものである。

　同じようなエピソードは他の産業にも数多い。電卓産業はソニーや東芝，日立，松下（現パナソニック）といった有力エレクトロニクス企業が軒並み参加して始まった。しかしながら，電卓戦争と呼ばれるような激しい競争により多くの企業が撤退を余儀なくされ，シャープとカシオを2強とする構造ができ上がった。かつて日本のDRAM産業では，大手電機・通信機器メーカーが軒並み活動していたのみならず，ミネベアや新日鐵といった非エレクトロニクス企業の多角化参入も見られた。現在では日本でDRAMを生産するのは，エルピーダメモリただ1社である。

　このように撤退が進むことで，産業で活動する企業の数が減少していくことを**シェイクアウト**という。シェイクアウトは2つの点で地震に似ている。第1に，規模（マグニチュード）や揺れている時間など地震にさまざまな違いがあるのと同様に，シェイクアウトの激しさ，スピードは産業によりかなり異なるこ

とである。オートバイ産業のように，企業数が50分の1になってしまうような大規模なものもあれば，もっと穏やかなものもある。数年で淘汰が一気に進む急激なものもあれば，20年かけてじわじわと進むものもある。第2に，シェイクアウトも地震も大がかりな構造変化の結果であるという点である。地震がプレート沈下や衝突など地球の構造変化（地殻変動）によって引き起こされるのと同様に，シェイクアウトは産業の構造が時に急激に，時にゆっくりと変化していくことの結果なのである。

産業の構造変化はシェイクアウトという脅威のみならず，大きな機会も生み出す。電卓産業で成功した2社のうち，当時のカシオは新興企業に過ぎなかった。シャープもまた，東芝や日立，ソニーといった競合の総合電機メーカーに比べると小ぶりな企業であった。しかしながら激しい競争に勝利することで，この2社は電卓産業での支配的な地位を手に入れたのみならず，他の事業分野で発展していく礎をも得たのである。このように，産業の構造変化への対応は重要な戦略上の意味を持っている。このunitでは，産業がたどる典型的な進化のパターンと，それを形づくるおもな構造変化について考察していこう。

産業進化の姿

産業の進化は，さまざまにとらえることができる。図13-1は市場の規模と企業数，企業数の増減をもたらす参入・撤退に注目して，典型的なパターンを描いたものである。一番上には市場規模の変化が描かれている。どの産業でも生まれたばかりのとき（黎明期）は需要に恵まれず，市場規模は小さい。しかしながら，成長期と呼ばれる時期には，需要の急速な拡大が起こり，市場が大きくなっていく。その後，拡大ペースは鈍化し，市場はある規模で落ち着いてくる。成熟期と呼ばれる局面である。いったん成熟した市場は，短期的な変動を除くとそこで安定していることもあれば，顧客ニーズの変化や代替製品の登場により，衰退していくこともある。たとえば，アナログ方式の音楽メディアであるレコードにはかつて大きな市場が存在したが，CDという代替製品の登場により，その市場はほとんど消滅してしまった。今日ではインターネットによる音楽配信の普及により，CDの市場が縮小していく傾向にある。

市場というパイが大きくなるにつれて，そこで活動しようという意欲を持つ

図 13-1　産業進化のパターン

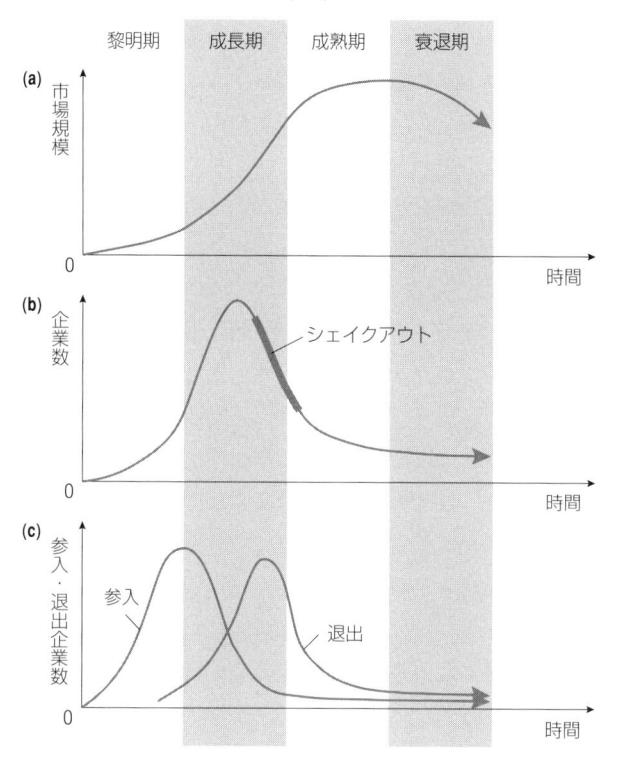

(a) 市場規模／時間
(b) 企業数／時間　シェイクアウト
(c) 参入・退出企業数　参入　退出／時間

黎明期／成長期／成熟期／衰退期

企業は増える。もちろん，高い参入障壁が存在していれば，どんなにパイが大きくなっても参入する企業の数は増えない。しかしながら，成長期における参入障壁はそう高いものではないことが多い。このため，黎明期から成長期にかけて参入企業数が急増し（図 13-1 (c)），産業内で活動する企業の数が大きく増える傾向がある。だが，この状態が長く続くことはあまりない。遅かれ早かれ，参入の減少と退出の増加が生じ，図 13-1 (b) に描くように企業数は減少に転じていく（シェイクアウト）。興味深いことに，シェイクアウトはパイの縮小（需要の減少）によりもたらされるのではなく，むしろ市場が大きく成長しているときに起きることが多い。この意味するところは，淘汰されずに生き残っている企業の平均的な規模は，このころから飛躍的に大きくなっていくということである。その後は，限られた数の企業が安定（成熟）した市場で競争する構

造が典型的には生まれてくる。

図 13-1 が描いているのは，あくまで一般的な傾向である。ある産業が実際にたどる進化の経路は，こうした一般的パターンと産業に固有な条件が複雑に絡み合ってでき上がってくる。以下では，上のようなパターンが生じてくる背景を，需要と技術（イノベーション），競争の変化に注目しながら整理した上で，一般的パターンからの乖離をもたらす産業の固有条件について簡単に検討する。

需要（製品ライフサイクル）

産業における需要の変化を象徴的に表すのが，図 13-1 (a) の市場規模である。需要が増大し，市場が大きくなっていくことで，そこで活動する企業の利益機会も拡大していく。需要の増大なしに，長期的に発展していける産業はない。だが，需要の変化とは単に市場規模の変化を指しているのではない。より本質的には，①どのような顧客が，②どのような製品を，③どのような用途で用いることに，④どの程度の支払い意欲（WTP）を持つかという需要の性格の変化が重要である。これらが変わることで，市場規模も変化していくのである。これらの要因の変化パターンは，**製品ライフサイクル**と呼ばれることが多い。

製品がまだ普及していない黎明期における需要の中心は，パイオニアやイノベーターと呼ばれる先進的な顧客である。消費財ならば，新しいものへの強い関心と豊かな知識を持ち，人とは異なるものに大きな価値を見出す人々である。たとえばパソコンという製品の初期における顧客の中心は，作り手（企業）と同じようにコンピュータへの深い関心と知識を持った一部のマニアや研究者であった。実際，当時のパソコンは今日に比べてはるかに専門的な知識を必要とし，そうした人々でなければ使うことができず，価値を見出すこともない製品だったのである。こうした黎明期における顧客は，製品の新規性や独自性を高く評価する一方で，価格を重視する程度が低いという特徴も持つ。また，製品の用途や使い方にも大きなバラツキが見られることが多い。

成長期のはじめになってくると，マスとかフォロワーと言われる一般的な顧客が市場に入り始める。早い時期のマス顧客（アーリー・フォロワー）は，マス（大衆）といっても新しいものへの関心が強いという点では，黎明期の顧客と似ている。違いは技術的先進性や独自性そのものよりも，実用的な見地から製

品を評価するということである。その裏返しとして，価格を重視する度合いも黎明期の顧客よりも大きくなる。実用性と価格重視の傾向は，市場が本格的に成長を始めた後の顧客（レイト・フォロワー）になるとさらに大きくなる。マス顧客のもう1つの重要な特徴は，数が多いということである。マス顧客が流入してくることにより，市場の成長がもたらされるわけである。パソコンの場合には，2種類の顧客が市場の成長に貢献した。第1は大企業である。企業にとってのパソコンとは業務を効率化する生産財であり，その導入は投資である。したがって，企業顧客の実用性意識は非常に高く，価格（コスト）にも敏感である。第2は，仕事の道具として職場でなじんだパソコンを，プライベートでも使い始めた個人である。個人顧客の重要性は，インターネットの普及により，パソコンが娯楽の手段としての性格を持つことでさらに高まった。

　成熟期になって市場に入ってくる顧客はラガードと呼ばれる。ラガードは多くの点で黎明期の顧客とは対照的である。新しいものを選好するのではなく，むしろ避けるような保守的な価値観を持っている。製品に多くを求めないが，価格には非常に敏感である。最近，高齢者をおもなターゲット顧客として，機能を絞り，使いやすさを重視した携帯電話が多く販売されている。これは携帯電話市場が成熟する中で，残された未開拓顧客をうまく取り込んでいくための試みと言えるだろう。娯楽性や，使いやすさを重視した低価格パソコンの供給が増えていることも，同様な意味を持つものと考えられる。

技術（イノベーション）

　技術とその進歩（イノベーション）もまた，産業進化の重要なドライバーである。unit ⑫で見たように，技術には「何を作るか」という製品技術と，「どう作るか」という工程技術がある。これらは産業進化の技術的な両輪である。どちらが欠けても，産業は成り立たない。どんなによいモノ（製品技術）でも，工程技術が未発達で低コストに作ることができなければ，大きな需要は見込めない。これら技術の進化のドライバーとしての重要性は，進化のプロセスが進むにつれてバランスが変化していく傾向がある。需要にライフサイクルがあるように，技術（イノベーション）にもライフサイクルがあるのである（図13-2）。

　黎明期にある産業の技術進歩の一般的特徴は，製品イノベーションが多く発

図13-2 イノベーションのパターン

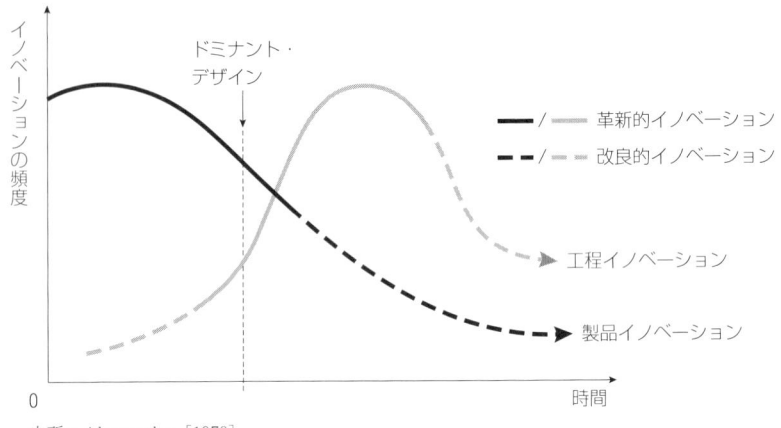

縦軸：イノベーションの頻度／横軸：時間

ドミナント・デザイン

／―― 革新的イノベーション
－－－ 改良的イノベーション

→ 工程イノベーション
→ 製品イノベーション

出所：Abernathy [1978]。

生する一方，工程イノベーションは少ないということである。黎明期における産業の課題が，今までなかった製品をより多くの顧客に受け入れられるよう作り上げていくことだからである。どんな産業でも，製品が最初から完成された形を持っているということはない。私たちが今日では当たり前に使っているパソコンの機能の多くは，かつてはまったく当たり前ではなかった。マウスやGUI（画面上のアイコン中心の操作）など，今日のパソコンを使いやすくしている機能の多くが，初期のパソコンにはなかったのである。製品をよりよいものにしていこうと多くの工夫が試されるため，産業のはじまりにおいては製品イノベーションが活発に起きる。改良のベースとなる技術が未発達なため，これらのイノベーションの多くは革新的である。製品イノベーションに比べ，工程イノベーションのペースは遅くなる。どう作るかという工夫には，何を作るかという前提が定まってこないうちは限界があるためである。

　多くの企業の試行錯誤の中から，やがて将来の製品が共通して持つ技術的な仕様（デザイン）を持った製品が生まれてくる。パソコンでは，アップルのマック（Macintosh）が，今日のパソコンが共通して持つ特徴をほぼ備えた最初の製品であった。こうした仕様を**ドミナント・デザイン**と呼ぶ。数多くの技術の中から，何がドミナント・デザインになるか予測するのは容易ではない。ある技術的仕様がドミナント（中心的）となるのは，それが市場においてドミナ

ントになる顧客に受け入れられるためである。すなわち，ドミナント・デザインとは需要サイドで産業の成長をもたらすマス顧客のニーズをよく満たす仕様である。ドミナント・デザインを予測する難しさは，将来の顧客ニーズを予測する難しさである。

　ドミナント・デザインが定まると，産業の技術進歩は黎明期と異なる様相を見せ始める。製品イノベーションには2つの変化が起きる。第1に，ベースとなる技術がドミナント・デザインとしてでき上がることで，イノベーションの性格は改良的なものが中心になっていく。第2に，まったく異なる仕様を作るような革新的なイノベーションが難しくなるために，イノベーション全体の頻度が低下していく。一方，何を作るかが固まることで，効率的に作るための工夫はしやすくなる。このため，工程イノベーションが活発化する。その成果は，生産性の向上とコストの低下である。製品価格が低下するために，市場は急速に拡大していく。ドミナント・デザイン成立後の工程イノベーションは，一般に規模の経済性の働きを強める方向に進む。何を作るかが明確になれば，そのための専門施設に大規模に投資していくことが可能になるためである。このため市場の拡大が生産コストと製品価格をさらに引き下げ，それがさらに市場の拡大をもたらすという好循環が生まれてくる。

　やがて産業は，工程技術においても改良的イノベーションが中心となり，市場としても技術としても成熟局面に入っていく。イノベーションは成熟市場における差別化の重要な手段であるため，技術集約度の高い産業を中心に企業の研究開発努力は続く。しかしながら，顧客に広く受け入れられている仕様を覆すような革新的なイノベーションは，技術だけではなくマーケティングの見地からも難しい。企業の技術能力が方向性を持って育っていくことも，そこから大きく逸れるようなイノベーションを難しくする（経路依存性）。

競　　争

　需要と技術が変わることで，企業間の競争も変わっていく。黎明期においては，小さな企業が製品差別化を軸として競争する構造が，需給両面の要因により生まれやすい。供給（技術）面から見ると，ドミナント・デザイン成立前の黎明期においては，さまざまな仕様が並立しやすい。また，工程技術が未確立

な上に生産規模が小さいため生産コストは割高であり，どの企業も価格を武器とした競争はしにくい。需要面から見ると，製品ライフサイクルの初期の顧客は新しいもの，人と違うものへの関心が強く，企業の差別化努力に好意的である。顧客が価格を重視する程度が低いことも，安価ではないが工夫がこらされた製品の供給へと企業を向かわせる。各社が差別化された製品を，独自なこだわりを持った顧客に販売していくために，市場は数多くの小市場の集合のような性格を持つ。このため企業の住み分けが行いやすく，競争の圧力は必ずしも高くない。しかしながら，事業規模が小さく生産効率が悪い上に，研究開発などの先行投資がかさむため，企業の収益性は一般によくない。

産業初期の競争の別の特徴は，参入が容易なため幅広い顔ぶれの企業が活動するということである。オートバイではホンダのような新興企業に加えて，戦前の航空機・重機械メーカー（川崎重工，三菱重工など），繊維機械メーカー（スズキなど），楽器メーカー（ヤマハ）など多様であった。電卓でもカシオなどの新興企業もいれば，総合電機メーカー（シャープ，ソニー，東芝など）や精密機械メーカー（キヤノン）もいた。参入が比較的容易である理由は，規模の経済性が弱いため，小規模での参入が可能であること，産業に固有な技術が発達途上であるために，多少なりとも関連した技術を持つ企業は参入しやすいことがあげられる。確立されたブランドがまだ存在していないため，マーケティング上の参入障壁も低い。

参入障壁が低いために，市場の将来性に注目する企業が増えてくると参入が増え，産業内で活動する企業が多くなる。市場の成長が本格化する中で，大きな利益を得る企業も出てくることも参入を刺激する。この傾向に反転をもたらすのが，ドミナント・デザインの誕生である。ドミナント・デザインが生まれると製品差別化の余地は大幅に狭くなるため，異質な製品の住み分けから比較的同質な製品間の競争へと変化が起きる。その意味するところは，価格競争圧力の上昇である。それに呼応して，低コストで供給するための工程イノベーションが，生産の大型化をともないながら進んでいく。マーケティングもマスメディアでの広告宣伝など，大量販売に適した形に変わっていく。これらの変化は，産業で競争していくために必要な事業規模（**最小効率規模**）を大きくしていく。最小効率規模に達することができず，規模のハンディを克服する強みを

コラム

競争が変えるコスト構造

　最小効率規模の変化は競争の姿を一変させるような大きなインパクトを持つ。よく知られた歴史的な例としては，20世紀はじめの自動車産業があげられる。T型フォードというドミナント・デザインを生産するために，フォードは機械化された工程をベルト・コンベヤで結ぶ大規模生産方式（フォード生産方式）を生み出し，劇的なコスト削減に成功した。効率的なフォードの生産ラインから次々と送り出される製品に太刀打ちできず，従来からの生産方式を続ける競合は淘汰されていったのである。

　一方，競争が最小効率規模を変えていくという逆の効果もある。unit ⑧で見たように，規模の経済性はコスト構造上，固定費用が大きなウェイトを占めていると強くなる。固定費用のうち，工場設備の維持・運営費など技術的な要因によって決まってくる部分は，競争が変化してもあまり影響を受けない。これに対し，広告宣伝費など無形資産への投資としての固定費用は，競争により大きく変化していくことがある。ある企業が支出を増やすと，別の企業も追随するといったサイクルができやすいのである。ある企業がより多くの顧客を獲得するために広告費を増額すると，競合も対抗のため広告費を増やさなければならないかもしれない。産業全体の広告レベルが上昇すると，そこで抜きん出るためには，さらに広告費を増やさなければならない。こうしたプロセスが続くと，顧客を獲得するための費用がどんどん大きくなり，最小効率規模が大きくなっていくのである（図13-3参照）。

　アメリカのソフトドリンク産業における企業淘汰は，マーケティング費用の増大が競争に大きなインパクトを持った例である。この産業ではコカ・コーラとペプシの2強が，熾烈な広告競争を長きにわたって繰り広げてきた。結果として小規模企

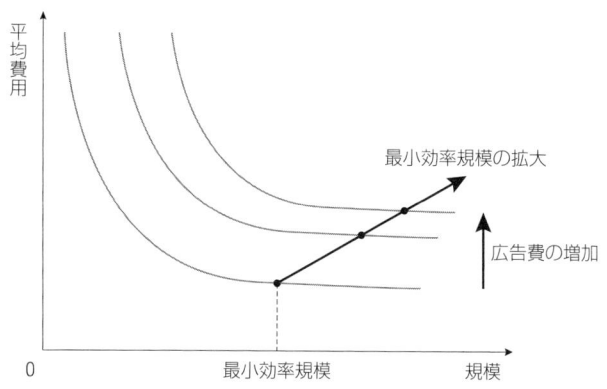

図13-3　広告競争がもたらす最小効率規模の変化

> 業が顧客認知や販売チャネルへのアクセスを得ることが難しくなっていき，多くが買収されたり，消えていってしまったりしたのである。

持たない企業は撤退することになる。シェイクアウトである。シェイクアウトの規模は企業の数が多いほど，最小効率規模が大きいほど大きくなる。もちろんドミナント・デザインに適合し，最小効率規模に達している企業にとっては，シェイクアウトをもたらす環境変動は脅威ではなく，成長の機会である。シェイクアウト後も参入は散発的に生じるが，参入障壁が大幅に高くなっているため，かつてのような大きな参入の波は生じない。市場が成熟に向かっていく中で，かなりの程度固定された企業間で競争が行われる傾向が強まっていく。

産業間の違いをもたらすもの

以上の記述は，あくまで一般的な進化のパターンである。実際の産業進化のプロセスには産業ごとのさまざまな要因が影響し，パターンの強弱に影響したり，まったく異なる姿に導いていったりする。一般的パターンを機械的に当てはめて，産業の将来を占うことは問題である。産業ごとの違いをもたらす要因は数多い。たとえば，ネットワーク外部性（unit⑪参照）が働く産業ではドミナント・デザイン＝事実上の標準となり，異なる規格（仕様）への淘汰の圧力が強く働きがちである。技術進歩のペースが速く，大きなイノベーションがサイクル的に起きる産業の場合には，サイクルごとにリーダー企業の交代などの大きな変化が繰り返されがちになる。より一般的には，進化パターンを産業ごとに変えていくおもな要因には以下のようなものがある。

まず需要面では，需要の多様性や市場の分断の度合いがある。顧客のニーズや好みが多様な場合，市場にニッチが生まれやすく，大きな企業の優位性がうまく発揮されない領域ができやすくなる。こうした場合には，数多くの企業が並存する状況が生まれ，維持されやすい。輸送コストなどの問題で市場が多くの地域市場に分断されている場合にも，同様の効果が生じてくる。

技術面では，ドミナント・デザインの幅が重要な意味を持つ。ドミナント・デザインによって規定される技術の幅が狭いほど製品差別化は難しくなり，競争の淘汰圧力が高くなる。パソコンの場合，ドミナント・デザインはまずアッ

プルによって作られたが、ネットワーク外部性が働くことにより、後にそれはインテルやマイクロソフトといった個別企業の技術で規定された狭いものとなった。結果としてパソコン・メーカー間の製品差別化は非常に難しくなり、価格競争圧力が大幅に高まった。自動車におけるドミナント・デザインは、パソコンに比べるとはるかに幅が広い。自動車メーカーは各社各様のエンジンを開発して、自社の製品に搭載することができる。パソコン・メーカーがOSやCPUを選ぶ余地がほとんどないのとは対照的である。

規模の経済性も重要な進化パターンの規定要因である。すでに指摘した通り、市場規模に比べて最小効率規模が大きく、規模の格差が競争力の格差につながりやすいほど、少数の企業に市場シェアが集中する構造が生まれやすい。逆に言えば、技術や製品の性格として、規模がコストに与える影響が限られている産業では、大規模なシェイクアウトは起きにくい。今まで規模の経済性が重要であった産業も、イノベーションにより最小効率規模が小さくなれば、参入の再活性化など「進化の仕切り直し」が生じる可能性がある。

要　約

- 産業は生まれた直後の黎明期、成長期、成熟期などの局面を経ながら進化していく。産業進化にともない企業間の競争の姿も変わる。
- 競争の変化は、需要の変化（製品ライフサイクル）、技術の変化（イノベーション）などが相互作用することによりもたらされる。とくに、ドミナント・デザインの成立前後においては競争構造に劇的な変化が起こり、企業数の大幅な減少（シェイクアウト）が生じやすくなる。
- ある産業がたどる進化の姿は、産業に固有な要因の働きにより、一般的なパターンからさまざまに乖離しうる。

確認問題

- *Check 1*　今現在、黎明期、成長期、成熟期、衰退期にあると考えられる産業を1つずつ示し、その理由を説明しなさい。
- *Check 2*　シェイクアウトが発生する典型的なメカニズムを説明しなさい。

KeyWords

- ☐ 競争優位の持続可能性　104
- ☐ 隔離メカニズム　105
- ☐ 規模の経済　108
- ☐ 因果の曖昧さ　108
- ☐ 歴史的・社会的状況への依存　108
- ☐ 暗黙知　108
- ☐ 形式知　109
- ☐ 経験効果　109
- ☐ 評判　110
- ☐ ネットワーク外部性　110, 116
- ☐ 戦略フィット　111
- ☐ 柔道ストラテジー　113
- ☐ 経路依存性　114
- ☐ インストールド・ベース　115
- ☐ 互換性　115
- ☐ 業界標準　115
- ☐ 直接的効果　117
- ☐ 間接的効果　117
- ☐ 補完財　117
- ☐ 事実上の標準　118
- ☐ クローズド戦略　119
- ☐ オープン戦略　119
- ☐ 知的財産権　119
- ☐ 新製品の早期の告知　119
- ☐ スイッチング・コスト　119
- ☐ OEM　120
- ☐ 専有可能性　121
- ☐ 規格間競争　125
- ☐ 規格内競争　125
- ☐ イノベーション　127, 144
- ☐ 企業者精神　128
- ☐ 官僚制の逆機能　130
- ☐ 持続的技術　132
- ☐ 破壊的技術　132
- ☐ イノベーションの収益化　134
- ☐ ディマンド・プル　134
- ☐ テクノロジー・プッシュ　134
- ☐ 補完的資産　135
- ☐ 知的財産戦略　136
- ☐ シェイクアウト　139
- ☐ 製品ライフサイクル　142
- ☐ ドミナント・デザイン　144
- ☐ 最小効率規模　146

References

Abernathy, W. J. [1978] *The Productivity Dilemma: Roadblock to Innovation in the Automobile Industry*, Baltimore, MD: Johns Hopkins University Press.

淺羽茂［1995］『競争と協力の戦略——業界標準をめぐる企業行動』有斐閣.

淺羽茂［2004］『経営戦略の経済学』日本評論社.

Besanko, D., Dranove, D. and Shanley, M. [2000] *Economics of Strategy, 2nd ed.*,

New York, NY: John Wiley & Sons.（ベサンコ，D.＝ドラノブ，D.＝シャンリー，M.〔奥村昭博・大林厚臣監訳〕［2002］『戦略の経済学』ダイヤモンド社）

Christensen, C. M. [1997] *The Innovator's Dilemma: When New Technologies Cause Great Firms to Fail*, Boston, MA: Harvard Business School Press.（クリステンセン，C.〔玉田俊平太監修，伊豆原弓訳〕［2001］『イノベーションのジレンマ――技術革新が巨大企業を滅ぼすとき 増補改訂版』翔泳社，原著改訂版〔2000 年刊〕の訳）

Ghemawat, P. [1986] "Sustainable advantage," *Harvard Business Review*, vol. 64, no. 5, pp. 53–58.

Lieberman, M. B. and Montgomery, D. B. [1988] "First-mover advantages," *Strategic Management Journal*, vol. 9, special issue, pp. 41–58.

名和小太郎［1990］『技術標準対知的所有権――技術開発と市場競争を支えるもの』中央公論社。

延岡健太郎［2006］『MOT「技術経営」入門』日本経済新聞社。

野中郁次郎・清澤達夫［1987］『3M の挑戦――創造性を経営する』日本経済新聞社。

沼上幹［2008］『わかりやすいマーケティング戦略 新版』有斐閣。

榊原清則［2005］『イノベーションの収益化――技術経営の課題と分析』有斐閣。

Schumpeter, J. A. [1934] *The Theory of Economic Development: An Inquiry into Profits, Capital, Credit, Interest, and the Business Cycle*, Cambridge, MA: Harvard University Press.（シュムペーター〔塩野谷祐一・中山伊知郎・東畑精一訳〕［1977］『経済発展の理論――企業者利潤・資本・信用・利子および景気の回転に関する一研究』岩波書店，原著第 2 版〔1962 年刊〕の訳）

Sutton, J. [1991] *Sunk Costs and Market Structure: Price Competition, Advertising, and the Evolution of Concentration*, Cambridge, MA: MIT Press.

Tidd, J., Bessant, J. and Pavitt, K. [2001] *Managing Innovation: Integrating Technological, Market and Organizational Change, 2nd ed.*, Chichester, UK: John Wiley & Sons.（ティッド，J.＝ベサント，J.＝パビット，K.〔後藤晃・鈴木潤監訳〕［2004］『イノベーションの経営学――技術・市場・組織の統合的マネジメント』NTT 出版）

山田英夫［1993］『競争優位の「規格」戦略――エレクトロニクス分野における規格の興亡』ダイヤモンド社。

Yoffie, D. B. and Kwak, M. [2001] *Judo Strategy: Turning Your Competitors' Strength to Your Advantage*, Boston, MA: Harvard Business School Press.（ヨフィー，D.＝クワック，M.〔藤井正嗣監訳〕［2004］『柔道ストラテジー――小さい企業がなぜ勝つのか』日本放送出版協会）

第4章

企業戦略の基礎

14　企業戦略の考え方
15　垂直統合
16　多角化
17　多角化のダイナミクス
18　多角化のマネジメント
19　国際化

第4章 企業戦略の基礎

この章の位置づけ

　この章では，事業戦略と企業戦略という2種類の経営戦略のうちの企業戦略について議論する。企業戦略は，事業の集まりとしての企業全体で，いかに利益をあげ，成長していくかについての考え方である。したがって，企業がどのような領域で活動するか，つまり事業の定義をしなければならない。本章では，垂直的段階，製品・業種，地域という3つの軸で事業を定義する。

　企業は，どのような要因を考慮して，活動領域を決定しているのだろうか。事業を組み合わせることによって，何らかの企業としての優位性が生まれることがある。一方，事業範囲が拡大しすぎると，さまざまな問題も生じる。本章の各 unit では，企業が活動領域を決定する際に考慮すべき，事業範囲を拡大する要因と制限する要因について考える。

　複数の事業を組み合わせて活動する企業は，企業としての優位性を享受できるかもしれない。また，1つの事業の盛衰に縛られずに，長期安定的に成長することができるかもしれない。しかし，異なる事業を活動領域として持つと，事業間の調整をいかに行うか，1つの企業としてのまとまりをどのように維持するかといった問題にも直面する。本章の各unit では，多様な事業の管理の問題についても考える。

この章で学ぶこと

unit 14 　企業は，どのような理屈で，事業範囲を拡大させたり縮小させたりしているのだろうか。取引費用の節約やシナジーの発揮といった事業範囲の拡大を促進する要因と，事業範囲を制限する要因について議論する。

unit 15 　事業を規定する軸の1つである業務の垂直的段階について，企業が事業範囲をいかに決定するかを考える。部品の内製か外部調達かの意思決定を例に，取引費用の議論を用いながら考える。

Introduction 4

unit 16 事業を規定する軸の1つである製品や業種軸についての事業範囲の拡大,すなわち多角化について考える。どのような要因が,企業に多角化を促すかについて考える。さらに,多角化企業が陥りやすい問題にはどのようなことがあるか,なぜ多角化を成功させることが難しいのかについても考える。

unit 17 企業によって,多角化のタイプ,すなわち事業の拡散の程度,事業展開の方向性は異なる。多角化のタイプと企業の業績との関係について考える。さらに,資源蓄積や学習という長期的でダイナミックな視点に立った事業展開についても考える。

unit 18 複数の事業をうまく管理するために,企業はどのような組織形態をとるのか,それはなぜか。企業が長期・安定的に成長していくために,どのような事業の組合せを達成すべきか。1つの企業としてのまとまりをどのように保っていくか。このような多角化事業のマネジメントについて考える。

unit 19 事業を規定する軸の1つである地域軸について,国境を越えた事業範囲の拡大,すなわち国際化について議論する。企業が国際化を進めるためにはどのような条件が必要かについて考える。さらに,国際化した企業がどのような競争行動をとるか,いかに本国と海外拠点との関係を構築するかについても検討する。

unit 14

企業戦略の考え方

　これまでの unit では，1 つの事業における競争に勝ち抜くための方法である事業戦略について議論してきた。企業が競争圧力に屈することなく利益をあげるためには，どのような事業戦略を策定・遂行していけばよいかが議論されてきた。ただし，企業が安定した利益をあげながら長期に成長を継続していくためには，これだけでは不十分である。もう 1 つ別のレベルの戦略，すなわち**企業戦略**が必要となる。

　もちろん，事業戦略も短期の利益獲得だけを目指すものではなく，当該事業の成長，長期的利益の獲得も追求している。しかし，事業には，誕生してから，成長，成熟期を経て，衰退へ向かうというライフサイクルがあると言われている。ゆえに，現在の事業において競争にいかに勝ち抜くかを考えているだけでは，企業の成長は当該事業のライフサイクルに制約されてしまう。

　また，1 つの事業だけに専念していると，企業全体の業績は当該事業の浮き沈みに大きく依存することになる。その業界が好調であれば，企業の売上げが伸び，利益もあがるが，その業界が低調であれば，企業の売上や利益も落ち込んでしまう可能性が高い。

　したがって，企業は，単一の狭く定義された事業のライフサイクルに縛られることなく成長できるように，現在から将来にわたってどのような事業を行おうとするのかの見取り図を描いておく必要がある。また，売上げや利益の変動，すなわちリスクを抑えて安定した経営をしていくために，企業は 1 つの事業だけを手がけるのではなく，複数の事業を組み合わせ，活動領域を広げることが必要になる。換言すれば，現在の事業と将来の事業の構想を含んだ事業の定義こそが企業戦略の核心であり，そこでは事業の組合せの妙がカギとなるのであ

る。

事業の定義

　ハーバード大学教授であるセオドア・レビットは,「マーケティング近視眼」というタイトルの有名な古典的論文において,事業の定義の重要性を説いている。レビットは,その論文の冒頭で,アメリカのいくつかの産業の衰退を例示しているが,その中の1つに鉄道事業がある。かつて栄華を極めた鉄道が衰退したのは,旅客と貨物輸送に対する需要が減ったためではない。むしろ,輸送に対する需要は増え続けていた。ところが,その増大した需要を満たしたのは,鉄道ではなく,自動車,トラック,航空機といった輸送手段であった。ただし,鉄道が危機に見舞われた本質的な理由は,それら代替的な輸送手段に需要を奪われたからではない。鉄道会社自身が,自社の事業を輸送事業ではなく鉄道事業と考えていたために,社会の変化に対応できなかったことが本質的な理由である,とレビットは考えたのである。

　レビットは,鉄道会社が事業の定義を誤った原因は,輸送を目的と考えずに鉄道を目的と考えたからであると論じる。顧客中心に考えるべきだったにもかかわらず,製品中心に考えてしまったのである。テレビの発達とともに危機に陥った映画会社もしかりである。映画を制作することが事業であると定義するのではなく,エンタテイメント産業と考えるべきだったのである。

　輸送業やエンタテイメント産業のように,自社の製品・サービスが顧客に対してどのような機能を果たしているかという点から事業を定義すれば,企業の成長は個別事業のライフサイクルに縛られない。鉄道や映画といった狭く定義された事業がそのライフサイクルに沿って成熟・衰退していったとしても,企業は当該機能を果たす別の手段を提供することによって,個別事業のライフサイクルの制約から自由になることができるのである。

　また,ほとんどすべての産業において,ある程度長期に考えれば,自社の製品・サービスと同じ機能を果たす代替財が現れる。代替財が魅力的であれば,自社の製品・サービスは代替財に取って代わられてしまう。しかし,顧客中心,顧客機能の点で事業を定義しておけば,潜在的な代替財に注意を払い,対抗手段を用意したり,その代替財を自ら手がけたりすることによって,気づかない

うちに代替財に需要を奪われてしまうといった過ちを犯しにくくなる。

このように定義される事業は，**ドメイン**と呼ばれることもある。ドメインを定義するときの典型的な問いは，「われわれは今どのような事業を行っており，今後どのような事業を行おうとしているのか」といったものである。この問いでは，現在の事業領域に加えて，事業展開の方向やポテンシャルに注意しながら，今後目指すべき領域や範囲が問われている。

ドメインについて議論している榊原も，先にあげたレビットの鉄道事業の例を取り上げている。そこでは，自社の事業は鉄道であると考えることがドメインを物理的に定義することであるのに対し，自社の事業は輸送業であると考えることはドメインを機能的に定義することであると述べている。物理的定義は範囲や領域が狭く，将来の方向性がはっきりしないのに対し，機能的定義は変化の方向性や発展の道筋を示唆する。また，物理的定義と機能的定義では，社会の変化に対する認識や代替財に対する備えが異なると論じている。

事業展開の方向

では，企業は，いかなる方向に事業を展開すべきなのだろうか。事業の広がりの方向を考えるときには，しばしば水平，垂直という2つの方向が議論される。たとえば，電機業界を例に考えてみよう。

電気機器の供給は，いくつかの業務から成り立っている。製品を構成するさまざまな部品を開発・生産する。それを組み立てて完成品を製造する。それを販売したり，販売後にメインテナンスを行ったりする。この業務の流れを川の流れに見立てて，部品の開発・生産を川上，販売やメインテナンスを川下と呼ぶ。川上から川下に向かって業務が続いていくので，一連の業務を垂直的な流れとしてとらえるのである。

垂直的な流れの中のどの段階の業務を行うかは，企業が選択すべき事項である。電気製品製造業であれば，ほとんどの場合，完成品を開発したり，組み立てたりする業務は社内で行われる。しかし，それ以外の業務は，社内で行われるとは限らない。他の部品メーカーが開発・生産した部品を購入したり，組み立てた完成品を小売店に卸して販売してもらったりする場合もある（製品開発のみを社内で行い，組立ては外部の企業に委託することも珍しくなくなっている）。

それに対して、日本の家電メーカーは、社内で部品を開発・生産したり、系列化した部品メーカーと密接な連携をとって部品を開発・生産してもらったりしている。取引のたびに異なる部品メーカーから廉価な部品を購入するケースもあるが、その割合は高くないし、中核的な部品であるほど内製するか系列部品メーカーから調達すると言われている。また、販売についても、系列販売店を組織し、そこを通じて消費者に販売している。家電量販店が興隆する前は、系列店を通じた販売の割合が高かった。

つまり、日本の家電メーカーは、一連の垂直的な業務のうち、かなり広い範囲を他社に任せず自ら手がけている。このような企業は、垂直統合型の事業をしていると言われる（ただし、系列部品メーカーも系列販売店も子会社ではないので、厳密な意味でそれらの業務を自社が行っている、つまり垂直統合しているとは言えない）。

また、別の方向への事業の広がりもある。そもそも広い意味で家電製品を供給していたパナソニックやソニーのような企業は、現在では通信機、事務機、産業用電気機械、半導体などさまざまな事業の広がりを見せている。あるいはそもそも通信機を手がけていた日本電気や富士通のような企業も、コンピュータ、ソフトウェア、ITサービスとさまざまな事業を営んでいる。このような事業の広がりは、異なる製品、産業への広がりであり、先に述べたような垂直的な方向での広がりではない。ゆえに、このような広がりを水平方向への広がりと言い表す。水平方向へ事業を拡大することを、**多角化**という。

水平方向への拡大は業種や製品の幅の拡張だけではない。対象とする地域的な広がりもある。対象とする市場が、関東なのか、東日本なのか、日本全国なのか、国境を越えて海外に活動を広げているのかといったことである。先の製品・業種の多角化に対し、地域的な多角化と呼ばれる。

したがって、事業展開の方向性は、垂直的段階、製品・業種、地域という3つの軸で表すことができる（図14-1参照）。垂直的段階の軸において複数の段階の業務を社内で手がけることを**垂直統合**と呼ぶ。これについては、unit ⑮で議論する。製品・業種の軸において事業の範囲を拡大することは、多角化と呼ばれる。これについては、unit ⑯で議論する。地域の軸において、事業の範囲が拡大することも地域的多角化であるが、とくに国境を越えて事業の範囲が

図 14-1　事業展開の方向性

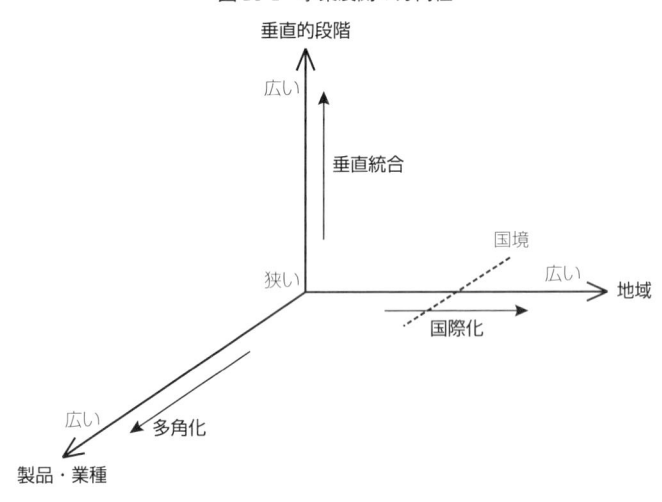

　　　　　垂直的段階
　　　　　　↑
　　　　　広い
　　　　　　｜
　　　　　垂直統合
　　　　　　｜
　　　　　　　　　　　　　国境
　　　　　狭い　　　　　　　　　　　広い
　　　　　　＋──────────→ 地域
　　　　　／　　　　　国際化
　　　広い
　　／　多角化
　↙
製品・業種

拡大することは国際化である。これについては，unit ⑲で議論する。

企業優位

　ある企業が，事業の多角化，垂直統合，地域的多角化といった事業範囲の拡大を行うと，企業全体もしくは各事業で，優位性が生まれることがある。この優位性は，**企業優位**（corporate advantage）と呼ばれる。これまでの unit の議論で登場してきた競争優位は，事業戦略レベルの概念であるのに対し，企業優位は企業戦略レベルの概念である。

　企業優位は，ある企業が複数の事業をまとめたり，組み合わせたりすることから生まれる優位性である。企業優位が生まれるメカニズム，あるいは企業が事業の範囲や組織の境界の線引きを決める要因としては，大別して 2 つのことが考えられる。

　企業が，既存事業を遂行するために必要な何らかの事業や業務を，自社では行わず他社に任せる場合，自社は他社と取引をしていると考えられる。この取引には費用がかかるので，当該事業・業務を自社で行うことによって，その**取引費用**を節約できることがある。つまり，企業は取引費用の節約を目指して事業範囲を拡大する。換言すれば，取引費用はどこまで事業範囲を拡大するかを

決める要因の1つなのである。

　もう1つの要因は**シナジー**である。企業は，既存事業を行う過程で社内に蓄積された資源を，他の事業に投入することで，事業を展開することがある。つまり，シナジーは，資源の有効活用を目指して事業範囲の拡大を促す要因なのである。

🔲 取引費用

　企業は，ある事業を遂行するために，さまざまな他の企業と取引をしている。他社から原材料を購入したり，製品を他社に卸して最終ユーザーへの販売やサービスをしてもらったりする。あるいは，製品の開発だけを行い，その生産を他社に委託することもある。このような他社との取引は，**市場取引**と考えられる。もちろん市場取引といっても，潜在的に不特定多数の匿名の買い手・売り手がいて，その中から適宜相手が特定されて取引が実現する場合とは異なる。ここで市場取引とは，モノやカネの社内の移動（**組織内取引**）と比較するときの呼び方である。

　取引は，取引対象を受け渡し，代金を支払えば，それ以外にとくに費用はかからないと考えられがちだが，実際にはさまざまな費用がかかる。市場を通じた取引には，①交渉によって条件つきの契約書を書く費用，②取引相手がちゃんと契約を履行しているかをモニタリングする費用，③契約を強制する費用，④契約の不履行にともなう費用といった費用がかかる。この各項目には，情報収集・処理にかかる費用，法的費用，非効率的な価格づけや生産活動にともなう費用などが含まれる。取引費用については，unit ⑮で詳しく検討されるが，以下で簡単に議論しておこう。

　取引費用の大きさは，さまざまな要因によって変化する。まず環境の不確実性があげられる。将来どのような事象が起こるかまったくわからなければ，条件つき契約を結ぶことができないが，多数の起こりうる事象が考えられ，取引される財の性格によって複雑な要因を考慮しなければならないときには，大変複雑な契約を結ばざるをえない。ゆえに，このような場合の取引費用は高くなる。もちろん人間の合理性に限界がなければ，どんなに不確実な環境であっても，それに対応した複雑な契約を結ぶことができるであろう。しかし，残念な

がら人間はそれほど合理的な存在ではない。

　また，取引主体の数も取引費用に影響する。人間には，自らの利益のために情報を歪曲するといった**機会主義的行動**をとる傾向があると言われている。ただし，取引主体が多数の場合，ある主体が機会主義的行動をとったとしても，すぐに取引相手を変更できるので，人間の機会主義的な傾向はさほど問題にはならない。しかし，ある取引に特殊な資産が必要なときには，事前には潜在的に多数の取引相手が存在しても，いったん**取引特殊的資産**に投資が行われれば，その投資をした人に取引相手が限定され，容易には変更できないので，事後的な取引相手は1人になってしまう。

　このような要因によって市場取引の費用が大きいときには，内部組織を通じた取引，すなわち自社で当該業務を行うことによって，費用を節約できる。なぜなら，内部組織を通じた取引では，事前に詳細な契約を結ばなくても，問題が生起するたびに逐次的に対応することが可能である。市場取引ではこのような逐次的対応は機会主義的行動を誘発するが，内部組織には市場よりも広範かつ精緻な誘因と統合の装置（権限関係，情報の共有，密接なコミュニケーションなど）があるので，機会主義的行動が起こりにくいからである。つまり，取引費用を節約するために，ほかに任せていた事業・業務を自社で行うのである。

シナジー

　企業優位が生まれるメカニズムであり，事業範囲の拡大を促すもう1つの要因は，シナジーである。アンゾフは，新規分野に進出して成功するのに必要な能力を提供してくれるのがシナジーであると考え，シナジーを体系的に議論した。シナジーとは，複数の事業を組み合わせたほうが，1つの事業だけを行うよりも強い優位性が得られる場合に生じる。しばしば，「2＋2が4ではなく5となる効果」というように語られる。

　アンゾフは，シナジーを次のような4つに分類した。

① 　販売シナジー——流通経路，販売管理組織，倉庫，広告，販売促進，名声を複数の事業の間で共通に利用するときに起こりうる効果。

② 　操業（生産）シナジー——施設と人員の高度な活用，間接費の分散，共通の学習，一括大量仕入れなどによって起こりうる効果。

③ 投資シナジー──工場，機械器具，研究開発を複数の事業の間で共通に利用できるときに起こりうる効果。
④ マネジメント・シナジー──経営者の能力やノウハウが複数の事業の戦略的・管理的問題に共通して適用できるときの効果。

この分類の例を見ると，複数の事業に投入できるモノ，ヒト，情報といった何らかの資源が共通していることがわかる。つまり，シナジーは，既存事業を行う過程で保有・蓄積された資源を，異なる事業に投入し，資源の有効活用を達成することによって生じるのである。

事業範囲を制限する要因

現代では多くの企業が垂直統合や多角化を行うが，すべてが成功するとは限らない。多角化をすると，かえって企業価値が毀損するという実証研究さえある。**多角化ディスカウント**と呼ばれる現象である。あるいは，バブル崩壊以降の日本企業に見られたように，事業の選択と集中，ダウンサイジングが行われる場合もある。これは，過度の多角化が収益性を低下させたので，事業範囲を縮小させることによって，収益性の回復を目指した動きと考えることができる。つまり，企業には，事業範囲を拡大する力だけでなく，制限する力も働いているのである。これについては，unit ⑰でさらに議論する。

事業範囲を制限する要因の1つ目は，多角化が進むほど，事業範囲を拡大する要因の1つであったシナジーが働かなくなるということである。事業間の関連性の希薄化と言ってもよいであろう。多角化し始めた当初は，既存事業と密接に関連したり隣接したりする事業で，既存事業で蓄積された資源が活用しやすく，シナジーが発現しやすい事業を新たに始めるであろう。しかし，多角化が進展するにつれて，既存事業と進出した新事業との間の関連性が弱まってくる。それではシナジーが得られないので，収益性が低下する。ゆえに企業は，そうなる前の水準に，事業の多角化を抑制しようとするのである。

事業範囲の拡大を制限する要因の2つ目は，組織の巨大化・複雑化にともなう意思決定速度の遅れ，非効率性の増大である。企業がさまざまな事業を手がけるようになると，その企業の組織は巨大となり，組織構造は複雑化する。もちろん，unit ⑱で検討されるように，企業は，多角化を進めるにしたがって

組織構造を適切に変え，効率性を維持しようとする。しかし，それにも限界があり，巨大で複雑な組織では，意思決定は遅くなり，業務の調整費用が増大する。結果として，効率性が落ち，経営成果が悪化する。ゆえに，この組織的要因が，多角化に歯止めをかける。

　3つ目に，資金的制約があげられる。新規事業を行うためには，資金が必要になる。新たに進出する事業は成長事業だろうし，そこでの自社のポジションはまだ固まっていないだろうから，市場の成長を背景にして自社の地位を確立するためには，多額の資金投入が必要となることが多いからである。既存事業が良好で資金的余裕があるうちはよいが，あまりに多くの新規事業に進出すると，新規事業に投入する資金が不足してしまう。したがって，既存事業における資金流入と，新規事業における資金流出とがバランスするように，新規事業の展開が制限されなければならない。これは，unit ⑱で議論される，**プロダクト・ポートフォリオ・マネジメント**に通じる考え方である。

　事業範囲を制限する最後の要因は，新たに入手しなければならない資源の増大である。シナジーを期待して新規事業に進出する場合，新規事業に投入できる何らかの資源が社内に蓄積されていると考えられる。さらに，その資源が新規事業を成功させるためのカギとなるような必須の資源であれば，新規事業で成功する可能性が高まるだろう。ただし，新規事業を遂行するためには，その資源以外にも多様な資源が投入されることが普通であろう。そのような資源がすべて社内に揃っているはずはないので，新規事業を始めるたびに，新たに調達しなければならない資源の種類は増えていくことになる。すると，新規に入手しなければならない資源の調達費用もかさむし，多様な資源を管理するための費用も増大する。したがって，この費用増を防ぐために，事業範囲の拡大が制約されるのである。

　以上で議論してきたように，企業には，取引費用の節約とシナジーの発揮という，事業範囲の拡大要因，換言すれば企業優位を生むメカニズムがある一方，事業範囲を制限する要因もいくつか働いている。この2つの正反対の力をバランスさせて，企業は事業の範囲を決定しているのである。

> コラム

事業立地，転地，戦略不全

　三品は，経営戦略の神髄は**事業立地**を定めることであると主張している。事業立地は，ドメイン，産業分類，ポジショニングなどと類似した概念であるが，どれとも同義ではない。事業立地とは，何を誰に売ることを主業とするかを示したものであり，同じ事業立地に分類されたすべての企業が直接競合するとみなすことができるように定義される。たとえば，日本ハムの創業時の事業立地は，「ハムを系列精肉店に直販すること」であり，2000年には「食肉を総合スーパーに直販すること」となる。

　三品は，日本企業1013社について，基本的に営業利益のデータを加工して，利益成長の持続力，利益成長の跳躍力，経営戦略のリスクを計算し，それをもとに戦略が機能していない（**戦略不全**）企業と機能している企業（対照群）とを特定した。それぞれについて事業立地を調べてみると，戦略不全企業が集中する立地（不毛立地）がいくつも見つかったという。紡機は戦略不全企業しか含まれない全滅状態の立地であり，綿紡績は1社を除いてすべて戦略不全企業である壊滅状態の立地である。それに対して，対照群の企業が集まる立地（肥沃立地）もいくつかある。対照群の企業だけからなる立地は即席麺だけであるが，処方薬や電気工事では，対照群の企業が集まっている。紡機や綿紡績メーカーと処方薬メーカーとの差に比べれば，処方薬メーカーの間には大差がない。ある事業立地において個別企業の経営が良い，悪いということを問題にするよりも，適切な事業立地を定めることが肝要であるという主張が導かれるのである。

　さらに，事業立地には寿命がある。ゆえに，企業が戦略不全に陥らないためには，事業立地を変える，すなわち転地に成功しなければならない。事業立地とはその企業の主業なので，転地は企業の主業が変わることを意味する。ゆえに，転地は，事業の範囲が広がる多角化とは異なる。多角化は，主業を変えずに，新規事業の種をまくというイメージのものも多く含まれるからである。

　戦略不全企業と判定された202社のうち4分の3は，結果として不毛な立地から動いていない。その多くは，転地を試みたけれどうまくいかなかったというよりも，何らかの理由で動くに動けない（呪縛）からである。それに対して，対照群の企業と判定された122社のうち，16社が転地を遂げている。その中には，カルタからテレビゲームに転地を遂げた任天堂や，カメラから事務機に転地を遂げたキヤノンなど，華々しい事例が含まれている。ただし，市販される目薬から医家向けの抗菌点眼剤に転地した参天製薬や，長尺の合板から階段板のような造作材に転地した住建産業のように，転地の距離が比較的短いものもある。

　しかし，転地を成功させるのは容易ではない。戦略不全企業202社のうち36社

> は転地をしているが，成功したとは言えない。三品は，転地の成否を経営者の属性に求めている。経営者の属性や能力は企業を成功に導くために重要であることは疑いないが，どのような転地を行うか，あるいはいかに事業を再定義するかという企業戦略の中身も，等しく重要であり，さらに深く検討する必要があるのではないだろうか。その出発点として，本 unit のような議論が参考になるのではないかと考える。

事業範囲の拡大・縮小のマネジメント

これまで，事業の定義が企業戦略の核心であり，事業展開にはどのような方向があるか，企業が事業の範囲を決める際に考慮する要因（企業優位が生まれるメカニズムと事業範囲を制限する要因）について議論してきた。事業範囲を定義したり変えたりする企業戦略において，もう1つ重要な事項は，事業範囲の変化をどのようにして行うか，事業範囲の拡大・縮小のマネジメントである。

事業範囲の拡大のマネジメント，すなわち新規事業を開始する方法は，多角化や国際化において**参入モード**の研究として議論されている。参入モードとしては，大別して，内部成長，M&A，提携があり，それぞれにメリット，デメリットがある。これについては，unit ⑳で詳しく議論される。

事業範囲の縮小のマネジメント，つまり**撤退**については，unit ㉑で扱われる。撤退にも，清算，売却，共同事業化などいくつかのモードがあり，それぞれのモードのメリット，デメリットがあることが，unit ㉑で議論される。

さらに，ある事業から撤退したり，新しい事業へ進出したりして事業構造が変わると，企業の事業ポートフォリオが変化し，企業の組織構造が変わり，資金の組合せを示すバランスシートが変わる。このように何らかの企業の構造をつくり替えることが，文字通り**企業リストラクチャリング**である。リストラというと，企業の構造の縮小とりわけ人員削減を意味するように使われることが多いが，それはリストラクチャリングの一面をとらえたに過ぎない。unit ㉒では，このリストラクチャリングについて，さまざまな面から議論する。

要　約

- [ ] 事業展開の方向性は，垂直的段階，製品・業種，地域という3つの軸で表すことができる。
- [ ] 企業が事業範囲を拡大すると，企業全体もしくは各事業で優位性が生まれることがある。これを企業優位と呼ぶ。企業優位の源泉としては，取引費用の節約とシナジーの発揮が考えられる。
- [ ] 事業範囲を制限する要因もあるので，企業優位を生む要因と事業範囲を制限する要因をバランスさせて，企業は事業の範囲を決定する。企業が事業範囲を拡大・縮小する際には，さまざまな方法がとられる。

確認問題

- [ ] *Check 1* 長期にわたって成長している企業を取り上げ，その企業の事業の範囲がどのように変化しているか調べなさい。その企業は，どのように事業を定義していると考えられるだろうか。
- [ ] *Check 2* 企業はどのような理由で事業の範囲を拡大したり，縮小したりするかを考えなさい。

unit 15 垂直統合

 unit ⑭で述べたように，企業戦略の核心は事業の定義である。この unit では事業を規定する軸の1つである，業務の垂直的段階について議論する。業務の垂直的段階とは，メーカーを例にとれば，部品・原材料の開発・生産，最終製品の組立て・製造，最終製品の販売，販売後のサービス，メインテナンスといった一連の業務の流れからなる段階である。

 これらの段階のどれを自社で行い，どれを他社に任せるかについて，企業は意思決定する。つまり，**業務の垂直的段階**という軸について，事業の定義を行うのである。このような垂直的段階についての意思決定は，業種（これは事業の定義を考える際の水平的軸であるが）が決まればおのずと定まると思われるかもしれないが，実際はそうではない。

 たとえば，自動車産業を考えてみよう。日米の自動車メーカーの国際競争力の違いを生んでいる原因はいくつかあるが，そのうちの1つに，それぞれの国の自動車メーカーの部品調達方法の違いが指摘される。アメリカでは，自動車メーカーが社内に部品の内製部門を抱え，そこから独自部品を調達する一方，汎用的な部品は外部の独立部品メーカーから調達することが多い。それに対して日本では，周知の通り主要な部品メーカーを系列化し，特定のメーカーと継続的に取引をしている。系列部品メーカーと密接な協力関係を築くことによって，日本の自動車メーカーは高品質で安価な部品を迅速に調達することができ，それが日本の自動車メーカーの国際競争力を支えている。すなわち，同じ（自動車製造業という）産業でありながら，部品の調達方法は国によって異なり，国際競争力の優劣を生み出している。垂直的段階についての事業の定義は，きわめて戦略的な意思決定なのである。

企業が垂直的な業務の流れの中の複数の段階を自社で手がけることは，**垂直統合**と呼ばれる。垂直的な業務の流れを，上流から下流に向かって流れる川の流れになぞらえて，ある段階を手がけていた企業が，それより上流の段階も自社で行うようになることを，川上統合，あるいは後方統合と呼ぶ。完成品の組立てを行っていた企業が，部品生産も社内で行うようになる場合が典型例である。それに対し，現在行っている段階よりも下流の段階を自社で手がけるようになることを，川下統合，あるいは前方統合と呼ぶ。完成品を製造していた企業が，その販売も自社で行うようになるといった場合である。

　垂直的方向の事業の定義という問題を考えるために，以下ではその典型的なケースを想定して議論しよう。それは，最終製品を生産している企業が，その製品の生産に必要な部品の生産という段階を，自ら行うか他社に任せるかというケースである。社内に部品の内製部門を有しそこで部品を作って調達するか，他の部品メーカーから部品を購入するかの選択なので，**メイク・オア・バイ**（make or buy）**の意思決定**とも呼ばれる。前者が**組織内取引**であり，後者が**市場取引**であるということもできる。以下では，前半でこの選択にどのような要因が影響を及ぼすかを検討する。

　さらに，部品の調達方法は，内製部門から調達するか，外部の独立企業から市場を通じた取引によって調達するかの二分法ではない。先にあげた日本の自動車産業における部品メーカーの系列化のように，2つの中間に位置するような形態も考えられる。そこで，後半では，部品を調達する他社とのさまざまな関係について議論する。

🔲 メイク・オア・バイの意思決定①――生産費用の比較

　完成品のメーカーが，部品を内製するか外部の部品メーカーから購入するかの選択は，どちらのほうが安く部品を調達できるかで決まると考えられる。そのとき考慮すべき費用は，部品の生産費用と取引費用である。外部企業から部品を調達する場合，その費用には，部品メーカーの生産費用に加えて，部品メーカーが乗せるマージンが入る。マージンの大きさは，部品メーカーの競争状況によって変わるだろう。それについては，後の取引費用の比較で若干触れることとし，以下ではまず，部品の内製部門と外部の部品メーカーとではどちら

のほうが部品を安く作れるか，いかなる要因が2つの組織の生産費用の差に影響を及ぼすかについて検討しよう。

ある部品を用いて最終製品を生産する企業Aが，その部品を他の独立の部品メーカーSから購入する場合を考えよう。Sは部品の専門メーカーなので，部品生産のノウハウや経験を豊富に蓄積しているはずである。その専門性，**経験効果**のために，部品メーカーSは，企業Aの部品内製部門よりも，高品質かつ低費用で部品を生産できると一般的には考えられる。

さらに，部品生産に**規模の経済**が働く場合には，当該部品が汎用的かどうかに応じて，部品メーカーSと部品内製部門との生産費用格差が変化すると考えられる。もしこの部品が，企業Aだけが用いる特殊なものではなく，企業A以外の企業でも使われる汎用性のある部品の場合，部品メーカーSはAだけでなく他の企業にも販売することができるので，その部品を大量に生産する。

それに対し，たとえ汎用的な部品であっても，企業Aの部品内製部門は社内需要を満たすだけである（議論を簡単にするために，企業Aの部品内製部門は他の企業Bにその部品を販売できないとする。その部品を需要する企業Bは，最終製品市場における企業Aの競争相手であろう。それゆえ，企業Aの部品内製部門は企業Bに販売しにくいし，企業Bはライバルから部品を購入しようとはしないであろう）。ゆえに，独立部品メーカーSに比べて部品内製部門の生産量は少ない。

もし部品の生産に規模の経済が働くとすれば，部品メーカーSのほうが企業Aの内製部門よりも大規模生産が可能なので，その生産費用は部品内製部門のそれよりも低い。ゆえに，企業Aは，内製するよりも部品メーカーSから調達したほうが，この部品を安く手に入れることができると考えられる。つまり，市場を通じて部品を調達することによって，規模の経済によるメリットを享受できるのである。

もちろん，部品メーカーSがどれだけ大規模生産できるかは，当該部品がどの程度汎用的か，企業A以外にどれくらい多くの企業に販売できるかによって決まる。汎用的な部品であるほど，大量生産が可能であり，独立部品メーカーSの生産費用は低くなる。それに対して，当該部品が特殊なものであれば，その部品の販売対象企業は限定されるので，独立部品メーカーの生産規模も限定され，内製部門に対する独立メーカーSのコスト優位は縮小する。も

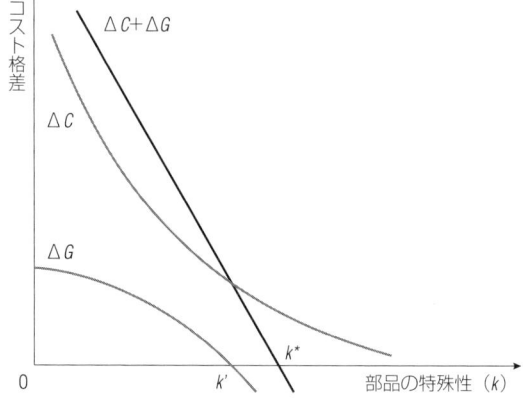

図15-1 内製と外部調達の生産費用・取引費用の比較

[図：縦軸「コスト格差」、横軸「部品の特殊性 (k)」。曲線 $\Delta C + \Delta G$、ΔC、ΔG が描かれ、横軸上に k'、k^* が示されている。]

出所：Williamson [1985] p. 93.

しその部品が企業Aしか使わないほど特殊なものであれば，独立メーカーSの生産規模は，企業Aの内製部門の生産規模と違わなくなり，規模の経済による独立メーカーSのコスト優位は消滅する。

規模の経済が働く場合，企業Aの内製部門と独立部品メーカーSとの生産費用格差（前者−後者）は，当該部品の特殊性に依存し，図15-1の ΔC のようになると考えられる。生産費用格差は，部品の特殊性が強まるほど縮小し，A社にしか使われない特殊な部品の場合は，生産費用の格差は存在しない。しかし，部品の特殊性が弱まる（汎用的になる）ほど，生産費用格差は大きくなる。つまり，独立部品メーカーは企業Aの内製部門と最悪同等，ほとんどすべての部品の特殊性の程度に対して，コスト優位にあると考えられるのである。

メイク・オア・バイの意思決定②——取引費用の比較

生産費用に着目すれば，ほとんどすべての場合に，外部の部品メーカーから調達したほうが安あがりであり，すべて外部企業から調達したほうがよいということになる。しかし，実際にはそうではない。メイク・オア・バイの意思決定において考慮すべき費用は生産費用だけではなく，取引にかかる費用も考慮に入れなければならないからである。

外部の部品メーカーから部品を調達する場合はもちろん，社内の内製部門か

ら部品を調達する場合も取引とみなすことができ、それぞれの取引には何らかの費用がかかると考えられる。前者には市場を通じた取引に要する費用、後者には組織内取引に要する費用がそれぞれかかる。

市場を通じてであろうが組織内であろうが、取引に要する費用とは、たとえば、双方の取引主体が納得するような取引条件をまとめる手間と時間、その契約が守られるかモニタリングする費用、守られなかったときに被る損害などである。部品取引の例に当てはめて考えれば、どのような部品をいつまでにいくらで納入するかを契約に盛り込むことはもちろんのこと、部品の品質、納入が遅れたりできなかったりしたときのペナルティ、さらにはどんな場合にはペナルティがどうなるかなど、事細かに条件を決めなければならないかもしれない。部品の生産費用削減、品質改善に最善を尽くすことが約束されても、本当に努力しているのかどうか監視しなければならないかもしれないし、そもそも監視してもわからないかもしれない。これらがすべて**取引費用**になるのである。

では、組織内取引と市場を通じた取引とでは、どちらの取引費用が大きいと考えられるだろうか。独立の部品メーカーSは、常に他の部品メーカーと競争している。改善努力を怠ったり、サボったりすれば、競争相手に取引先を奪われてしまう。したがって、企業Aへの部品納入で競争相手が多ければ、取引費用はそれほど大きくはならないはずである（マージンについても同様に考えられる）。それに対して、企業Aの内製部門には、生産物を社内の他部門が引き取ってくれるという安心感があるので、競争圧力が欠如しがちであり、怠けてしまうかもしれない。それゆえ、組織内取引に要する費用のほうが大きいと考えられる。

とくに、取引する部品がそれほど特殊なものでなければ、部品メーカーSにとっては多くの競争相手が存在すると考えられるであろう。特殊な部品でなければ、多くの部品メーカーがそれを生産するために必要な技術を有しているであろうし、その生産に必要な設備もそれほど特殊ではないと考えられるからである。ゆえに、部品の特殊性の程度が低いときには、市場を通じた取引費用はそれほど大きくない。

ところが部品の特殊性の程度が大きくなると、取引費用は大きく変わる。特殊な部品であれば、それを作ることができる部品メーカーが限られ、競争圧力

が弱くなる。その結果，独立部品メーカーも，サボったり改善努力を怠ったりして，市場を通じた取引に要する費用が組織内取引に要する費用に近づいていくと考えられるからである。

さらに，部品が特殊だと，取引特殊的資産が必要となり，市場を通じた取引に要する費用を増大させる。**取引特殊的資産**とは，ある取引を行うには必要だが，それ以外の取引には価値を持たない資産である。たとえば，ある製品を取引する際，その製品を生産するときにだけ使われるような特殊な機械設備が必要であるとしよう。この機械設備は取引特殊的資産の典型例である。部品の取引でいえば，完成品メーカーAしか需要しない部品を作るために必要な金型は，企業Aと取引するためには必要だが，ほかにはほとんど価値を持たないので，取引特殊的資産だと言える。

取引特殊的資産は，機械設備のような有形資産だけではない。取引される製品を開発するときにのみ必要な技術，ある取引をスムーズに行うために役に立つ取引相手についての情報といった無形資産も，取引特殊的資産と考えられる。このような技術や情報も，当該取引にとっては大事であるが，当該取引以外には何ら価値を持たないからである。

有形資産を得るための設備投資，無形資産を習得するための教育投資などを，**取引特殊的投資**と呼ぶ。いったん取引特殊的投資を行うと，その取引をやめたら投資が無駄になってしまうので，取引をやめられない。あるいは，取引相手に無理難題を吹っかけられても，取引をやめるよりはましだと考え，相手の要求を飲まざるをえなくなる。このように，資産の取引特殊性のために不利な条件を強いられることは，**ホールドアップ問題**と呼ばれる。

たとえば，工場の製品輸送に使われる鉄道路線があるとしよう。工場の周囲には何もないので，この鉄道路線は，この工場の製品を運ぶという用途以外にはほとんど価値がない。つまり，工場との取引に特殊な資産なのである。このような場合，工場主は，値下げに応じなければ製品輸送をトラックに切り替えるという威嚇を用いて，鉄道の所有者に対して格安の運賃を要求できる。威嚇通りに取引をやめられてしまったら，ほかに使い道のない鉄道にはほとんど価値がないので，鉄道の所有者はホールドアップの状態になり，値下げ要求を飲まざるをえないのである。

あるいは，ホールドアップ問題の可能性を事前に考慮して，望ましいレベルの投資がなされず，効率的な取引が行われなくなるかもしれない。つまり，鉄道の所有者は，後で法外な値下げを要求されることを恐れて，この路線への投資を行わないかもしれないのである。その結果，工場製品の輸送は非効率となり，鉄道があれば生み出されたであろう価値が低下してしまう。これが，ホールドアップ問題にともなう社会的費用である。

取引特殊的投資を行って取引をするときには，後でホールドアップ問題が起きないように事前にさまざまな場合を特定して契約に盛り込まなければならず，大変な手間がかかる。いったんホールドアップ問題が起きれば，取引特殊的投資をした主体は大きな損害を被る。逆に取引特殊的投資を行わなければ，上で述べたように最適な投資が行われないことからくる社会的費用がかかる。これらが，市場を通じた取引にかかる費用である。つまり，取引特殊的な投資が必要であるほど，あるいは必要な投資が取引特殊的であるほど，市場を通じた取引費用が大きくなるのである。

市場を通じた取引費用が大きいときには，内部組織を通じた取引を行うことによって，費用を節約できることがある。なぜなら，組織内取引では，事前に詳細な契約を結ばなくても，問題が生起するたびに逐次的に対応することが可能である。内部組織には市場よりも広範かつ精緻な誘因と統合の装置（権限関係，情報の共有，密接なコミュニケーションなど）があるので，ホールドアップ問題が起こりにくいからである。つまり，垂直統合によって，市場を通じた取引費用を節約することができるのである。このようにして取引費用を節約した実際例については，コラムを参照されたい。

ここまでの議論をまとめよう。企業Ａの内製部門と独立部品メーカーＳとの取引費用格差（前者－後者）は，生産費用の場合と同様に，当該部品の特殊性に依存し，図15-1のΔGのようになると考えられる。取引費用格差は，部品が汎用的である場合は，部品メーカーＳとの取引に要する費用のほうが内製部門との取引に要する費用よりも小さいので，取引費用の格差は正である。ところが，部品が特殊なものになり，取引特殊的資産が必要になると，部品メーカーＳとの取引にかかる費用は増大し，内製部門との取引に要する費用よりも大きくなってしまう。その結果，ある程度の特殊性（k'）以上の範囲に対

> **コラム**
>
> **GMとフィッシャー・ボディ**
>
> 　取引に特殊な資産が必要な場合，その資産に投資した後にはホールドアップ問題が起こる可能性が高い。それを恐れる取引主体は，取引特殊的資産に投資しようとしないため，取引主体双方が非効率な状態に陥ってしまう。この非効率な状態を変えるための1つの方法は，一方の取引主体が取引相手を買収し，組織内取引に変えることである。このような対処方法の最も有名な実例は，1926年に起こったGMによるフィッシャー・ボディ社の買収であろう。
>
> 　もともと自動車の車体は1台ずつ木で作られたオープン・ボディであったが，1910年代末までには鉄でできたクローズド・ボディに変わった。そのため，スタンピングのための特殊な機械が重要となった。そこでGMは，1919年に，フィッシャー・ボディ社とクローズド・ボディの供給に関する10年契約を結んだ。フィッシャー・ボディ社に特殊な投資をしてもらうために，この契約にはGMが実質的にすべてのクローズド・ボディをフィッシャー・ボディ社から買い取るという条件がついていた。この条件は，フィッシャー・ボディ社が投資した後，GMが値下げを要求するといった行動に出る可能性をかなり減らした。
>
> 　しかし，この条件は，逆にフィッシャー・ボディ社がGMに対して高価格で車体を売りつけるという行動に出る可能性を生む。そこで，この契約では，販売価格が固定されたり，フィッシャー・ボディ社が類似の車体をGM以外の自動車メーカーにGMより安く供給してはいけないといった条項が盛り込まれたりした。
>
> 　ところが，その後数年，GMとフィッシャー・ボディ社は劇的な需要の変化に直面したので，この複雑な契約は実際にはうまくいかなかった。自動車の需要は急増し，クローズド・ボディへの転換が急速に進んだ。GMは，契約に定められた車体の購入価格が高すぎると考えた。また，GMは，生産効率を上げるため，GMの組立て工場に隣接する場所に車体工場を作るようにフィッシャー・ボディ社に要請したが，断られた。そこで，GMは，1926年にフィッシャー・ボディ社を買収した。つまり車体生産を垂直統合することによって，問題を解決したのである。

して，取引費用格差が負になる部分が生じる。つまり，k'より特殊性の程度が低い部分では，独立部品メーカーは企業Aの内製部門よりも取引費用の点でコスト優位にあるのに対し，k'より特殊性の程度が高い部分では，企業Aの内製部門のほうが独立部品メーカーよりも取引費用の点でコスト優位にあると考えられるのである。

🔲 特殊性と取引形態

メイク・オア・バイの最終的選択は，生産費用と取引費用の合計を比較することによって行われる。図15-1の $\Delta C + \Delta G$ は，生産費用格差と取引費用格差の垂直方向の和であり，部品の特殊性 (k) のそれぞれの程度について，部品を内製する垂直統合の場合の生産費用と取引費用の合計から，市場を通じた外部調達の場合のそれを引いた差である。これは，部品の特殊性が k^* よりも小さければ正，大きければ負の値をとる。

したがって，生産費用と取引費用の両方を考慮に入れると，部品の特殊性が k^* よりも小さければ，市場を通じた取引のほうが垂直統合よりも低コストなので，外部調達が選好される。逆に，部品の特殊性が k^* よりも大きければ，垂直統合のほうが市場を通じた取引よりも低コストなので，内製が選好されるのである。

部品の特殊性と取引形態についての上記のような議論は，最近電機産業で起こっている現象を理解するのにも役に立つ。従来，電機メーカーは，社内で部品の開発・生産から製品の組立てを行っていた。自社製品を他社のそれと差別化するために，独自部品を用いることが多く，製品の開発過程から部品の内製部門との間で濃密な連携をとることが必要だったからである。つまり，以前は部品の開発・生産に必要な有形・無形の資産の特殊性が高かったので，外部の部品メーカーから調達するのではなく，部品を内製する必要があったのである。

ところが，ここ10〜20年の間に電子機器のモジュール化が進展して，事情が変わった。**モジュール化**とは，各製品機能と各部品とが1対1に対応し，部品間のインターフェースが標準化されることによって，システムの複雑性を削減しようとすることである。インターフェースが標準化されると，部品の開発・生産者とそれが組み込まれる製品の開発・生産者との間や，異なる部品の開発・生産者の間で密接に調整することなく，製品を組み立て，一定の品質を確保できるようになる。つまり，当該部品を開発・生産する際に必要な資産が取引特殊的である程度が低下するのである。

図15-1から，部品，あるいはその開発・生産に要する資産の特殊性 (k) が低下すると，それに対応する $\Delta C + \Delta G$ が正となり，市場取引が選好されるよ

うになる。つまり，生産費用の低下という市場調達の利点が大きくなる一方，取引費用という市場調達の欠点が小さくなり，内部組織よりも市場を通じた調達のほうが選ばれるようになると予想される。

この予想通り，実際ここ10年，20年の間で，台湾などの受託生産会社を活用したビジネス・モデルが広まった。モジュール化によってインターフェースが標準化されたために，どこからでも部品を調達して，製品を組み立てることができるようになった。市場から安い部品を調達し，それを組み合わせれば高品質の製品ができるので，製品の組立ても社内でやる必要がなくなったのである。

市場，組織，中間組織

前項では，メイク・オア・バイ，すなわち垂直統合と市場取引との間の選択について議論したが，実際の取引は，内製か外部調達かという二分法ではなく，その中間的形態によって行われることが少なくない。この中間組織を通じた取引の典型的な例としては，日本でしばしば観察される**系列取引**などの**継続的取引**があげられる。たとえば，系列取引の典型である自動車産業の部品メーカーと完成車メーカーとの関係を考えてみよう。

部品メーカーと完成車メーカーとの取引には，特殊性の低い資産しか必要としない取引もあれば，機械設備，金型，教育など，さまざまな取引特殊的な投資をしなければならないものもある。先に指摘したように，取引特殊的投資をともなう取引の場合，ホールドアップ問題が起こりやすい。それゆえ，市場取引に要する費用が大きいので，前述の議論にもとづけば，垂直統合が行われやすいと考えられる。これは，アメリカで観察される対応である。

ところが，日本の自動車産業の部品メーカーと完成車メーカーは，取引特殊的投資をともなう取引も行っている。完成車メーカーと部品メーカーはあくまで異なる企業なので，2者の間の取引は市場取引である。にもかかわらずホールドアップ問題があまり生じない。それは，もし完成車メーカーが，取引特殊的投資を行った部品メーカーに対して，取引中止をちらつかせて法外な要求をしたら，長期的には完成車メーカーにとって不都合なことが生じるからである。たしかに完成車メーカーは，部品メーカーに法外な要求をすることで，短期的

には大きな利益をあげることができるかもしれない。しかし，いったんそのようなことをすれば，当該部品メーカーとの関係が絶たれてしまうだけではなく，完成車メーカーについて悪い評判が流れ，他の系列部品メーカーとの関係も損なわれてしまうかもしれない。そうなれば，長年かけて築いてきた多くの部品メーカーとの緊密な協力関係を失ってしまう。それを恐れて，完成車メーカーは無理をしないと考えられるのである。

　部品メーカーは取引特殊的投資を行うことで**人質**（hostage）をとられているような状態になるが，完成車メーカーもすべての系列部品メーカーと良好な関係を継続するために必要な評判という人質をとられているようなものである。このように，部品メーカー，完成車メーカー双方が人質をとられ合っているために，法外な要求をしたり，ホールドアップ問題が起こったりすることが抑えられていると考えられるのである。

　また，日本の完成車メーカーは，特定の部品メーカーと継続的な取引を行っているとはいえ，1つの企業に完全に依存してしまうのではなく，複社発注と呼ばれる仕組みをとっている。これは，ある部品について，全量を1つの部品メーカーから調達するのではなく，必ず複数のメーカーから調達する，もしくは一部を内製するという仕組みである。たとえばダッシュボードであれば，ある車種のそれはA社から購入するが，他の車種のそれはB社から購入するのである。A社が何らかの事情で供給できなくなったときでも，複社発注のおかげで，比較的スムーズにB社にその供給を肩代わりしてもらうことができる。また，A社が努力を怠ったときには，A社の取引量を減らし，B社のそれを増やすことができる。こうして，最低限の競争メカニズムを確保しているのである。

　もちろん，限られた数の相手と継続的に取引を行うので，アメリカの完成車メーカーが汎用部品を調達するときのように，不特定多数の取引相手から最も条件のよい相手をその時々で選択して取引する場合に比べれば，取引相手の数は限定され，取引相手にかかる競争圧力は弱くならざるをえない。しかし，逆に特定の少数を相手にしているから，うまくできることもある。付合いの長い特定の相手なので，不満や改善提案を相手に伝え，取引の状態を改めさせることが容易である。これは，**発言**（voice）によって，相手を律するメカニズムで

あると考えられる。

　取引しているものが標準品であれば、相手が取引を停止したときに、価格に不満があるのだろうと推測がつく。しかし、標準品ではないものを取引する場合、取引が停止されても相手が何に不満なのかわからない。何がどのように不満なのかを具体的に伝えなければ、相手も改善のしようがない。このような場合には、通常の競争圧力よりも発言のほうが有効なのかもしれない。完成車メーカーは、この発言のメカニズムがうまく機能するように、情報センターの役割を果たし、部品メーカーと完成車メーカー、さらには異なる部品メーカーとの間の情報交換が頻繁に行われるようにしているのである。

　このように、継続的取引は、さまざま工夫を施すことによって、市場取引と垂直統合の両方の問題を抑制し、両者のメリットを享受することができる仕組みと考えられるのである。

要　約

- □　企業が、事業を規定する軸の１つである業務の垂直的段階について、事業範囲を拡大することを垂直統合という。垂直的段階についての事業範囲の決定の典型例は、部品を内製するか外部調達するかなので、メイク・オア・バイの意思決定とも呼ばれる。
- □　部品を内製するか外部調達するかは、どちらのほうが生産費用と取引費用の合計が低いかによって決まる。生産費用も取引費用も、部品の汎用性の程度や、部品生産・取引に必要な投資の取引特殊性の程度に規定される。
- □　垂直統合と市場取引の間にはその中間的な取引形態もある。典型例は、系列などの継続的取引である。系列では、相互に人質をとり合うことによって、ホールドアップ問題を抑制している。

確認問題

- □　*Check 1*　企業が、それまで自社で行っていたさまざまな業務を外部に委託する場合がある。外部に委託する業務、委託しない業務にはどのようなものがあるか。その違いを生む理由を考えなさい。

☐ ***Check 2*** 中間的な取引形態である系列のメリット，デメリットをまとめてみなさい。

unit 16 多角化

　unit ⑮に続き，このunitでも企業戦略の核心である事業の定義について議論する。unit ⑮では，業務の垂直的段階の軸に沿った事業の広がりの意思決定を解説したが，このunitでは，水平的軸，すなわち製品や業種の広がりを表す軸上の意思決定について議論する。

　1つの事業しか行っていない企業が専業企業と呼ばれるのに対し，ある事業を行っている企業が，新事業を展開し，複数の事業を手がけるようになることを事業の**多角化**といい，そのような企業を多角化企業と呼ぶ。事業の多角化は水平的軸に沿って定義される事業の幅が広がることであるが，逆に定義される事業が少なくなることもある。1990年代に多くの日本企業が行った**事業の選択と集中**は，まさにこの方向の変化に当たる。

　複数の異なる事業を行っていなくても，1つの事業の中で複数の製品を供給するようになる場合もある。これは，事業の多角化と区別して，製品の多様化と呼ぶ。ただし，製品と事業とをどのように区別するか，どの程度細かく事業を区分するかによって，製品の多様化を多角化と考えることもできる。国際化についても同様である。国際化は，行われる事業は1つだが，その事業を行う場所が地域的に広がる典型的な場合である。したがって，事業の「地域的な」多角化と考えることもできる。このように，さまざまなレベルで多角化を考えることができるが，以下では，何らかの程度で区分された事業を複数手がける場合を念頭に置いて議論し，地域的な多角化の典型である国際化については，unit ⑲で議論する。

　企業はゴーイング・コンサーンであり，1つの事業のライフサイクルを超えて，長期的に存続・成長することが目的であるとすれば，企業が事業を多角化

することは当たり前だと思われるかもしれない。しかし，多角化企業は，新たに進出した事業において，その事業を専業とする既存企業と競争しなければならない。実際，多角化企業がその競争に勝ち抜いて成長を遂げるのは，なかなか大変なことである。にもかかわらず，なぜ企業は事業を多角化するのであろうか。換言すれば，多角化することにどのようなメリットや合理性を想定しているのであろうか。また，想定された合理性がうまく働かず，多角化がなかなか成功しないのはなぜなのか。以下では，このような問題について検討する。

多角化の誘因

企業が，既存事業以外の新しい事業を始めるきっかけや理由には，いくつかのことが考えられる。大別して，企業の外部の環境が変化して企業に事業展開を促す場合と，社内に蓄積された資源を利用して企業が新事業を展開できるようになる場合とがある。前者を外的誘因，後者を内的誘因と呼び，以下で順に検討しよう。

① **外的誘因**　企業に事業の多角化を促す外的誘因の1つは，既存事業の成熟・衰退である。既存事業が成熟・衰退した企業は，新しい事業を始めなければ，さらなる成長が望めなくなる。ゆえに，企業は事業の多角化を行い，さらなる持続的成長を追求しようとする。いわば，外部環境の脅威が，**多角化の外的誘因**になるのである。

この誘因による多角化は，かつて成長していた既存事業が成熟してしまった企業に多く見られる。たとえば，合繊メーカーの旭化成や帝人は，レーヨンの需要の伸びが止まると，さらなる成長を求めてさまざまな化学製品，医薬品，その他の産業に進出していった。また新日本製鐵などの鉄鋼メーカーも，鉄の需要の伸びが望めなくなると，エンジニアリングや電子部品産業，情報システム産業などに多角化していった。

多角化の外的誘因は，既存事業の成熟・衰退といった，外部環境がもたらす脅威だけではない。環境変化によって，新しい成長産業が生まれる場合，企業はその産業に事業を展開し，さらなる成長を遂げようとする。つまり，外部環境が提示する機会も，多角化の外的誘因になるのである。

たとえば，今日の日本では，高齢化社会の到来，健康志向の高まりといった

外部環境の変化が生まれていると言われている。この機会をとらえて，高齢者を主たる対象顧客として製品やサービスを提供する，いわゆるシルバー事業を展開する企業は多い。また，消費者の健康志向に訴えて，健康によい食品，健康増進グッズを供給したり，アスレチック・ジムなど健康促進サービスを提供したりするような事業を始める企業も多い。これらの企業は，外部環境が示す機会をとらえて，事業の多角化をしているのである。

② **内的誘因——シナジー** 上で見た脅威や機会は企業に多角化を促す外的誘因であるが，多角化には内的誘因も存在する。企業の中には，既存事業を遂行する過程で，さまざまな資源が獲得・蓄積されるが，その中には新しい事業に投入することができるものもある。したがって，社内の資源をフルに活用したいと考える企業は，社内に蓄積された資源をもとに新規事業を開始し，事業を多角化しようとするのである。

ある新規事業を遂行するにあたって，必要な資源を新たに調達しなければならないのであれば，企業に**多角化の内的誘因**は働かない。必要な資源がすでに社内に存在する場合に限り，それが多角化の内的誘因になる。また，社内にすでに存在する資源であっても，それを新規事業に投入すると既存事業の遂行に支障をきたすのであれば，企業は多角化（既存事業と新規事業を同時遂行）しないであろう。多角化の内的誘因となるのは，新規事業に投入されても既存事業の遂行に支障をきたさないような資源が社内に存在する場合に限られるのである。

このような資源が存在するとき，2つの事業の間で**シナジー**が働くとしばしば言われる。シナジーは，2＋2＝5という数式で表現されることが多いが，この数式は2つの事業を同時に遂行することによって，それぞれ別々に行うよりも有効に行うことができたり，より低費用で行うことができたりすることを意味している。経済学では，**範囲の経済**と呼ばれる。

シナジーの源泉には，いくつかの種類が考えられる。1つは，**結合生産**あるいは**副産物**である。既存事業を遂行すると，既存事業では使われないものが生み出されることがある。たとえば羊毛業者は，毛を刈るために羊を飼うが，同時に羊肉も得る。これが結合生産の古典的な例であり，羊肉は副産物で，それを利用して羊毛業以外の事業を手がけることができる。

もう少し最近の例では，鉄鋼メーカーによる炭素繊維事業への多角化をあげることができる。鉄鋼メーカーは，既存事業である製鉄事業において，コークスを作る過程で，コールタールという副産物を生み出す。このコールタールは既存の製鉄事業では使い道がないが，それから炭素繊維の原料であるピッチを作ることができる。そこで，鉄鋼メーカーは，副産物のコールタール（から作られるピッチ）を利用して，炭素繊維を生産するようになったのである。

　2つ目のシナジーの源泉は，複数の事業に同時に投入できる資源の存在である。結合生産あるいは副産物がシナジーの源泉である場合では，新規事業に投入される資源は既存事業には投入されない。それに対し，ある資源が複数の事業間で同時に投入できる場合がある。そのような性質を有する資源が生まれるのは，1つには，資源の**不分割性**と呼ばれる性質による。1つの事業を遂行するときには，常に必要最小限の資源だけが保有されるとは限らない。資源によっては細かな単位に分割することができないので，既存事業を行うのに必要な量を超えて保有しなければならない場合がある。

　たとえば生産や検査に使われる機器などが考えられる。ある製品を効率的に生産するには大型の機械が必要であるとしよう。その機械の生産能力は，現在の製品に対する需要を上回っているが，その機械を使わないよりは，フル稼働でなくてもその機械を用いたほうが効率的に生産できる場合もあるだろう。この場合企業は，既存事業のみを行っている限り，余剰能力を抱えながらその機械を保有することになる。ゆえに，その余剰能力を活かすことができる他の事業があれば，その事業に進出しようとするのである。

　たとえば，自転車部品で大きなグローバル・シェアを獲得しているシマノは，釣り具も生産している。シマノは，1960年代，自転車部品を製造するために冷間鍛造技術を開発し，大型機械を導入した。その機械の生産能力は，自転車部品製造に必要な能力を上回っていたので，その余剰能力を有効活用するために，釣り具に進出したのである。

　また，ある事業のためにどうしてもある種の検査が不可欠で，そのために特殊な検査機器が必要である場合，その機器の能力が自社の検査の量を上回っていても，その機器を持たざるをえない。この場合も，検査機器の余剰能力を活かすことができる事業があれば，企業は多角化する誘因を持つ。総務や人事と

いった本社機能も，同様に考えることができる。これらの機能を担う組織は，異なる事業の間で類似する業務を行う。それゆえ，ある事業を行う上で必要となる業務をこなすためには一定の人数が必要であるが，新たな事業を始めても追加的な人員が必要ない場合がある。その場合，これらの機能のために保有された資源は不分割性を示し，多角化の内的誘因となるのである。

企業は，さまざまな資源を投入してある事業を行う。各資源の最適な処理能力はそれぞれ異なるであろう。したがって，業務量をある資源の能力に合わせたとしても，他の資源の能力に合っているとは限らない。企業には，余剰能力を持った何らかの資源があることが普通であり，ゆえに常に多角化の内的誘因を持っていると言えるのである。

複数の事業に同時投入可能な資源が生まれるもう1つの原因として，企業が抱える資源のあるものは**情報財**であるということが指摘できる。ある事業を行う過程で，企業は技術，ノウハウ，ブランドといった無形資源を蓄積する。これらの資源は，他の事業にも活用できる場合がある。しかも，他の事業に投入されたからといって，既存事業に投入できなくなるわけではない。つまり，これらの資源は，**同時利用可能**という特徴を有した情報財であり，それゆえ多角化の内的誘因となる。

たとえば，ある（事業の）製品で確立されたブランドを，異なる（事業の）製品につけることがある。そうしても，元の製品にそのブランドをつけることができなくなるわけではない。ある事業で高い評価を得たブランドを他の事業でも使うと，新規事業において独自ブランドを確立するための努力をしなくても，既存事業で確立されたよいイメージをともないながら，その製品を消費者に認知させることができる。これは製品レベルの多様化ではよくとられる手法であり，**アンブレラ・ブランディング**と呼ばれる。コカ・コーラが，「コーク」というブランドを，「ダイエット・コーク」「チェリー・コーク」などさまざまな製品につけているが，これはアンブレラ・ブランディングの典型例である。

以上で見てきたように，副産物や複数の事業に同時投入可能な資源が既存事業以外にも使える場合，それらの資源は多角化の内的誘因となりうる。ただし，これらの資源が既存事業以外に投入できるからといって，その企業が必ず多角化をするわけではない。企業が多角化に踏み出すためには，それらの資源を他

者に移転するのが容易ではなく，自分で使ったほうがよいという条件がなければならない。

　たとえば炭素繊維の原料のピッチのように，他の事業の原料が，既存事業の副産物として生み出される場合，それを自分で投入して新しい事業を始めなくても，その事業を行っている，あるいは行おうとしている他社に販売することもできる。あるいは余剰能力を持った何らかの機器を有している場合，その余剰能力を使って新規事業を展開しなくても，その機器を他社に時間貸ししたり，機器を共同所有・共同使用したりすることができるかもしれない。コンピュータの時間貸し，社用ジェット機の共同所有などがこの例に当たるであろう。これらの例は，原料の販売事業，機器の時間貸し事業を始めたと考えることもできるが，資源を他社に販売して，自社では多角化を行わなかったと考えるほうが素直であろう。

　つまり，ある種の資源が多角化の内的誘因になるためには，その資源が他者に販売できないという条件がなければならない。上であげた資源のうち，情報財あるいは無形資源と呼ばれるようなものは，この条件を満たしやすい。なぜなら情報財には**取引の不可逆性**という性質があるため，市場取引になじみにくいからである。取引をするためには，取引される財を買い手に見せて評価してもらったり，その価値を買い手に伝えたりする必要がある。ところが情報は，事前にそれを見せたり，価値を教えたりしたら，買い手はそれを記憶することができる。ゆえに，その後に取引をやめると言われても，買い手からその情報を取り戻し，元の無知の状態に戻すことができないのである。

　したがって，他の事業に使える資源が情報財である場合，それは他者に販売しにくいので，自分で使わざるをえない。すなわち，そのような資源は多角化の内的誘因になりやすいのである。

内的・外的誘因の組合せの妙

　これまで，企業がなぜ多角化をするのかを考え，その外的誘因と内的誘因とを議論した。それぞれが企業に多角化を促す要因であるが，外的誘因だけで行われた多角化は，成功しない確率が高い。外部に成長機会が見つかったとしても，その事業を成功させるために必要な資源，能力を当該企業が有している保

証がないからである。とくに，既存事業の成熟・衰退といった外部環境の脅威が引き金になる場合は，その企業の業績が芳しくなく，新規事業に十分な財務資源を割くことができない可能性が高い。それゆえ，その多角化は失敗する確率が高いのである。

　他方，内的誘因だけで行われた多角化も，うまくいかないかもしれない。内的誘因によって促された多角化の場合，新規事業に投入できる資源があるので，上で指摘した外的誘因のみによる多角化についての懸念は大きくない。しかし，自社が有する資源を投入できる事業だとしても，それが進出するに足る事業である保証はない。それほど高い成長が期待できないかもしれない。手強い既存企業がいて，あるいは激しい競争が展開されていて，進出しても低収益に甘んじなければならなかったり，存続が危ぶまれたりするかもしれない。さらに，豊富な財務的資源を背景に新規事業が展開される場合，組織には危機感が欠如していて，多角化を是が非でも成功させなければならないという迫力に欠ける。それゆえ，内的誘因だけに促された多角化も，成功しないかもしれない。

　したがって，多角化を成功させるためには，外的誘因と内的誘因とをうまく組み合わせて，新規事業や事業のポートフォリオを決定することが重要である。自社の抱える資源を精査して，既存事業以外に投入できる資源を明確にすると同時に，外部環境を分析して，魅力的な事業機会やすぐにでも備えなければならない脅威を割り出す。そして，自社の資源と事業機会（脅威）の組合せを見つけなければならない。unit ④で議論した SWOT と同様に，多角化の意思決定でも，内的誘因と外的誘因，とりわけ資源と機会の適合が肝要なのである。

　多角化において資源と機会の適合が重要であることは，BIC 社の多角化戦略を振り返るとよくわかる。使い捨てボールペンのメーカーであった BIC 社は，使い捨てライター，使い捨てカミソリと多角化（製品の多様化）を進め，消費財の主要メーカーへと成長した。BIC 社が使い捨てボールペン事業で培った，プラスチック射出成型に関する専門知識，マス・マーケティングのノウハウ，ブランドといった資源は，すべて使い捨てライター，使い捨てカミソリという新規事業における成功要因であった。ところが，その後に進出したパンティ・ストッキング事業には，プラスチック製造における知識は関係ない。また，BIC 社のブランドは，低価格・高品質と関連づけられてはいるが流行に

敏感というイメージとはかけ離れているため、パンティ・ストッキング事業では役に立たなかった。逆に、パンティ・ストッキング業界で成功するための経営資源をBIC社は有していなかった。つまり、機会と資源が適合していなかったのである。かつて多角化に成功したことのある企業でも、組合せを誤れば、多角化に失敗してしまうのである。

🔲 多角化企業が陥りがちな間違い

前項では、多角化を成功させるためには、外部環境に存在する事業機会と企業内部の資源とを巧みに組み合わせることが必要であると指摘した。そんなことは当たり前だと思われるかもしれないが、BIC社のように、資源と機会が不適合であるがゆえに多角化に失敗してしまう例は非常に多い。なぜ企業は多角化に失敗してしまうのか。企業が犯しやすい間違いを考えてみよう。

企業が多角化をするときに犯しやすい間違いの1つは、自社が有する資源の新規事業における有効性を過大評価することから生まれる。企業が有する資源の中には、新規事業に投入できる資源があるだろうが、だからといって進出した事業でその企業が成功するとは限らない。まず、社内の新規事業に投入できる資源が、新規事業におけるカギとなる成功要因（KFS）とは限らない。もしKFSでなければ、投入できる資源があって新規事業を展開できても、成功はおぼつかないであろう。

また、仮に企業が有する資源が新規事業のKFSだとしても、新規事業におけるライバルの有する資源よりも優れていなければ、競争優位は得られない。競争優位が得られなければ、新規事業を始めることはできても、多角化の成功は期待できないであろう。

さらに、ある事業をうまく遂行するためには、KFSである資源以外に、多様な異なる資源が必要であることが多い。それらは、**補完的資産**と呼ばれることもある。したがって、新規事業に投入できる資源があるからといって、ほかに必要な資源を入手することを怠れば、新規事業での成功は望めないのである。

以上で述べてきたように、しばしば企業は、新規事業の成功に必要不可欠な、あるいは十分な資源を有しているかどうかをよく吟味せずに、投入できる資源を持っているからというだけで新規事業に進出することがよくある。そうなっ

てしまうのは，1つには，既存事業と新規事業との間で明らかに共通の資源があるために，その資源以外にKFSがあるか，ほかに必要な資源があるか，ライバルより優っているかということを精査するのを忘れてしまいがちになるからであろう。

たとえば，ある製品を産業用に販売していた企業が，その製品を家庭用に販売しようとする場合，扱う製品が同じであれば，産業用と家庭用という2つの事業の間には，製品という明らかな共通性があることになる。ところが，2つの事業は，たしかに製品は同じかもしれないが，研究開発が大事か流通・サービスが大事かという点や，ユーザーに高く評価されるのが技術的先進性か，使いやすさや価格かといった点では大きく異なる。ゆえに，製品が共通だからといって安易に事業展開をすると痛い目に会う。共通性が明らかであるがゆえに，投入できる資源を持ってさえいれば，新規事業において競争優位を獲得でき，多角化に成功すると安易に考えがちなのである。

企業が多角化をするときに犯しやすいもう1つの間違いは，自社が有する資源を新規事業に移転することの可能性を過大評価することから生まれる。企業は，既存事業と新規事業の間に共通の資源があれば，それは両事業に投入でき，シナジーが生まれると簡単に考え過ぎる。

たとえば既存事業で培われた技術が使えるような新規事業を始めたとしよう。技術は情報資源なので同時利用可能だとはいえ，実際に技術を新規事業に投入するためには，その技術を身につけた技術者が新規事業に移ったり，既存事業と新規事業との間で情報交換や人的交流が起きたりしなければならない。しかし，このようなことは，特別な組織的仕掛けを用意しないと，なかなか実現しないことがある。実現しなければ，たとえ共通資源があったとしてもシナジーは働かず，多角化は成功しないのである。

要　約

- □ 企業が，事業を規定する軸の1つである水平的軸，すなわち製品や業種の広がりを表す軸について，事業範囲を拡大することを多角化という。
- □ 企業に多角化を促す要因には，外的誘因，内的誘因がある。外的誘因とは，

> コラム

不二越のシナジー発現のための取組み

富山県に生産拠点を集約している，不二越という工具・機械メーカーがある。同社は，1928年，工業用ハクソー（弓ノコ）のメーカーとして創業した。その後，ブローチと呼ばれる切削工具，材料である特殊鋼を手がけ，さらに工作機械，ベアリング，油圧機器，ロボットなどへ業容を拡大してきた。この事業の多角化は，既存事業で蓄積されていった，材料技術，研削技術，メカ技術，油圧制御技術，熱処理技術といったさまざまな技術を活用することによって実現していった。

不二越は新規事業展開を行ってはいたが，しばしば経営につまずき，競争力を十分に発揮しているとは言えなかった。それは，各事業間での連携がうまく行われず，シナジーが働かないからであると考えられた。換言すれば，技術自体は社内にあるのだが，事業間での移転が十分ではなかったのである。

その原因は何かをさらに考えていくと，事業本部制の問題に突き当たった。不二越では1962年に事業本部制が導入された。8つの事業本部は，開発から生産，販売まで一貫して担当していた。当初はそれなりにうまくいっていたが，次第に事業本部間の壁が高くなり，人事交流や情報交流がまったく行われないといった問題が生まれてきた。

そこで，1998年，事業本部制を廃止し，全社を機能別に開発本部，営業戦略本部，製造事業部門の3つに再編した。さらに，1人の事業部長が複数事業を兼任したり，部品製造事業部長が営業戦略本部長を兼任したりした。これによって，組織間の壁を壊し，無理やり人や情報の交流を促したのである。その結果，異なる事業の担当者間で対話が始まり，品質の改善，開発期間の短縮といった成果があがった。

たしかに技術は，同時に複数の事業に投入可能である。しかし，技術があるだけで，それが複数の事業で有効に使われ，シナジーが生まれるとは限らない。技術が移転するには，人が交流し，情報が行き交わなければならない。それが簡単ではないことを，不二越の事例は雄弁に物語っている。

既存事業の成熟・衰退，新しい成長機会の出現である。内的誘因とは，副産物の利用，資源の不分割性，情報財の同時利用可能性から生まれるシナジーである。

☐ 内的・外的誘因があっても，それらをうまく組み合わせないと多角化には成功しない。また，企業が多角化をするときには，社内の資源や進出先事業での成功要因の精査を怠ったり，新規事業への保有資源の移転を安易に考えたりす

るといった間違いを犯しやすい。

確認問題

- [ ] **Check 1** 企業が，新たな成長機会を実現するのに必要な資源を保有しているとしよう。にもかかわらず，その企業は多角化を行わない場合がある。それはなぜかを考えなさい。
- [ ] **Check 2** 展開した新規事業がうまくいっていない企業を取り上げ，なぜうまくいかないかを検討しなさい。

unit 17

多角化のダイナミクス

　多くの企業が事業の**多角化**を行うが，そのタイプやプロセスは企業によって異なる。展開している事業の数は，企業によってさまざまである。同じ数の事業を営んでいても，各事業の規模の分布，つまり売上げ構成比率は企業によって異なる。さらに，どのような事業を展開してきたか，つまり事業展開の方向や，いかなる順番で事業を展開するかも異なりうる。

　unit ⑯では，企業が事業の多角化を行う内的・外的誘因について議論した。外的誘因の1つに既存事業の成熟・衰退があげられていたが，このことは，既存事業が何であるかによって企業の多角化のタイプやプロセスが異なることを示唆する。一方，多角化の内的誘因として，企業が保有する資源の有効利用を追求して事業を多角化することもあると指摘した。企業によって保有する資源が異なるので，多角化のタイプやプロセスが企業によって異なるのは当然であろう。

　ただし，既存事業が同じであっても，ゆえに保有する資源が類似していても，企業の多角化のタイプやプロセスが異なることがある。外部環境が提示するいくつかの脅威，機会のいずれに注目するか，それらをどのように解釈するか，保有する資源とどのように組み合わせようと考えるかは，経営者にかかっているからである。つまり，経営者がどのような意思決定をするかがその企業の多角化のパターンを最終的には決めるのである。

　さらに，事業を行うことによって資源が獲得・蓄積されるので，新事業を展開すれば，その遂行の過程で新たな資源が加わり，それをもとにさらなる事業が展開されることがある。とすれば，どのような順番で事業を展開し，資源を獲得していくか，つまり経営者が描く成長戦略によって，多角化のダイナミッ

クなプロセスが変わってくる。以下では，**多角化のタイプ**，多角化のダイナミックなプロセスについて議論する。

多角化のタイプ

　多角化とは，複数の事業を手がけることだが，いかなる多角化企業にも，本業あるいは中心的な事業があるはずである。したがって，本業に集中している程度，本業とそれ以外の事業との関連に応じて，多角化をいくつかのタイプに分類することができる。

　まず，複数の事業を行ってはいるが，ほとんどすべての売上げを1つの事業，つまり本業があげているような場合，その多角化は専業型と呼ばれる。次に，手がけている複数の事業のうち，ある事業が他の事業の原材料を生産している，あるいはある事業の生産物を投入して他の事業が製品を作っているよう場合がある。このように，1つの垂直的な業務の流れの中に位置づけられる複数の事業の比率が高い多角化を垂直型という。つまり，unit ⑮で議論した垂直統合を行っている企業である。さらに，本業の比率が，専業型ほどは高くないがかなりの比率を占める場合を本業型という。

　本業と言えるほど大きな売上高比率を占める事業はないが，多くの事業が，たとえば市場面や技術面など何らかの関連を有している場合，関連型という。それに対して，関連のある事業の売上高比率を合計してもそれほど多くない場合，その多角化は非関連型と考えられる。

　このタイプ分けは，もちろん異なる企業がどの多角化のタイプに当てはまるかを判定するときに用いることができるが，垂直型，関連型，非関連型というパターン分けは，1つの企業が複数の事業を次々に展開している場合，各々の事業がどの型で展開されたのかを考える際にも使うことができる。たとえば，ガラス事業をはじめとして，さまざまな事業を手がけている旭硝子を例に考えてみよう。

　旭硝子は，1907年にガラス製造企業として創業した。第一次世界大戦で板ガラス製造に必要な原材料や設備が入手しにくくなったため，旭硝子は1910年代に原料であるソーダ灰や生産設備に用いられる耐火煉瓦を内製するようになった。当時は板ガラス事業が売上げのほとんどを占めていただろうから，旭

硝子の多角化のパターンは専業型に分類されるであろう。ただし，ソーダ灰や耐火煉瓦への事業展開は，垂直型の事業展開と考えることができる。

その後，ソーダ灰の生産から多様な化学品を生産する化学事業が生み出され，耐火煉瓦の生産がセラミックス事業となった。その事業で生み出される化学品やセラミックス製品はガラス生産に投入されるものだけではないので，これらの事業展開は関連型の事業展開と言えるであろう。ただし第二次世界大戦前後から，旭硝子は自動車に使われる安全ガラス，テレビのブラウン管に使われるガラスなど，多様なガラスを生産して成長していった。化学事業やセラミックス事業が成長したとはいえ，当時の旭硝子ではガラス事業がかなりの売上高比率（たとえば70％以上）を占めていたので，旭硝子の多角化のタイプは本業型であったと言える。ところが，1970年代ごろになると，化学事業やセラミックス事業がさらに成長し，ガラス事業の売上高比率が（たとえば60％台に）低下する。こうなると，旭硝子の多角化のタイプは関連型に変わったと言えるであろう。

また，旭硝子は，1960年代後半に，ICの輸入販売を始め，エレクトロニクス関連事業を始めた。その後，ガラス・ディレーライン，液晶ディスプレー，薄膜ハードディスクといったエレクトロニクス製品を次々と手がけていった。ガラス・ディレーラインや液晶ディスプレーは多少ガラスにかかわるものであるが，それ以外はガラスとの関連はほとんど認められない。したがって，これらは非関連型の事業展開であると言える。ただし，エレクトロニクス事業の多くは子会社・関連会社で行われたので，旭硝子本体の多角化タイプは非関連型ではなく関連型のままであったと考えられる。

以上のような事業展開を見ると，旭硝子はガラス関連のさまざまな製品を多様化していることがわかる。また，ソーダ灰や耐火煉瓦は，ガラス生産に必要な投入物なので，密接にガラスに関連している。それに対して，ソーダ灰の生産から始まった化学事業は，後に苛性ソーダ，塩ビモノマーといったアルカリ事業，あるいはウレタン事業やフッ素化学事業へと発展している。ガラスに密接に関連している事業は，本業を核にいろいろな方向に展開された事業であるのに対し，ソーダ灰生産から派生した化学事業は，展開された新事業からさらに生まれた，本業とは直接的には関連しない事業である。つまり，事業展開の

図17-1 多角化の方向

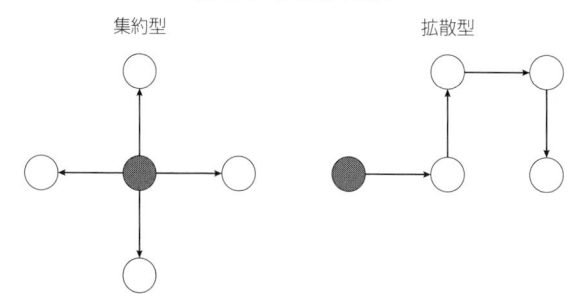

集約型　　　　　　　　拡散型

方向がそれぞれ異なるのである。前者は集約型あるいは抑制的,後者は拡散型もしくは連鎖的と呼ばれる(図17-1参照)。

　unit⑯で議論したように,企業が既存事業を遂行する過程で蓄積した資源を有効活用することが多角化の内的誘因の1つである。したがって,集約型の事業展開は,本業で培われた資源が多くの新事業で有効活用されていると考えられる。利用可能な機会が豊富な資源を保有している企業は,この方向に事業展開することができるのであろう。それに対して,ある分野に新事業展開すれば,その事業の遂行過程で新たな資源が蓄積される。その新事業で蓄積された資源をもとにすれば,さらに異なる新しい分野に事業展開することができる。こうして,事業展開と資源蓄積を繰り返している企業は,拡散型の事業展開をすることができると考えられるのである。

　先にあげた5つの多角化のタイプに事業展開の方向を加味すると,専業型,垂直型,本業・集約型,本業・拡散型,関連・集約型,関連・拡散型,非関連型の7つの多角化のタイプを考えることができる。表17-1には,日米企業の多角化のタイプの分布が示されている。アメリカでも1973年までの日本でも,専業型の割合が減少し,関連・拡散型の割合が増大していることが見て取れる。したがって,この期間,日米両国の企業は多角化を推進してきたと言える。ただし,1990年のデータでは,日本企業の多角化タイプで大きく増えているのは関連・集約型であり,大きく減っているのは垂直型と本業・拡散型である。関連・集約型の増大,本業・拡散型の減少は,日本企業が本業と関連性の薄い事業への多角化を抑制し,本業と関連性の強い事業への多角化を進めていったことを示唆している。

表 17-1 日米企業の多角化タイプ

(単位：％)

	多角化タイプ	1949 年	1959 年	1969 年		
アメリカ	専業型	34.5	16.2	6.2		
	垂直型	15.7	14.8	15.6		
	本業・集約型	18.0	16.0	7.1		
	本業・拡散型	1.8	6.4	6.5		
	関連・集約型	18.8	29.1	21.6		
	関連・拡散型	7.9	10.9	23.6		
	非関連型	3.4	6.5	19.4		
	合　計	100.1	99.9	100.0		
	多角化タイプ	1958 年	1963 年	1968 年	1973 年	1990 年
日本	専業型	26.3	24.6	19.5	16.9	17.1
	垂直型	13.2	15.3	18.6	18.6	9.3
	本業・集約型	14.9	11.0	10.2	11.0	10.1
	本業・拡散型	6.1	5.9	8.5	6.8	3.9
	関連・集約型	14.9	19.5	14.4	14.4	28.7
	関連・拡散型	15.8	16.1	22.0	25.4	25.6
	非関連型	8.8	7.6	6.8	6.8	5.4
	合　計	100.0	100.0	100.0	99.9	100.1

注：日本のデータは，1973年以前と1990年とではサンプルが異なる。
出所：アメリカについては Rumelt [1974]，日本については，1973年までが吉原ほか [1981]，1990年が上野 [1997] を若干修正した。

多角化の程度と経営成果

　企業は，内的・外的誘因を組み合わせて事業を多角化するが，多角化が進むにつれて企業の業績が高まるとは限らない。むしろ，多角化の程度が進むにつれて企業の業績が低下すると理論的には考えられるし，実証的にも多角化の程度と企業業績の間に負の関係を見出している研究が多い。

　外部環境が提示する機会に自社が保有する資源を活用できる場合，企業がその事業に進出すれば業績は向上すると考えられる。しかし，多角化の程度が進むにつれて，魅力的な機会は少なくなっていく。自社が保有する資源を活用できる事業機会が減ってくるからである。換言すれば，多角化の程度が進むにつれて，進出事業と自社の強みとの関連性が弱まってくるのである。先に議論した多角化のタイプで言えば，専業型，本業型，関連型，非関連型と多角化のタイプが変わるにつれて，企業の業績が低下していくと考えられる。

図17-2 多角化と業績の関係

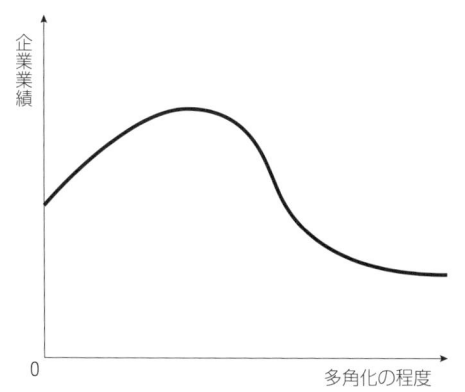

　また，多角化の方向と企業の業績についても，一定の関係があると考えられる。企業が集約型の事業展開をしている場合，その企業は本業で培った何らかの強みを多くの事業に活用できていることを意味する。それゆえ，進出した新規事業の遂行過程においても，本業と共通する資源を蓄積・強化しやすい。つまり，集約型の事業展開を通じて，共通に活用されている強みがさらに強化されやすいのである。それに対して，企業が拡散型の事業展開を行っている場合，最初の事業展開は本業で蓄積された資源を活用するかもしれないが，2番目以降に進出した事業は，本業で蓄積された資源ではなく，新規に進出した事業で獲得された資源を活用することになる。したがって，集約型のように，複数の事業からなる企業全体で強みを強化するというわけではない。ゆえに，集約型よりも拡散型のほうが，企業業績は低くなると予想されるのである。

　以上のような議論から，多角化の程度と企業業績との関係は，図17-2に示されているように，逆U字型になると予想される。多角化を始めた当初は，本業に近く自社の強みを活用できる事業に進出するため企業業績は高まるが，さらに多角化が進むと，進出事業と本業の関連性が薄れ，本来の強みを生かせなかったり，さらに強化することができなくなったりし，企業業績が低下していくと考えられるのである。

　実際，アメリカ企業をサンプルにした研究でも，日本企業をサンプルにした研究でも，多角化の程度と企業業績との間に負の関係を見出したものが多い。

コラム

バブル崩壊後の選択と集中

日本では，バブルがはじけた 1990 年代半ばから 2000 年代にかけて，事業の選択と集中が行われた。この間の日本企業の 1 社当たりの事業数および多角化度の推移を見ると，図 17-3 のようになる。多角化度とは，以下のように定義される指標で，多角化タイプを用いて表せば，専業型ほど小さく，非関連型ほど大きくなる値である。

$$企業の多角化度 = 1 - \sum \left(\frac{ある企業が売上げを計上する各品目の売上高}{ある企業の売上高総額} \right)^2$$

図を見ると，事業数が 1998 年に，多角化度が 2000 年に，それぞれ急激に減少していることがわかる。つまり，このころ企業は多角化の程度を減少させ，事業の選択と集中をしていったのである。

当時の日本企業は，いわゆる「失われた 10 年」の真っ只中であり，収益性の回復が差し迫った経営課題であった。そのために，低収益の事業からの撤退，本業への回帰といった事業の選択と集中を行ったのである。つまり，当時の日本企業は，図 17-2 に示されている曲線の右下がりの範囲に位置しており，その曲線上を左上方に動いたことが事業の選択と集中であったと解釈できるのである。

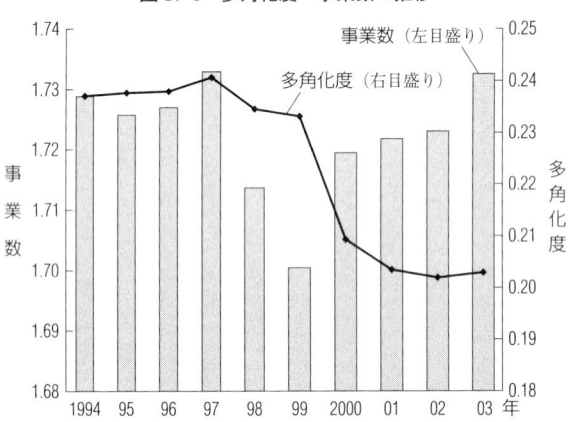

図 17-3 多角化度・事業数の推移

出所：「企業活動基本調査パネルデータを活用した我が国企業活動の多角化行動とパフォーマンスに関する調査研究」経済産業省経済産業政策局調査統計部企業統計室，2006 年。

表17-2 日米企業の多角化タイプと業績

多角化タイプ	アメリカ企業	日本企業①	日本企業②
専業型	0.29	0.57	10.35
垂直型	−2.28	−2.24	2.92
本業・集約型	2.19	4.28	7.45
本業・拡散型	−1.83	−0.88	3.05
関連・集約型	1.45	2.67	4.69
関連・拡散型	−0.09	−1.14	5.30
非関連型	−1.12	−2.26	2.93

注:アメリカ企業と日本企業①は投下資本収益率,日本企業②は売上高経常利益率。
出所:アメリカ企業については Rumelt [1974],日本企業①については吉原ほか [1981],日本企業②については上野 [1997] を若干修正した。

 その1つの例として,日米両国の多角化のタイプと企業業績との関係の分析結果が,表17-2 にまとめられている。それによると,アメリカ企業,日本企業①とも,本業・集約型,関連・集約型の多角化を行っている企業の業績が最も高く,本業・拡散型,関連・拡散型,非関連型の企業の業績は低い。もちろん,個々の企業を考えれば,次の unit ⑱で議論されるように,いかに多角化した事業を管理するか,多角化事業のマネジメントの巧拙が業績に大きく関係するので,多角化の程度と企業業績の関係はそれほど明らかではない。ただし,多角化を進めるほど企業の業績が高まるとは,理論的にも実証的にも言えないのである。

ダイナミックな学習プロセスとしての多角化

 先に議論したように,多角化の方向には集約型と拡散型がある。このうち拡散型の企業は,ある事業に進出すると,次には進出した新事業に関連した別の新事業を展開し,それを繰り返すことによって本業とは関連のない複数の分野で事業を営むようになる。ある事業を遂行するとその過程で資源が蓄積され,その資源をもとに別の事業を展開する。つまり,事業展開と資源蓄積を繰り返しているのである。
 unit ⑯で議論したように,通常企業が多角化を行う理由の1つは,既存事業とは異なる分野の事業に企業が保有する資源や強みを活用できることである。

ゆえに、新規に進出する事業に活用される資源を、進出前に企業が保有していることが想定されている。ただし、事業展開と資源蓄積を繰り返す拡散型の事業展開を考えると、企業は必要な資源をすべて有していなくても、事業遂行過程で保有していなかった資源を新たに獲得し、その新事業を成功させることができると考えられる。

さらには、ある事業に進出し、実際にその事業を遂行する過程で資源を獲得・蓄積するほうが、資源蓄積あるいは学習の効率がよいと言われることもある。たとえば、獲得する資源が技術である場合を例に考えてみよう。ある事業を成功させるためにある技術が必要であったとしよう。その技術は、事業を始める前に、研究開発活動で蓄積することもできるし、事業を始め、競争にさらされながら事業を遂行する過程で身につけることもできるかもしれない。前者の研究開発活動は純粋に技術獲得を目的とした活動であるが、後者の事業遂行過程における学習のほうが、技術獲得の効率が高いと言われることがある。後者のほうが、市場で競争にさらされる。しかも当該技術を持っていないがゆえに、企業は市場競争で劣勢に立たされる。それゆえ、その競争圧力を受けて、より真剣に、多大な努力を投入して、技術を獲得しようとする。その結果、事業遂行過程における学習のほうが、技術獲得の効率が高いと考えられるのである。

このことから、保有する資源を活用するために事業展開するのではなく、資源を効率よく獲得するために新事業を展開するという考え方が生まれる。新事業の成功に必要な資源を進出当時には保有していない状態で事業展開をするのであるから、無理のある事業展開である。しかし、多少無理があるほうが、学習という面では有効なのである。このような事業展開は、**オーバーエクステンション**あるいは**飛び石アプローチ**と呼ばれる。

たとえば、事業の成功というよりも資源の獲得という面でうまくいった事例としてしばしば取り上げられるものに、キヤノンの例がある。キヤノンは、周知の通りカメラ・メーカーとして発足したが、その後電卓、複写機、プリンター、コンピュータなどの事務機や、半導体用露光装置などの光学機器を手がける多角化企業として成長していった。カメラ・メーカーであるキヤノンには、そもそも機械工学技術の蓄積はあったが、事務機の多くの製品に必要なエレク

トロニクス技術は，当初のキヤノンにはなかった。また，カメラと事務機とでは，販売チャネル，マーケティング方法，製品開発のペースも大きく異なる。ところがキヤノンは，このようなカメラ事業では得られない資源を事前に蓄積してから，事務機を手がけ始めたのではない。キヤノンは，事業的には失敗であったシンクロリーダー事業を遂行する過程で技術者を獲得し，シャープやカシオとの競争に勝てなかった電卓事業を行うことによって，販売チャネルやスピーディな製品開発ノウハウといった資源を手に入れたと言われているのである。つまり，キヤノンにとって，これらの事業は，オーバーエクステンションだったのである。

もちろん，当初シンクロリーダーや電卓も，事業としての成功を追求していたであろう。事業的に失敗しても資源さえ獲得できればよいと考えられていたわけではないだろう。ただし，この例は，将来の事業展開を考慮し，それに必要な資源蓄積を目的として現在事業を展開するというダイナミックな事業展開プロセスが可能かもしれないことを示唆する。つまり，現時点での複数の事業間の関連性ではなく，現在と将来の事業との関連性を想定した事業展開である。ある時点での複数の事業間の関連性をシナジーというのに対し，現在と将来の事業との関連性は**ダイナミック・シナジー**と呼ばれることがある。ダイナミック・シナジーを考慮に入れること，つまり現在から将来までに展開される複数の事業の間に関連性が生まれるように，長期的な成長戦略，事業展開を描くことができれば，多角化は企業の長期的な成功をもたらすであろう。

要　約

- 企業が行う多角化は，各事業の売上げ比率，本業との関連性などの点で，いくつかのタイプに分かれる。
- 企業が多くの事業を展開しようとするほど，自社が保有する強みを活用できる事業機会が減少したり，本業との関連が弱い事業へ進出するようになったりする。そのため，多角化が進み過ぎると企業業績が低下することもある。
- 事業の遂行過程で資源が効率的に獲得・蓄積されることを考慮すると，必要な資源が欠けていてもあえて新事業に進出したり，将来の事業に必要な資源の獲得を目的として，現在ある事業に進出したりするといったダイナミックな事

業展開が考えられる。

確認問題

- [ ] **Check 1**　専業型，垂直型，本業型，関連型，非関連型の各タイプにあてはまる多角化企業を探してみよう。
- [ ] **Check 2**　多角化しているいくつかの企業の事業展開プロセスを調べ，どのような意図で事業展開が行われたか，集約型か拡散型か，事業展開によって学習が行われたか否かを調べてみよう。

unit 18

多角化のマネジメント

　多角化について議論した unit ⑯ では，複数の事業を営む多角化企業が，1つの事業を専門に営む企業に対して，いくつかの優位性を有していることを指摘した。しかし，unit ⑰ では，必ずしも多角化の程度が進むほど企業の業績が高まるわけではないことを指摘した。このことは，多様な事業をいかに管理するかが重要であることを示唆する。

　多角化した企業は，複数の事業の間でいかに資源配分をするか，どのような優先順位をつけるか，それぞれにどのような課題・役割を与えるかといった問題を考えなければならない。また，企業全体の業績向上に資するように各事業が経営されるような制度を設計しなければならない。これらは，事業の定義と同様に，個別事業レベルではなく全社レベルで決定しなければならない問題であり，企業戦略の中核的な意思決定問題である。

　各事業がそれぞれの市場で競争に勝ち抜くことができれば，企業全体の業績も向上するであろう。ただし，そもそも多角化は，1つの企業が複数の事業を行うことにメリットがあるがゆえに行われるのであるから，それぞれの事業が勝手に経営を行うのではなく，1つの企業としてのまとまりを保つことも重要である。企業としてのまとまりを保つには，技術やブランドといった経営資源を中心にする方法，組織の形態や人員の配置による方法など，いくつかの方法が考えられる。どのような方法がとられるか，それがうまくいくかどうかは，異なる事業の間で，共通の経営資源があるか，業務のつながりがあるか，つまり関連性がどの程度あるかに関係するであろう。この unit では，以上で述べた多角化のマネジメントにかかわるいくつかの問題について議論する。

組織形態の変遷

単一事業の企業であれば,開発,調達,生産,販売といった職能ごとに部署が分かれた**職能別組織**がとられることが多い。トップ・マネジメントが各職能を担う部署から報告を受け,業務が滞りなく進むように指示を下すのに適しているからである。多角化企業でも,各事業の間で業務の関連性が高ければ,この組織形態がとられるかもしれない。共通の技術にもとづいて異なる事業の製品が開発される場合,各事業の開発業務が1つの部署にまとめられているほうが,効率的に技術が蓄積,利用されるであろう。異なる事業の製品が同じような工程で1つの工場において生産されるのであれば,1つの部署が全事業の生産の責任を負うかもしれない。同一のチャネルを通じて異なる事業の製品が販売される場合,営業部隊は共通で,それを統括する部署は1つでよいであろう。

したがって,専業型,垂直型,関連型の多角化タイプの企業は,職能別組織をとるかもしれない。このような場合,複数の事業は,職能を軸にまとまる。異なる事業を担っていても,職能ごとに1つの部署にまとまっているので,組織的に,あるいは人の面で,企業としてのまとまりが保たれやすいのである。

しかし,各事業の間で関連性がほとんどない多角化企業,典型的には非関連型の多角化を行っている企業の場合,職能別組織による管理にはいくつかの問題がある。まず,異なる事業の間に業務の関連性がないのであれば,上記のように職能ごとにまとまるメリットがない。たとえば技術開発では,各事業で用いられる技術が異なれば,それぞれの技術が別々に開発されるであろう。ゆえに,1つの部署でまとまっているからといって開発が効率的にはならない。また,業務の関連性のない事業を職能ごとにまとめると,調整がかえって煩雑になる。たとえば,どの事業の製品を先に生産するか,どの事業の顧客に対して優先的に営業をかけるかといった調整を常に行わなければならなくなる。さらに,トップ・マネジメントは,各職能部門から上がってくる情報を判断して指示を出さなければならない。1つの事業についてならばそれも可能だろうが,多角化企業の場合には異なるすべての事業についてそれをすることになる。トップ・マネジメントがすべての事業を熟知し,判断するのは難しい。

これらの問題を回避するために,非関連型の多角化企業の場合,**事業部制組織**という形態がとられることが多い。各事業部に多くの職能を配し,事業部を

自己完結的な組織にする。本社は各事業にあまり介入せず，各事業の業績を見て，資源配分や事業部長の評価を行うという形態である。各事業を共通の客観的尺度で評価すれば，各事業の経営責任者はその尺度で高い評価を勝ちとるために競争するようになる。また，最も高い成果をあげた事業に多くの資源が投入されれば，効率的な資源配分も達成されることになる。ゆえに，企業全体の経営成果の向上に資するように各事業が業績を向上させるようになるのである。

　このような考え方にもとづいて，1970年代以前のアメリカの多角化企業では，事業部の業績評価や予算配分の決定において，投資収益率が共通の尺度として使われることが多かった。たとえば，投資収益率に応じて，各事業責任者が評価されたり，新規投資計画の是非が判断されたりした。あるいは，一定水準の投資収益率を満たすことができない事業からは撤退することが決められる場合もあった。それぞれの事業について具体的知識が乏しいトップ・マネジメントも，投資収益率にもとづけば，各事業を評価することができるという利点もあった。

　しかし，このような管理方法は，各事業の業績がその事業の経営責任者の能力や努力水準に応じて決まる場合には適しているが，各事業の環境の不確実性が高い場合には問題が生じる。良好な環境に直面している事業の経営責任者は，その手腕がそれほど優れていなくても高い評価を得てしまうのに対し，環境が悪いために，どんなに優秀で努力していても評価されない事業経営責任者が出てしまうのである。

　また，この方法では，それぞれの事業が異なる状況にあることが考慮されない。まだ市場が育っていない事業では，今，投資をしておけば将来的に高い投資収益率が期待されるとしても，現在の投資収益率が低いために投資が行われない。逆に，市場が成熟し，その中で強固な市場地位を固めている事業では，投資収益率が高いので，現時点で必要性が高くないにもかかわらず，投資が行われてしまうこともある。つまり，事業環境の異質性が考慮されず，本来であればそれぞれの状況に合った尺度で評価されるべき異なる事業に，同じ課題・役割が課せられてしまうという問題が生まれてしまうのである。

◆ コラム ◆

多様な事業部制

本文の議論から，多角化の程度が低いと職能別組織が採用され，多角化の程度が高まるにつれて事業部制が採用されるようになるという傾向が予想される。少しデータは古いが，組織形態と多角化度の関係をまとめたものが，表18-1である。数値は，各組織形態を採用している日本企業の多角化度（unit ⑰のコラムで説明したように，各事業の売上高構成比の2乗和を1から引いた値）の平均値である。

これを見ると，各年において，事業部制組織を採用している企業の多角化度は，職能別組織を採用している企業のそれよりも高いことがわかる。このことは，多角化が進むにつれて，企業が職能別組織から事業部制組織へ組織形態を変えることを示唆している。

ただし，一口に事業部制と言っても，その内容はさまざまである。表18-2には，1980年のアメリカ企業227社，日本企業291社の組織形態について調べた結果が示されている。それによると，事業部制を採用している比率はアメリカ企業のほうが高いが，日米企業の違いはそれだけではない。人事，会計・コントロールといった職能は，アメリカ企業では事業部が保有することが多いが，日本企業では本社が管理することが多い。また，日米企業とも生産，販売，マーケティング，開発，購買といった職能は事業部が保有し，財務，基礎研究といった職能は本社が保有する場合が多いが，研究，開発を除けば，各職能が事業部によって保有される比率はアメリカ企業のほうが日本企業より高い。つまり，事業部の自己完結性が，日本企業よりアメリカ企業のほうが高いのである。

この日米の違いは，次の3つのことに起因しているかもしれない。1つは，アメ

表 18-1 組織形態と多角化度

	1963年	1968年	1973年
職能別組織	0.266	0.233	0.248
一部事業部制	0.387	0.415	0.410
事業部制	0.576	0.571	0.567
総 計	0.375	0.384	0.405

出所：吉原ほか［1981］207頁を修正。

表 18-2 事業部制の日米比較

(単位：％)

	アメリカ	日本
事業部制採用率	94.4	59.8
事業部の職能保有率		
生 産	96.7	85.5
販 売	94.8	91.3
マーケティング計画	89.6	82.6
人 事	84.4	35.5
会計・コントロール	82.0	40.1
財 務	38.4	12.2
基礎研究	19.9	28.5
応用開発と研究	62.1	75.6
購 買	77.3	52.4

出所：加護野ほか［1983］37頁を修正。

リカ企業のほうが日本企業より関連性の薄い分野に多角化しているということである。2つ目は，アメリカ企業は日本企業よりM&Aによる多角化が多いということである。3つ目は，日本企業のほうがアメリカ企業より，人事について全社的な資源配分を目指しているということである。

異質な課題・役割による管理——プロダクト・ポートフォリオ・マネジメント

各事業に共通の客観的尺度による評価に対して，各事業が異なる状況にあることを考慮し，それぞれに異なる課題・役割を課す多角化のマネジメント手法がある。複数の異なる事業を組み合わせることによって，企業として長期的に安定した成長を達成しようという考え方で，**プロダクト・ポートフォリオ・マネジメント**（product portfolio management，以下**PPM**）と呼ばれる。PPMは，1960年代末にアメリカのコンサルタント会社であるボストン・コンサルティング・グループ（以下BCG）によって生み出され，その後いくつかの改良が加えられ，現在でも多角化した企業の事業構成や事業間の資源配分を考える際に用いられている手法である。

PPMにはいろいろなバージョンがあるが，基本的には，縦軸，横軸からなる2次元マトリックス上に各事業を位置づけ，その位置に応じて各事業に異なる課題・役割を課す。縦軸に業界の魅力度，横軸に企業の競争ポジションがとられるのが一般的である。BCGが開発したバージョンでは，業界の魅力度の典型的指標として市場成長率だけがとられたが，その後，市場規模，参入障壁といった複数の指標についてスコアを出し，各指標をウェイトづけして業界の魅力度の総スコアを算出する方法がとられるようになった。また，BCGのバージョンでは，競争ポジションの典型的な指標として相対的市場シェアがとられたが，やはりその後は，コスト競争力，相対的な品質といった複数の指標についてスコアをつけ，ウェイトづけされた競争ポジションの総スコアが計算されるようになった。

縦軸にとられる業界の魅力度は，事業の投資機会の有無や大きさを表すと考えられる。たとえば市場成長率について考えてみよう。産業の魅力度が高い，つまり市場成長率が高いときには，ライフサイクル理論が示唆するように，市場が未開拓で，技術面の不確実性も高い。ゆえに，下位の企業でも，市場開拓

や販売促進のやり方次第では，あるいは技術革新に成功すれば，市場地位を逆転することが十分可能である。トップ企業も，その地位を守るために，多額の投資が必要となる。つまり，市場成長率の高さは，有望な投資機会が多いことを示しているのである。

それに対して，市場成長率が低ければ，投資しても大きなリターンは期待できない。また，市場の成熟化によって成長率が鈍化しているのであれば，低成長率は新規需要の枯渇，技術の安定を意味し，下位企業は新規需要の開拓やイノベーションによってシェアを逆転することが難しい。それゆえ，トップ企業も対抗的な投資をそれほど必要としなくなる。

したがって，市場成長率，あるいは業界の魅力度が高ければ，有望な投資機会が多く，市場成長率に代表される業界の魅力度が低ければ，投資機会が少ないと考えられる。つまり，業界の魅力度とは，資金需要の代理変数なのである。

それに対して競争ポジションは，その事業が獲得する資金の大きさを規定すると考えられる。コスト競争力でも，相対的な品質でも，それが高ければライバルよりもコストが低かったり，価格を高く設定したりすることができる。ゆえに競争ポジションの高い企業は，価格とコストの差を大きくすることができ，大量の資金を獲得することができるのである。

必要とされる資金の大きさを表す業界の魅力度と，獲得される資金の大きさを表す競争ポジションという2つの軸からなるマトリックス上に各事業を位置づけると，それぞれの事業の資金バランスが求められる。業界の魅力度が低く競争ポジションが高い事業は，資金の獲得額は大きいが資金の必要額は小さい。業界の魅力度も競争ポジションも高い事業は，資金の獲得額も必要額も大きい。業界の魅力度は高いが競争ポジションは低い事業は，資金需要は大きいが資金があまり得られない。業界の魅力度も競争ポジションも低い事業は，資金の獲得額も必要額も小さい。

このように，各事業の資金バランスが明らかになると，資金的に余裕のある事業から資金の足りない事業へ資金を回すことによって，効率的な資金の配分を達成することができる。そのような資金配分が実現できるように，企業は状況の異なる事業をバランスよく持つことが必要である。バランスのとれた事業を持ち，効率的な資金配分を行うことによって，企業は安定した長期成長を達

図18-1 プロダクト・ポートフォリオ・マネジメント

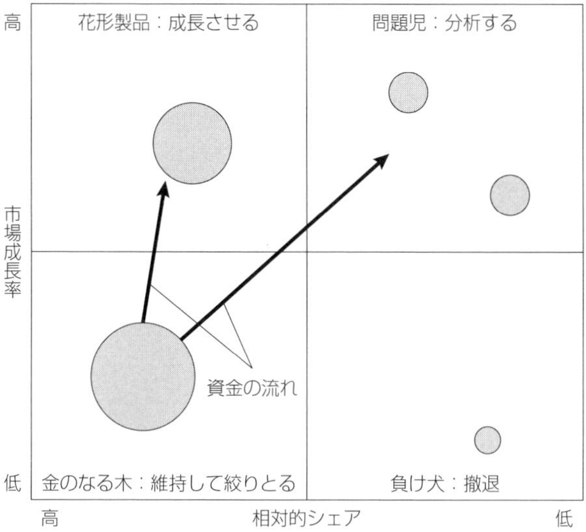

（図：縦軸「市場成長率」高—低、横軸「相対的シェア」高—低の2×2マトリックス。左上「花形製品：成長させる」、右上「問題児：分析する」、左下「金のなる木：維持して絞りとる」、右下「負け犬：撤退」。矢印は「資金の流れ」を示す。）

成できるのである。

　BCGが開発したバージョンのPPMが，図18-1に示されている。図には，2×2の4つのセルからなるマトリックスの中に，各事業を表す円が描かれている。4つのセルには，「金のなる木」「花形製品」「問題児」「負け犬」といった面白い名称がつけられている。各事業の円の面積比は当該事業の売上高構成比と等しくなるように描かれている。

　資金の流れとともに，4つのセルの名称の横には，それぞれ異なる課題・役割が記されている。「金のなる木」に属する事業には，現状を維持するだけで再投資をせずに資金を絞りとることが課題・役割として課される。「花形製品」に属する事業には，市場地位を維持するように成長させるという課題・役割が与えられる。「負け犬」に属する事業には，撤退の検討が提案される。「問題児」に属する事業には，当該事業が有望か否かを分析するという課題・役割が課される。今後「花形製品」になりそうな事業には積極的に投資をし，「負け犬」になりそうな事業は縮小していく。このように，各事業に，それぞれの状況に応じて異なる課題・役割を課すことによって，多角化事業を管理しようというのが，PPMの発想である。

PPMの注意点

上で説明したPPMを用いるときには、いくつかの注意が必要である。1つは、各事業の位置を決める際の注意点である。先に述べたように、PPMが最初に開発されたときは、縦軸が市場成長率、横軸が相対的シェアというそれぞれ単一指標であったが、その後複数の指標を総合して業界の魅力度や競争ポジションが決められるようになった。たしかに投資機会の有無や投資収益率の高さは市場成長率だけでは測れないし、相対的シェアだけが企業の競争優位を決定するわけではないので、複数の指標のスコアを求め、総合的に判断するほうが望ましい。

ただし、この方法には注意が必要である。総合スコアを計算するための指標として何を使うかを考えなければならない。また、総合的な魅力度を計算する際に、各指標のスコアのウェイトづけをどうするか考えなければならない。これは、企業がどのような産業でいかに競争しようとしているかといった企業ごと、事業ごとの競争戦略に応じて異なるかもしれない。企業の戦略次第で変わるのであれば、企業あるいは分析者の都合のよいような指標の選択、ウェイトづけが行われてしまう危険性がある。分析者が望むポートフォリオが先にあり、そのように描かれるように指標選びやウェイトづけが行われてしまうといったことが起きないように、注意すべきなのである。

もう1つの注意点は、PPMに描かれる事業の単位である。PPMを開発したBCGは、PPMに描く円の単位を、**戦略的事業単位**（strategic business unit、以下SBU）にすべきだと主張している。SBUとは、独自に戦略を構想できるような単位であり、重要な関連があるような事業は一緒にまとめられなければならない。

もし関連性の強い事業を1つのSBUにまとめずに、そのままPPMを描くと、次のような問題が生じる。たとえば、関連性のある事業AとBをSBUにまとめずにPPMに描いて、以下のような状況になったとしよう。両事業には共通の原材料があるので、当該企業がこの共通の原材料を調達する際には、AとBの2つの事業で需要される量を合算して購入する。ゆえに、調達量が大きくなり、安く調達することができる。ここで、事業Aは「負け犬」に、事業Bは「金のなる木」に属しているとしよう。事業Aに課せられる課題は

撤退の検討だが，事業Aが縮小・撤退すると，共通に用いられていた原材料の調達量が事業Bの需要分だけになり，以前のように安く調達することができなくなってしまう。すると，残った事業Bは，高い原材料を使用しなくてはならないので，コストが上昇し，競争力が低下してしまう。つまり，「負け犬」に属する事業からの撤退は，それと関連性のある事業の競争力に大きな影響及ぼすのである。したがって，関連性のある事業は，1つのSBUにまとめてPPMを描かなければならないのである。

ただし，SBUを厳密に定義しようとすると，PPMを描くのは難しくなるかもしれない。関連性のある事業に事業展開することが多角化のメリットなので，そのメリットを追求した企業のPPMには，1つのSBUしか描かれない。これでは，資金の配分を議論することができない。PPMは非関連型の企業には適していると言えるのだが，そもそもまったく関連性のない事業だけからなる多角化企業はほとんど存在しないであろう。したがって，関連性がとくに強い事業だけをSBUにまとめるなど，ある程度緩くSBUを定義してPPMを描くと同時に，SBU間でもある程度の関連性があるので，その影響を十分考慮しながら多角化事業の管理を行うことが現実的であろう。

凝 集 性

このunitの最初で，多様な事業を展開している企業でも，各事業が勝手に経営されるのではなく，1つの企業としてのまとまりを保つことが重要であると指摘した。このまとまりは，**凝集性**と呼ばれることがある。

凝集性を高めるには，さまざまな方法がある。前半で議論した組織形態も1つの方法である。職能別組織は，事業部制組織よりも，凝集性の高い企業に適している。同時に，職能別組織は，異なる事業が職能という軸で共通にくくられるので，職能ごとに共通のスキルが構築・運用されることを通じて，凝集性を高めるのに役立つ。

異なる事業の間で共通の経営資源があれば，それを基盤に凝集性を高めることもできるだろう。ある事業で獲得・蓄積された技術が，他の事業でも使われれば，その技術を共通の基盤にしているという一体感が生まれるであろうし，凝集性の経済的効果である**シナジー**が発揮される。ブランドという経営資源に

ついても，1つのブランドを複数の事業で冠すれば，同じ効果が期待できる。ブランドや技術は，もちろんある事業部で開発され，他の事業部に移転される場合もあるが，複数の事業で利用されることを考えると，1つの事業部にその開発を任せていては開発投資が過少になる危険性がある。そのような場合は，本社で開発が行われることが望ましいかもしれない。

　資源がある事業部で開発されて他の事業部に伝えられるときでも，本社で開発されて各事業部に与えられるときでも，資源が移転する際には人の移動をともなうことが多い。開発された資源・能力は，それを開発・利用した個人に体化している場合が多いからである。したがって，人と人とのつながり，あるいは人事異動も，凝集性を高める方法と考えることができる。

　先に見たように，PPMは関連性の薄い複数の事業の管理に適した考え方であった。ゆえに，PPMには，組織形態，経営資源，人のつながりを介して凝集性を高めるという考え方はなじみにくい。ただし，PPMが企業のまとまりをまったく否定しているかと言えば，そうとは言えない。PPMは，各事業に異なる課題・役割を与えることによって，資金配分を考え，企業全体の長期的成長を実現しようという考え方であるから，資金によって企業をまとめていると考えることもできるのである。

　このように，多様な事業を展開している企業でも，さまざまな方法でまとまりを保つことができるであろう。最後にもう1つ重要な手段として，企業理念，ミッション，企業文化といった，企業として進むべき方向，企業全体で共有する意識や価値観のようなものを指摘することができるであろう。多角化企業では，各事業は競争に勝ち抜くことを目指して，ある程度自律的に経営してもらわなければならない。しかし，別々の企業がそれぞれの事業を担っているのではなく，あくまで1つの企業が多角化しているのだから，企業としてのまとまりをいかに保つかを考えることも肝要なのである。

要　　約

- □　専業企業，関連性の強い事業を展開している企業は，職能別組織を採用することで，効率的に業務を遂行することができるが，関連性の薄い事業を展開す

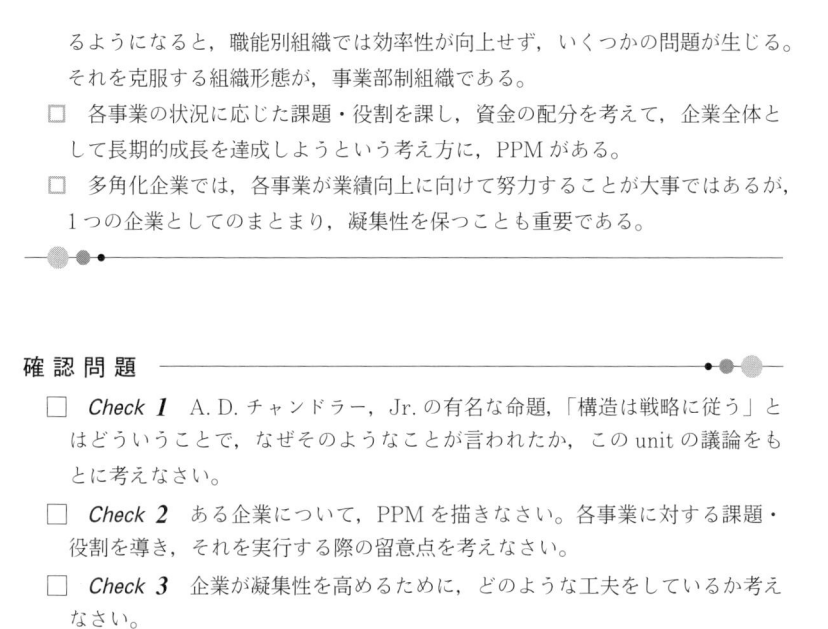

るようになると，職能別組織では効率性が向上せず，いくつかの問題が生じる。それを克服する組織形態が，事業部制組織である。
- ☐ 各事業の状況に応じた課題・役割を課し，資金の配分を考えて，企業全体として長期的成長を達成しようという考え方に，PPM がある。
- ☐ 多角化企業では，各事業が業績向上に向けて努力することが大事ではあるが，1つの企業としてのまとまり，凝集性を保つことも重要である。

確認問題

- ☐ *Check 1* A. D. チャンドラー，Jr. の有名な命題，「構造は戦略に従う」とはどういうことで，なぜそのようなことが言われたか，この unit の議論をもとに考えなさい。
- ☐ *Check 2* ある企業について，PPM を描きなさい。各事業に対する課題・役割を導き，それを実行する際の留意点を考えなさい。
- ☐ *Check 3* 企業が凝集性を高めるために，どのような工夫をしているか考えなさい。

unit 19

国　際　化

🔲 国際化の形態

　日本企業にとっての国際事業の重要性は年々高まっている。たとえば，本田技研工業（ホンダ）の 2006 年度の売上高 11 兆 1000 億円のうち，日本での売上高は 2 兆 1000 億円と 2 割弱を占めるに過ぎず，残りは海外での売上げである。とりわけ北米事業の売上高は 6 兆円と全体の半分以上に達しており，ホンダの支柱とも言える存在になっている。利益という点でも，北米の貢献は大きい。同年度におけるホンダの営業利益 8500 億円のうち，4600 億円は北米事業が生み出したものである。このように見てみると，ホンダという会社は日本企業というより，アメリカ企業のようである。

　しかしながら，ホンダといえども最初から今のように国際化の進んだ企業であったわけではない。企業の**国際化**は一般に小規模にスタートし，徐々に大きくなっていく。成長する方向性は大きく 2 つある。第 1 は，市場の国際化である。すなわち，製品の売り先が自国だけではなく国外へと広がっていくことである。第 2 は，活動の国際化である。すなわち，企業の活動のうち国外で行われる部分が大きくなっていくことである。これら 2 つの国際化は同じではない。市場の国際化が進んでも，活動の国際化は進まないことはある。たとえば，自国で生産した製品を海外へ輸出し，現地の企業に代理店として販売してもらう場合，市場は国際化しても，活動の国際化は進まない。だが，現地に子会社を設立して販売を自社で行えば，販売活動が国際化する。生産も現地で行うようになれば，活動の国際化はさらに進む。国外での活動を担うのは，基本的に現地で雇用された従業員である。したがって，活動が国際化すると，組織も国際化する。

国際化の条件――OLI フレームワーク

　企業の国際化が進むにはどのような条件が必要か，OLI フレームワークと呼ばれる考え方で整理してみよう。企業が国際化すると，国内では経験することのない困難に数多く直面する。違う言葉を話し，異なる価値観を持つ従業員たちと働いていると，思わぬ誤解や摩擦が生まれてきたりする。自国では当たり前の商慣行や法律上の権利が，外国では少しも当たり前ではないということもある。顧客のニーズを理解し，対応していくのにも時間がかかる。これらの困難は，企業が外国で競争するときに必ず背負うことになるハンディキャップ（弱み）である。したがって，企業が国際化できるためには，弱みを補う以上の強みを持っている必要がある。競合が簡単に真似できないような，競争優位を持っていなければならない。それは，競合が持たない独自な経営資源や組織能力を，企業が国内で蓄積してきているということでもある。所有（ownership）の優位と呼ばれる条件である。

　企業が所有の優位を持っていたとしても，その活動が国際化するとは限らない。優位をもたらす資源が他社に貸与できるものであるならば，不慣れな外国で自ら活動するよりも，経験やノウハウに勝る地元企業に資源を貸与して，活動を任せてしまうほうが効率的かもしれないからである。そうすれば，企業は自らコストを負担することなく，地元企業からライセンス収入などを得ることができる。しかしながら，貸与が不可能であったり，大きなコストがかかったりするのであれば，企業が自ら資源を用いて製品を作り，外国市場へと供給していくことが必要になる。別の企業に任せるのではなく，自ら活動を行うことが望ましい場合，企業は内部化（internalization）の優位を持つという。

　内部化優位は，所有の優位が無形の資源や組織能力によってもたらされている場合に大きくなる。これらの資源は，知識（情報）としての性格を持っている。暗黙知と呼ばれるような形式化の難しい知識（技術ノウハウなど）を企業間で移転することは，大きな費用を要する。

　形式知の場合にも，情報取引のパラドックスと呼ばれる問題がある。知識の買い手は，価値のない知識をつかまされることを避けるため，契約の前にその中身を知りたい。だが，売り手は知識の中身をあらかじめ教えたくはない。教えてしまえば，買い手は契約前に知識を手に入れたのと同じであり，もはや対

コラム

国の競争優位

　国際化の必要条件である所有の優位は企業レベルの要因だけではなく，国レベルの要因にも依存することがある。ある国で生まれ育ってきたということが，企業の国際競争力を強めたり，弱めたりするということである。世界のオートバイ産業では，ホンダ，ヤマハはじめとする日本企業が強い競争力を持っている。家庭用ビデオ・ゲーム機でも任天堂，ソニーなど日本企業のプレゼンスが大きい。いわゆる高級ブランドや化粧品では，フランスはじめとするヨーロッパ企業が伝統的に強い。このように競争力を持つ企業が特定の国や地域に集中する傾向は，多くの産業で見られる一般的なものである。

　ポーターは，ある国がある産業で国際競争力のある企業を生み出す力を国の競争優位と呼び，それは大きく4つの要因に依存すると指摘する（図19-1参照）。第1は，人材や天然資源などの生産要素である。シリコン・バレーが世界のIT産業の，ウォール・ストリートが世界の金融の中心であるのは，優れた人材をこれらの産業に供給する大学がアメリカに存在することと無関係ではない。第2は関連産業である。日本でゲーム機産業が成長したのは，補完財であるゲームの開発業者（ベンダー）の層が厚いことが一因である。第3は顧客である。顧客ニーズが先進的である国の企業は，日常的にそうしたニーズを満たす努力をすることで，広く世界で通用する力を持つことができる。最後に企業の戦略と競争である。ホンダとヤマハ，任天堂とソニーといったライバル企業は，国内でライバルとして切磋琢磨することで，ともに広く世界で通用する競争力を身につけてきたのである。

　国の競争優位は，本国と海外拠点との分業にも影響する。ある製品分野で自国よりも競争優位を持つ別の国があるならば，その国に研究開発など主要な機能を移していくことで，自社の競争力を高めていける可能性があるのである。

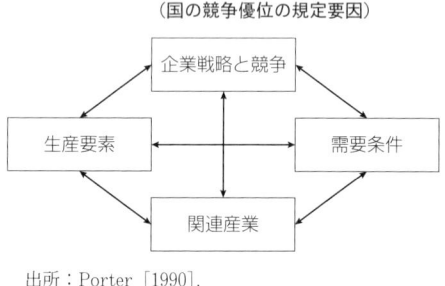

図19-1　ポーターのダイアモンド
（国の競争優位の規定要因）

```
        企業戦略と競争
          ↑
          │
  生産要素 ←→ 需要条件
          │
          ↓
        関連産業
```

出所：Porter [1990].

価を支払う意思を持たないからである。売り手と買い手の双方の警戒心から，契約により知識を企業間で移転することは困難になる。知識の悪用という問題もある。相手が契約に反して資源を悪用していることを発見し，契約を解除しても，資源の利用を止められるとは限らない。契約解除の後も，一度移転された知識は相手の頭の中に残っているからである。こうした問題は，知的財産権の保護が弱い国で事業を行う場合にとくに大きくなり，企業内部での資源の利用を促すこととなる。

　内部化の優位を持つ企業は自ら資源を用いて活動を行い，外国市場へと製品を供給することになる。これには輸出と現地生産という2つの方法がある。輸出の場合，自国で作った製品を海外へと輸送し現地で販売するので，販売は国際化されるが，生産は国際化されない。現地生産の場合には，販売だけではなく生産も国際化される。すなわち，海外で販売される製品は現地で生産され，供給される。現地生産のほうが輸出よりも効率的である場合，立地 (location) の優位が存在するという。輸出の効率性は，おもに生産を国内に集中させることにより生まれる。集中のメリットは大きな固定費が存在するなど，規模の経済性が強く働くときにとくに大きくなる。一方で，輸出には輸送費や関税など現地生産では生じない費用が発生する。現地生産は顧客の近くで生産を行うため，顧客のニーズを把握しやすいというメリットもある。

　まとめると，企業が国際化するためには，海外で競争する上での不利を挽回するための所有の優位がまず必要である。所有の優位はしかしながら，国際化の十分条件ではない。外国企業に資源を貸与して，事業を行ってもらうほうが効率的であれば，企業自身の市場と活動は大きく変わらない。市場や活動が国境を越えて広がるためには，企業が内部化優位を持っている必要がある。内部化する場合には，立地の優位に応じて，生産を自国で行うか（輸出），現地で行うか（現地生産）判断することになる。このようにOLIフレームワークは，所有，内部化，立地の優位という3つの条件から国際化の問題をとらえる。OLIという名称の由来は3つの条件を表す英語から明らかであろう。

国際企業戦略の類型

　国際化が進んでいくと，企業は多くの海外拠点をさまざまな国に持つように

なる。これら拠点と本社から構成されるネットワークをどのようにつくり，運営していくかという問題は，多角化マネジメントと並ぶ企業戦略の重要なテーマである。とりわけ，研究開発，生産，マーケティングなどさまざまな活動を多くの拠点に分散させるか，本国を中心とした少数拠点に集約するか，本国からのコントロールをどの程度行うかという選択は，国際企業戦略の中心となる問題である。この問題へのアプローチは，以下の2種類の効率性のバランスをどのようにとるかという視点で整理することができる。

　第1は**統合の効率性**，すなわち，ある活動を少数の拠点に集約して行ったり，分散した活動を世界的に共通化したりすることによる経済性である。統合の効率性がとくに重要なのは，規模の経済性や経験効果が働く活動である。大規模な資本設備を必要とするため最小効率規模が大きい場合，規模の小さな拠点を数多くつくるよりは，大規模拠点に生産を集約したほうがコストは低くなる。経験効果が働く場合も，少数拠点に生産を集中させることで累積規模を大きくし，生産性を速やかに高めることができる。研究者間の密接なコミュニケーションや知識，ノウハウの共有など，研究開発にも集約のメリットがある。顧客との接点である販売やサービスといった機能を地理的に集約することには限界がある。しかしながら，これら機能においても各拠点がバラバラに企画・実行するのではなく，世界的に共通化できる活動はある。

　第2は，**適応の効率性**である。すなわち，個々の拠点の環境条件の違いに応じて，製品や活動を変えていくことの経済性である。国や地域による顧客の嗜好やニーズの違いは，ほとんどすべての製品・サービスで見られる。同じマヨネーズでも，日本とアメリカで親しまれている製品の味はかなり異なる。日本のマヨネーズは一般にアメリカの消費者には酸っぱすぎ，逆にアメリカのマヨネーズは日本の消費者には何か物足りない。日米両国でマヨネーズを販売しようとする企業は，両国の顧客の好みに対応した別々の製品を開発・生産し，供給しなければならない。国や地域によって違うのは，顧客の好みだけではない。法律・規制や商慣行など，事業を行っていく中で企業が従わなければならない枠組みも大きく異なる。こうした違いを無視して国外で事業を行うと，製品がまったく売れなかったり，活動がスムーズに行えなかったりといった困難が生じてくる危険がある。製品や事業のやり方を，個々の進出先の事情に合わせて

図19-2　国際企業戦略のタイプ

　　統合の効率性

　　　グローバル戦略　　　　トランスナショナル戦略

　　　　　　　　　マルチドメスティック戦略

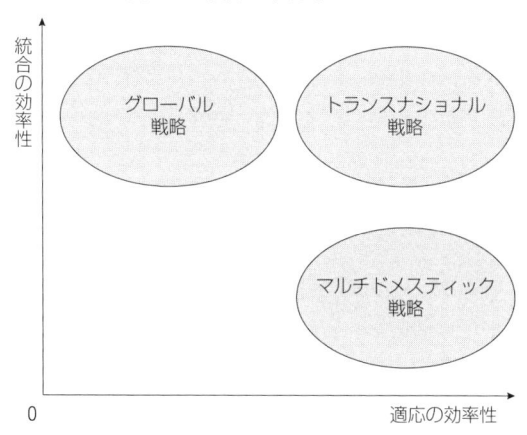

　　0　　　　　　　　　　　　　適応の効率性

変えていくことで，事業の成功をより確かなものにすることができる。これが適応の効率性である。

　これら2つの効率性の間には，トレードオフの関係がある。適応の効率性を高めようとするならば，個々の市場の顧客の好みをよく把握し，それにうまく適応した製品を市場ごとに開発し，それぞれの市場に適したマーケティング活動を行うなど，きめ細かな違いへの対応が求められる。そのためには，現地の事情に通じている海外拠点に多くの機能と権限を分散させ，個々の拠点の裁量で行っていく必要がある。これにより，適応の効率性は高まるが，活動を集約・共通化することによる統合の効率性は低くなってしまう。反対に，多くの活動の集約・共通化を世界的に進めて統合の効率性を追求すれば，市場ごとの違いへの適応力が低くなっていく。このトレードオフ関係があるために，国際企業戦略は**グローバル戦略**と**マルチドメスティック戦略**という2つの大きなタイプに分けて考えることができる（図19-2参照）。

　グローバル戦略は統合の効率性を重視したアプローチである。研究開発や生産の主要部分は本国を中心とした少数の拠点で行い，製品は広く世界へと供給する。製品は多くの国の顧客に共通したニーズに適合するように作られている。どこの国でも基本的に同じ製品を販売できるため，グローバルな規模の経済性が追求しやすい。海外拠点の役割は，本国（親会社）の指令を忠実に実行することであり，販売やサービスといった現地化された機能においても，本国の強

いコントロールがある。グローバル戦略は，グローブ（地球）という表現に表されるように，世界を国境によって分割されてはいるものの，基本的には同質な1つの存在（市場）ととらえる考え方である。世界がひとまとまりの市場であるからこそ，同じ製品を集約して開発・生産し，同じようなマーケティングで世界中に販売することが合理的なのである。

　これに対して，マルチドメスティック戦略は，世界を本来的に異質で独立した各国市場の集合ととらえる。異質な市場の集まりなのであるから，広く世界で事業を行い成功するためには，個々の市場の違いにうまく適応することがカギとなる。すなわち，マルチドメスティック戦略は適応の効率性を重視するアプローチである。この戦略をとる企業は販売やサービスなどの川下機能だけではなく，研究開発や生産などの川上機能も，各地の拠点に分散させる。開発が現地化されるために，製品も国や地域によって異なるものが投入される。海外拠点は自己完結したバリュー・チェーンを持っているために，本国（親会社）への依存度は低く，自分で戦略を作成し，実行していく力を持つ。グローバル戦略を採用する企業の国際事業ネットワークが，本国中心の集権的な構造と性格を持っているのに対し，マルチドメスティック戦略を採用する企業のネットワークは，多くの拠点の緩やかな連邦のような特徴を持っている。

　もちろん世界は完全に同質な単一市場ではないし，完全に異質で独立した市場の集まりでもない。顧客ニーズには世界的に共通する部分もあれば，国ごとに異なる部分もある。それらが合わさることで，ある国における顧客ニーズはできている。グローバル戦略のポイントは，国ごとの違いを否定することではなく，共通部分に注目し，効果的に活かすことを国際事業の方向づけとして重視するということである。同様に，マルチドメスティック戦略のポイントは共通性の否定ではなく，国・地域間の差異の重視である。したがって，グローバル戦略を採用する企業であっても，経済効率を犠牲にすることなく対応できる国や地域ごとの違いには積極的に適応すべきであるし，マルチドメスティック戦略をとる企業も，地域適応を損なうことなく高められるグローバルな効率性は無視すべきではない。自動車産業はグローバルな性格が強い産業であるが，ホンダの主要モデルであるアコードは日米欧でボディ・デザインやエンジン・スペックが異なっている。これはプラットフォームと呼ばれる車の基本骨格を

共通化し，グローバルな規模の経済性は確保した上で，地域ごとに異なる顧客の嗜好やニーズに対応しているためである。

🔲 トランスナショナル戦略

このように，グローバル戦略とマルチドメスティック戦略は対象的な戦略であるが，共通点もいくつかある。第1に，本国と海外拠点のネットワークの構造がシンプルであるということである。グローバル戦略においては，海外拠点は親会社にほぼ一方的に依存し，逆方向や海外拠点間でモノや知識が流れることはあまりない。マルチドメスティック戦略では，個々の拠点が主要機能をフルセットで持ち，高い自律性を持って活動しているため，拠点間のつながり自体が弱い。第2には，ネットワークにおける個々の拠点の役割が同質的である（似通っている）ということである。単純化して言えば，グローバル戦略における海外拠点は，どこも本国の指令の実施機関としての役割しか持たず，マルチドメスティック戦略における海外拠点は，どこも本国と同じような機能を持っている「ミニチュア本社」である。

これに対して，それぞれに異なる役割を果たす本国と海外拠点が，互いに依存し合いながら活動する複雑な分業ネットワークとしての国際事業を考えることもできる。たとえば，研究開発活動をある製品はA国，別の製品はB国といった具合に異なる国で集約して行い，成果を拠点間で共有できれば，グローバルな効率性を犠牲にすることなく本国中心では生まれにくいイノベーションを実現し，世界的に活かしていける可能性がある。マルチドメスティック戦略は各拠点が高度な機能を持つため，同様な効果を部分的に持つ。しかしながら，拠点の高い自律性が成果の共有を難しくするほか，同じ活動を多くの拠点で行うことの非効率という問題がある。

それぞれに異なる役割を持つ拠点がモノや資源を融通し合って全体として機能するネットワークは，グローバル統合の効率性とローカル適応の効率性の両立を狙う**トランスナショナル戦略**の基礎となる。この戦略においては，統合と適応のトレードオフを緩和するために，**学習の効率性**を高めていくことが重要となる。ここでの学習とは，ある拠点で生み出された知識が他の拠点に速やかに広まり，利用されていくことである。この効率性が十分に高いならば，ある

拠点で生まれた資源を広く世界的に活用していくこと（統合の効率性）と，ある活動をそれに最も適した場所ですること（適応の効率性）を両立させることができるようになる。トランスナショナル戦略とは1つの理念形であり，それを完全に実現している企業はおそらくまだない。しかしながら，世界の多くの企業がより効率的な分業システムとして国際事業をつくろうとしていること，その方向性がしばしばトランスナショナルな性格であることは事実である。

要約

- 企業の国際化には，市場と活動の国際化の二面がある。企業がある外国市場に参入すべきか，そこでどう活動すべきかは，所有の優位，内部化の優位，立地の優位の3条件で決まってくる。
- 国際企業戦略は国の間の共通性を活かすグローバル戦略と，国ごとの違いへの対応を重視するマルチドメスティック戦略に大別される。戦略の違いに応じて，本国と海外拠点の役割が大きく変わってくる。
- 多くの企業がグローバル統合の効率性とローカル適応の効率性の両立を目指すようになっており，トランスナショナルと呼ばれる戦略に近づいている。

確認問題

- **Check 1** 日本で活動している外国企業を1社取り上げ，その企業が日本で事業を行う合理性をOLIフレームワークで検討してみなさい。
- **Check 2** グローバル戦略，マルチドメスティック戦略がうまく機能する産業を1つずつ特定し，それら産業で日本企業がどのように国際化を進めてきたか調べてみなさい。

KeyWords 4

- 企業戦略　156
- ドメイン　158
- 多角化　159, 181, 192
- 垂直統合　159, 169
- 企業優位　160
- 取引費用　160, 172
- シナジー　161, 183, 211
- 市場取引　161, 169
- 組織内取引　161, 169
- 機会主義的行動　162
- 取引特殊的資産　162, 173
- 多角化ディスカウント　163
- プロダクト・ポートフォリオ・マネジメント（PPM）　164, 207
- 事業立地　165
- 戦略不全　165
- 参入モード　166
- 撤退　166
- 企業リストラクチャリング　166
- 業務の垂直的段階　168
- メイク・オア・バイの意思決定　169
- 経験効果　170
- 規模の経済　170
- 取引特殊的投資　173
- ホールドアップ問題　173
- モジュール化　176
- 系列取引　177
- 継続的取引　177
- 人質　178
- 発言　178
- 事業の選択と集中　181
- 多角化の外的誘因　182
- 多角化の内的誘因　183
- 範囲の経済　183
- 結合生産　183
- 副産物　183
- 不分割性　184
- 情報財　185
- 同時利用可能　185
- アンブレラ・ブランディング　185
- 取引の不可逆性　186
- SWOT　187
- 補完的資産　188
- 多角化のタイプ　193
- オーバーエクステンション（飛び石アプローチ）　200
- ダイナミック・シナジー　201
- 職能別組織　204
- 事業部制組織　204
- 戦略的事業単位（SBU）　210
- 凝集性　211
- 国際化　214
- OLIフレームワーク　215
- 統合の効率性　218
- 適応の効率性　218
- グローバル戦略　219
- マルチドメスティック戦略　219
- トランスナショナル戦略　221
- 学習の効率性　221

References

アベグレン，J. C.＝ボストン・コンサルティング・グループ編著［1977］『ポートフォリオ戦略——再成長への挑戦』プレジデント社．

Ansoff, H. I. [1965] *Corporate Strategy: An Analytic Approach to Business Policy for Growth and Expansion*, New York, NY: McGraw-Hill.（アンゾフ，H. I.〔広田寿亮訳〕[1969]『企業戦略論』産業能率短期大学出版部）

浅川和宏［2003］『グローバル経営入門』日本経済新聞社．

Bartlett, C. A. and Ghoshal, S. [1989] *Managing across Borders: The Transnational Solution*, Boston, MA: Harvard Business School Press.（バートレット，C. A.＝ゴシャール，S.〔吉原英樹監訳〕[1990]『地球市場時代の企業戦略——トランスナショナル・マネジメントの構築』日本経済新聞社）

Chandler, Jr., A. D. [1962] *Strategy and Structure: Chapters in the History of the Industrial Enterprise*, Cambridge, MA: MIT Press.（チャンドラー，Jr., A. D.〔有賀裕子訳〕[2004]『組織は戦略に従う』ダイヤモンド社）

Collis, D.J. and Montgomery, C. A. [1998] *Corporate Strategy: A Resource-based Approach*, Boston, MA: McGraw-Hill.（コリス，D. J.＝モンゴメリー，C. A.〔根来龍之・蛭田啓・久保él一訳〕[2004]『資源ベースの経営戦略論』東洋経済新報社）

Dunning, J. H. [1993] *Multinational Enterprises and the Global Economy*, Harlow, UK: Addison-Wesley.

Hofer, C. W. and Schendel, D. [1978] *Strategy Formulation: Analytical Concepts*, St. Paul, MN: West Publishing.（ホファー，C. W.＝シェンデル，D.〔奥村昭博・榊原清則・野中郁次郎訳〕[1981]『戦略策定——その理論と手法』千倉書房）

伊丹敬之［2003］『経営戦略の論理 第3版』日本経済新聞社．

伊丹敬之・加護野忠男・小林孝雄・榊原清則・伊藤元重［1988］『競争と革新——自動車産業の企業成長』東洋経済新報社．

加護野忠男・野中郁次郎・榊原清則・奥村昭博［1983］『日米企業の経営比較——戦略的環境適応の理論』日本経済新聞社．

Levitt, T. [1960] "Marketing myopia," *Harvard Business Review*, vol. 38, no. 4, pp. 45-56.

Milgrom, P. and Roberts, J. [1992] *Economics, Organization and Management*, Englewood Cliffs, NJ: Prentice-Hall.（ミルグロム，P.＝ロバーツ，J.〔奥野正寛・伊藤秀史・今井晴雄・西村理・八木甫訳〕[1997]『組織の経済学』NTT出版）

三品和広［2007］『戦略不全の因果——1013社の明暗はどこで分かれたのか』東洋経済新報社．

小田切宏之［2000］『企業経済学』東洋経済新報社．

Porter, M. E. [1990] *The Competitive Advantage of Nations*, New York, NY: Free Press.（ポーター，M. E.〔土岐坤・中辻萬治・小野寺武夫・戸成富美子訳〕[1992]『国の競争優位』ダイヤモンド社）

Rumelt, R. P. [1974] *Strategy, Structure, and Economic Performance*, Boston, MA: Division of Research, Graduate School of Business Administration, Harvard University.（ルメルト，R. P.〔鳥羽欽一郎・山田正喜子・川辺信雄・熊沢孝訳〕[1977]『多角化戦略と経済成果』東洋経済新報社）

榊原清則 [1992]『企業ドメインの戦略論――構想の大きな会社とは』中央公論社．

上野恭裕 [1997]『多角化企業の競争優位性の研究』大阪府立大学経済学部．

Williamson, O. E. [1985] *The Economic Institutions of Capitalism: Firms, Markets, Relational Contracting*, New York, NY: Free Press.

吉原英樹 [1986]『戦略的企業革新』東洋経済新報社．

吉原英樹・佐久間昭光・伊丹敬之・加護野忠男 [1981]『日本企業の多角化戦略――経営資源アプローチ』日本経済新聞社．

第5章

変革のマネジメント

20　参入のマネジメント
21　撤退のマネジメント
22　企業リストラクチャリング

Introduction 5

この章の位置づけ

　第4章で見たように，どのような事業（市場）領域で活動するかは，企業戦略の核となるテーマである。企業が活動の領域を変えていくためには，新しい領域に参入したり，旧い領域から撤退したりしなければならない。企業戦略の成果はどのような領域で活動するかだけではなく，どのように参入・撤退するかという方法（モード）にも依存する。この章のはじめの unit ⑳㉑では，代表的な参入・撤退モードの特徴とそれらの選択について考える。

　企業がよりよいパフォーマンスのために変えるのは，事業領域だけではない。組織や資本構造なども変革の対象となる。とくにリストラクチャリングを行っている企業では，大がかりな変革が広範囲に行われる。この章のもう1つの課題は，変革のマネジメントである企業リストラクチャリングの本質を，経営戦略との関連において理解することである。

この章で学ぶこと

unit 20　参入モードにはどのような種類があるのか。それらのメリット，デメリットは何か。最適な参入モードはどのように決まるのか。代表的な参入モードである内部成長，合併・買収（M&A），提携（アライアンス）の特徴を検討しながら，これらの問題について考えていく。

unit 21　撤退はなぜ難しいのか。撤退の遅れはどのような問題を引き起こすか。撤退マネジメントの重要性を，これらのポイントを通じて確認する。その上で，いかに撤退するかという方法の選択を，主要な撤退モードである清算，売却，事業統合の特徴を比較検討しながら考える。

unit 22　企業構造の変革であるリストラクチャリングと経営戦略の関係を整理し，3つの構造（資本，事業ポートフォリオ，組織）における変革の意味と施策について検討する。

unit 20

参入のマネジメント

参入モードの種類

多角化でも，国際化でも，企業が活動領域を広げていくということは，新しい事業や市場に参入するということである。第4章ではこの問題を，どのような領域に参入するかという視点から考察した。だが，領域の選択のみで参入の成功，失敗が決まるわけではない。いかに参入するかという方法（モード）もまた，参入の成果に影響する重要な要因である。この unit では代表的な参入モードを3つ取り上げ，それらのメリット，デメリットを検討することで，参入についての理解をより深めていこう。

参入モードの違いは，新たに必要となる資源をどう獲得するかという方法の違いとして考えるとわかりやすい。新しい事業分野で活動するためには，さまざまな資源が必要となる。製品開発のための製品技術，開発された製品を生産するための生産技術，生産を行う工場，販売チャネル，ブランド認知などである。企業が新しい領域で活動するにあたり，何をどの程度獲得しなければならないかは，その領域と今までの事業の関連度により変わってくる。関連が強い分野であれば，今まで蓄えてきた資源が多く使えるため，新たに取得しなければならない資源は少なくなる。関連の弱い分野では逆である。取得しなければならない資源のある部分は，市場（外部）から調達できる。工場を建てるための土地や機械設備などは，地主や機械メーカーから購入できる。これに対して，技術やブランドなどの無形資産，活動を上手く行うための組織能力は契約ベースでの調達が難しいか，不可能である。これらの資源は自前でつくり出していくか，他の企業が持っているものを何らかの形で利用しなければならない。

企業がすでに持っている資源を活かしつつ，不足している資源を自らつくり

出していく参入モードを**内部成長**という。生物が成長するように企業が内から外へと自然に大きくなっていくため、有機的成長と言われることもある。不足した資源や能力を持っている企業やその一部を丸ごと買い取り、自社の一部とする参入モードもある。**合併・買収（M&A）** である。内部成長と対比させて、外部成長と呼ぶこともある。自社が持たない資源を持つ企業と共同で事業を行えば、**提携（アライアンス）** という参入モードになる。共同出資で合弁会社（ジョイント・ベンチャー）をつくり、資源や人材を提供し合うなど、パートナー同士で欠けているものを補い合っていく方法である。これらの参入モードには、それぞれの特徴ゆえのメリットとデメリットがある。内部成長から順に見てみよう。

内部成長

　内部成長は外部の資源をまったく利用しないわけではない。外部から契約ベースで購入、賃貸できるものは、必要に応じてさまざまなサプライヤーから個別に調達されてくる。自前（内部）で行うのは、市場で調達しにくい無形資産や組織能力の蓄積である。技術であれば新たな研究開発で、自ら習得する。ブランド認知はマーケティング活動で、流通チャネルは営業活動の中で確立していく。こうした活動のインプットとなるのは、自社が今までの事業で蓄えてきた資源である。内部成長とは既存の経営資源を活かしながら、新しい資源を生み出していく成長モードである。

　内部成長は企業成長の基本である。日本企業の多角化や国際化も、内部成長をベースとして進んできた。最近の内部成長による多角化の例としては、富士フイルムの化粧品事業への参入がある。世界有数の写真フィルム・メーカーとして発展してきた同社は、デジタル・カメラの登場によるフィルム需要の停滞もあり、「第2の創業」と呼ばれる事業構造の変革を進めている。化粧品への多角化はその一環である。同社によると、写真フィルムの主原料は人間の肌と同じコラーゲンであり、写真の色あせと肌のくすみは同じ酸化という現象による。写真で培ったさまざまな技術が、スキンケアというまったく異なる用途で活用できる技術的シナジーに注目した参入である。富士フイルムは自ら製品を開発し、松田聖子と中島みゆきを起用したコマーシャルで製品認知を高め、化

粧品店，ドラッグ・ストア等の販路を開拓して，この事業への多角化を進めている。

　内部成長には自前で資源を獲得していくことのメリットがあると同時に，それゆえのデメリットもある。第1のメリットは，既存の資源の活用である。富士フイルムの化粧品の例が示すように，技術など過去に蓄積してきた資源を新しい分野へ投入し，活用することが可能である。事業間で資源が共用されるため，シナジーの生まれる事業ポートフォリオをつくりやすい。第2のメリットは，組織の連続性である。企業組織が内から外へと自然に大きくなっていくため，組織文化や人の交流，情報の流れが事業間で断絶する危険を相対的に避けやすい。第3のメリットは，漸進的な成長が可能であるということである。すなわち，最初は活動規模を小さく抑えておいて，様子を見ながら徐々に大きくしていくというアプローチをとりやすい。第4に，資源を自ら苦労してつくることで，企業が資源を生み出していく能力（ダイナミック・ケイパビリティ）が高められる。ある領域に独力で参入するということは，別の領域に参入するための力を高める効果を持つということである。

　デメリットもある。第1のデメリットは，漸進的成長というメリットの裏返しである。すなわち，参入のための資源の蓄積に時間と手間と費用がかかるため，事業を短期間で大きくすることが，そもそも難しいということである。富士フイルムの化粧品事業の場合，写真フィルムと技術は共通する要素があるが，マーケティングや販売活動の共通性は低い。化粧品店のようにフィルム事業では付合いのなかったチャネルを独力でゼロから開拓していくのは容易なことではない。小さな規模から始めて，少しずつ大きくなるという成長パターンにおのずとなる。第2のデメリットは，無理なく参入できる領域に限りがあるということである。内部成長はターゲットとする事業と既存事業の関連度が高く，資源のオーバーラップが大きいときに進めやすい。すでに持っている資源が活きやすい上に，新たに獲得しなければならない資源は少なくなるからである。すべてをゼロから獲得しなければならないような，関連の低い事業への参入を自前で進めていくことは難しい。

合併・買収（M&A）

M&Aの参入モードとしての特徴は，別の企業が持つ資源と組織能力を一度にセットで取得するということである。これは一般に，相手企業の経営権を取得することで実現される。合併の場合，自社と相手企業を1つの法人にまとめ，経営を一本化する。買収の場合，相手企業の株式を取得し子会社とすることで，自社の傘下に収める。伝統的に日本企業はM&Aに消極的であった。しかしながら，M&A市場が1990年代後半から大きく成長してきていることからわかるように，多くの日本企業がM&Aを重要な成長手段ととらえるようになっている（コラム参照）。富士フイルムの場合，医薬品事業への多角化の一環として，富山化学工業という新薬開発企業を買収している。

M&Aには外部の資源をまとめて取得するがゆえのメリット，デメリットがある。第1のメリットはスピードである。自前でコツコツと資源をつくっていく内部成長と異なり，M&Aはすでにある資源を丸ごとセットで取り込むため，事業をすぐに大きく始めることができる。第2のメリットは，参入できる領域の幅が広いということである。別の企業の資源を引き継いで事業を行うため，自社が現に持っている資源によって参入可能な領域が制約される度合いは，内部成長に比べて低い。極端に言えば，買収できる企業さえあれば，どのような事業でもすぐに始められるのである。

だが，M&Aはいつでもどこでも行えるわけではない。M&Aの第1のデメリットは，自社の意向だけでは難しいということである。大前提は自社が必要とする資源や能力を持っている企業が現に存在することである。相手企業が株式を公開していない場合，買収への同意が得られることが次に必要な条件となる。株式を公開している企業であれば，相手の意向を無視して市場で株式の取得を進めることが原理的にはできる（敵対的買収）。だが，経営権を得るために十分な株式を取得できるとは限らない上，成功しても買収後の経営に問題を残す危険がある。とくに敵対的買収が難しい日本においては，M&Aは基本的に相手企業の合意を前提とする参入モードと言えるだろう。

第2のデメリットは，買収後の組織マネジメントの難しさである。買収に成功したとしても，相手の従業員が辞めていってしまえば，組織に備わっていた知識や能力は失われてしまう。辞めなくても，従業員が自社との協力に消極的

コラム

成長する日本のM&A市場

日本のM&A市場は，1990年代後半から急速に成長した。図20-1は日本企業が関係した買収，事業譲渡，合併の件数を1985年から見たものである。合計件数は1990年代末から急激に増加し始め，現在もかつてに比べて非常に高い水準にある。日本経済がいわゆる「バブル景気」に沸いた1980年代後半や90年代初頭にもM&Aの増加は見られたが，現在の水準はバブル期を大きく凌駕していることがわかるだろう。

成長をもたらした要因は大きく2つ考えられる。第1は法律や会計制度などM&Aのためのインフラ整備が，1990年代後半から進んだことである。具体的には独占禁止法の改正による持株会社の解禁や，商法改正と会社法の施行，連結中心の会計制度への移行などである。第2は企業の意識変化である。バブル崩壊後の業績低迷が長引くにつれて，事業ポートフォリオの大幅な調整（選択と集中）を迫られる企業が増えた。調整をスピーディに進める手段として，他社の買収や自社事業の売却への意欲を持つ企業が増えたのである。企業のM&A意欲が買い手としてだけではなく，売り手としても高まったことが重要である。本文で指摘している通り，M&Aは相手あっての参入モードである。買い手として参加する企業（需要）が増えても，売り手として参加する企業（供給）も同時に増えなければ，件数の急増は起こらない。

法律や会計制度などのM&Aのインフラ整備は，長い経済停滞から抜け出すた

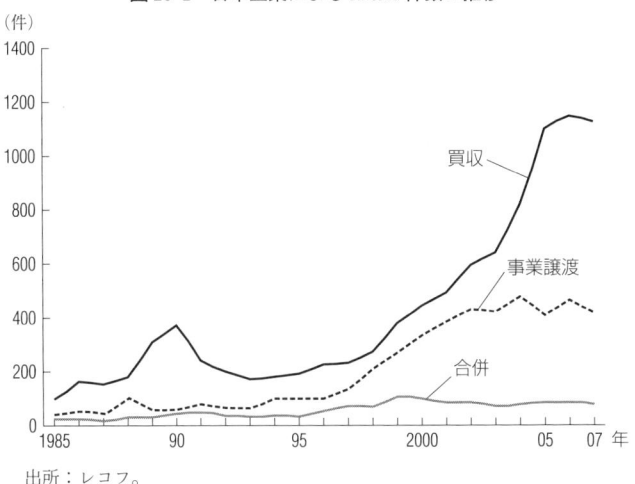

図20-1　日本企業によるM&A件数の推移

出所：レコフ。

> めに企業リストラクチャリングを後押しする意図が部分的にあった。企業意識の変化もリストラクチャリングの必要性から生じてきたわけであるから，近年におけるM&A市場の成長は，本格的なリストラクチャリングの重要性がかつてなく高まっていることを示すものとも言える。

であれば，彼らの能力を自社の力として生かしていくことはできない。協力の意欲を持っていても，組織文化や仕事の仕方（組織ルーチン）の違いが妨げになることもある。こうした障害を乗り越えるための努力が，M&Aが有効に機能するためには必要となる。

第3のデメリットは，資源をセットで取得するために，余分な何かまで調達してしまう可能性である。これが土地のように簡単に売却できる資源であれば処分は容易であるが，人的資源の場合には人員削減という摩擦の大きな方法でしか減らせない。

提携（アライアンス）

提携とは複数の企業が資源を出し合い，ともに活動していくことである。提携に含まれる協働関係は幅広い。特許技術を相互に利用し合うクロス・ライセンシングは提携の一種である。日産自動車とルノーのように株式を持ち合い，多くの機能・市場分野で協力していくことも提携である。新しい事業への参入モードとしてとくに重要な提携が，合弁（ジョイント・ベンチャー）である。ジョイント・ベンチャーは，パートナーの共同出資でつくられる企業である。パートナー企業は資本だけではなくさまざまな資源を持ち寄り，共同で事業の経営にあたる。単独では難しい参入も，パートナー企業の資源を束ね，不足を補い合うジョイント・ベンチャーであれば可能になるかもしれない。

富士フイルムは多くの合弁事業を持つ。最も著名なものは，コピー機事業における富士ゼロックスであろう。写真フィルム・メーカーである富士フイルムは，コピー機の開発・生産能力を最初から持っていたわけではない。単独での参入は，大変ハードルが高い。一方，ゼロックスは自国と異なる顧客ニーズや事業環境を持つ日本市場で成功するために，知識と経験の不足を補ってくれる有力なパートナーを求めていた。互いに欠けている資源を持ち寄ることで，両

者はそれぞれにとって新しい領域に参入できたのである。

　提携のメリット，デメリットは，提携が企業同士の協働であるがゆえに生じてくる。第1のメリットは，別の企業が持っている資源を，M&Aのように組織を統合することなく利用できることである。第2のメリットは，資源の組合せの柔軟性である。相手の資源をフルセットで取得するM&Aと異なり，不要な資源まで取得してしまう非効率は生じにくい。第3のメリットはスピードである。もちろん合弁を立ち上げ，事業を行っていくには準備が必要である。すでに活動を行っている企業を取り込むM&Aに比べると時間がかかる。それでも，単独で資源の蓄積を進めていく内部成長に比べると，他社の資源を利用できる提携は効率がよい。第4のメリットは，学習である。他の企業と共同で活動し，間近に観察すれば，相手の持つ優れた資源や能力を学びとっていくことが可能かもしれない。

　提携のデメリットの第1は，M&Aと同様に相手あっての参入モードであるということである。自社との協働を希望する企業がないのに，用いることはできない。第2のデメリットは，不完全なコントロールである。提携は独立した企業同士の協働であるから，自社の意向だけで活動の方向を定め，運営していくことはできない。自社が継続を希望しているにもかかわらず，パートナーの事情により，活動が中止されることもありうるのである。不完全なコントロールは，不完全な所有の裏返しである。自社だけの事業ではないために，利益をはじめとする活動の成果もパートナーで分かち合わなければならない。第3のデメリットは，資源のスピルオーバー（漏洩）である。パートナー同士で資源を相互利用し，学び合えるというメリットは，本来は自社だけのものにしておきたい資源や能力も相手に渡ってしまう可能性があるというリスクの裏返しである。パートナー企業同士の学習は，諸刃の剣なわけである。スピルオーバーは相手と自社が提携関係の外では競合同士である場合に，とくに深刻な問題となる。

参入モードの選択

　表20-1は，内部成長，M&A，提携の特徴をまとめたものである。これらの参入モードには，それぞれのメリット，デメリットがある。富士フイルムが

表 20-1　内部成長，M&A，提携のおもなメリットとデメリット

	メリット	デメリット
内部成長	既存の資源の活用 組織の連続性 様子を見ながらの成長 資源を蓄積する能力の向上	スピードの欠如 狭い参入可能領域
M&A	スピード 広い参入可能領域	相手の同意が必要（友好的買収） 組織統合の困難 余分な資源の取得
提携	組織統合（全社レベル）が不要 組合せの柔軟性 スピード 相手企業からの学習	相手の同意が必要 不完全な所有とコントロール 資源のスピルオーバー

　目的に応じて3つを使い分けていることが示すように，いつでもどこでも機能する万能の参入モードは存在しない。参入にあたり企業が克服しなければいけない課題に照らして，最適な参入モードは何かを考える必要がある。ここで基本となるポイントは，①どのような資源を，②どのくらいの規模で，③どの程度のスピードで取得する必要があるかという問題と，これらの要件の優先順位である。速やかに大きく事業を始めることが競争戦略として重要であれば，M&Aが有力な候補となる。参入の主目的が自社の持つ資源の活用の場を広げることであれば，内部成長が有力な候補となる。

　実際に企業が参入モードを決めるときには，必ずしも3つのオプションから自由に選べるわけではない。機会と能力の制約があるためである。機会の制約要因としてとりわけ重要なのは，買収や提携における相手の存在である。単に買収できる企業が存在するか，自社との提携に意欲的な企業が存在するかではなく，どのような資源を持つ企業が候補として存在するかが問題となる。同じ産業の企業であっても，持っている資源や能力は同じではない。このためM&Aや提携の検討は，「A社の買収」「B社との提携」といった個別具体的な機会の評価となる。これに対し，内部成長は基本的に自社の意思の問題であり，機会の制約は弱くなる。内部成長をベースとしながら，買収や提携の具体的な機会が存在すれば，それらを評価していくという形がとられやすくなる。

　能力の制約とは，個々の参入モードにおける課題へ対処するマネジメント能

力の問題である。M&Aがうまく成果をあげるためには，相手企業と自社の組織をうまく統合していくことが重要である。提携においては，パートナー企業との利害調整をうまく進め，互いに信頼を維持していくことがカギとなる。こうした力は，企業にあらかじめ備わっているものではなく，経験からつくられる1つの組織能力である。過去にまったく経験のない参入モードを用いることは，自社の能力という点ではハードルの高い選択肢となる。逆にある参入モードで経験を積めば，他社が手を出しにくい機会を捕まえていくことが可能になる。M&Aで豊富な経験を持つ日本企業はまだ多くないが，モーター製造業の日本電産は買収をうまく繰り返しながら，業績を伸ばしてきた興味深い事例である。

要約

- 企業が新しい事業領域に参入する方法は，新たに必要となる資源をどのように取得するかの違いにより，内部成長，合併・買収（M&A），提携（アライアンス）の3タイプに大別できる。
- これらの参入モードには固有なメリットとデメリットがあり，特定の参入モードがいつでも，どこでも最適ということはない。
- 最適な参入モードは，どのような資源を，どの程度の規模とスピードで取得する必要があるかという基本的な条件に加えて，機会（M&A，提携における相手企業の存在）と企業自身の能力の制約で変わってくる。

確認問題

- **Check 1** ここで検討した3つの参入モードに対応する最近の事例を新聞報道などから探し，それらで特定の参入モードが採用された理由を検討してみなさい。
- **Check 2** 日本企業の成長は，歴史的に内部成長を中心に実現されてきた。このことが，一般的な日本企業の経営とどのように関係しているか考察しなさい。

unit 21

撤退のマネジメント

撤退の重要性

　企業の活動領域は，新しい産業，市場への参入によってのみ変化するわけではない。今まで活動してきた分野からの撤退もまた領域を変化させ，企業の利益パフォーマンスに影響する。赤字事業など不振事業から撤退すると，企業利益は大きく２つの経路で変わる。第１は，撤退の直接効果とでも言うべきものである。すなわち，企業全体のパフォーマンスを押し下げていた事業がポートフォリオからなくなることで，残った事業の業績が不変であっても，全体としてのパフォーマンスが改善する効果である（撤退にともなうリストラクチャリング費用が大きく発生する場合，短期的にパフォーマンスが低下することはある）。

　第２は，撤退の間接効果である。unit ⑱で取り上げたPPMで「負け犬」と分類されるような赤字事業から撤退せずに，継続することの意味を考えてみよう。単独では存続が難しいこの事業が継続できるのは，別の事業が生み出すキャッシュフローにより赤字が補填されているからである。ここで使われたキャッシュフローは，本来であれば「花形」や「問題児」事業に振り向けられたであろう資金である。すなわち，不振事業を続けることで，より有望な事業が実行できる投資は少なくなる。その結果は，後者の事業が将来に生み出す利益（キャッシュフロー）の低下である。したがって，不振事業からの撤退はより有望な事業で実行できる投資を増やし，将来見込まれる利益を大きくする効果を持つのである。直接効果がすぐ現れるのに対して，間接効果は時間をかけて現れる。

　間接効果は，キャッシュフローの有効活用からのみ生じるわけではない。ある事業を続けていくためには，人材はじめ多くの資源が必要である。撤退は，

それら資源の有効利用にもつながる。たとえば，撤退した事業に配属されていたエンジニアを別の事業にまわせば，その分野での研究開発力を大きく高めることができるかもしれない。このように考えてみると，撤退は不振事業に限定される必要がないことがわかる。企業として強化しなければならない戦略的な事業が別にあるならば，黒字事業であってもあえて撤退し，資源を強化すべき分野に再配分するという判断は十分にありうるのである。

撤退の背景と障害

　実際には，赤字事業であっても撤退は容易ではない。過去に始めた事業を終わりにするには，多くの障害がある。しばしば最も大きな障害となるのは，撤退によって失われる仕事を担ってきた従業員をどうするのかという問題である。従業員の雇用は撤退に常につきまとう問題であるが，その深刻度や可能な対応は撤退の方法（モード）で変わってくる。さまざまな障害の重要性は，撤退が必要となる背景によっても変わる。背景はおおむね3つに大別できる。

　第1は参入の失敗，すなわち見込み違いである。最初からずっと赤字が続いているのが，こうした事業の典型的な姿である。慢性的な不振事業からの撤退でとくに大きな障害は，失敗を認めたり，社内平和を乱したりすることの不効用である。創業者や経営トップなど影響力のある人物の判断や，全社的に鳴り物入りで始められた事業の場合，これらの障害はとくに深刻になりがちである。社内の他事業とのシナジーや，組織に夢や緊張感をもたらす「健全な赤字事業」といった理由づけをして，撤退を回避し続けるという状況に陥りやすい。今まで赤字であるから将来も黒字化しないとは誰も言い切れないという問題もある。サントリーのビール事業は1963年にスタートして以来ずっと赤字を続けてきたが，45年後の2008年にはじめて黒字化した。我慢して努力すれば，いつか黒字になる可能性はどんな赤字事業もゼロではないのである。

　第2は，参入後の事業環境の悪化である。参入自体は成功で利益をもたらしてきたが，競争や需要，技術といった環境条件が変化し，事業の基盤が損なわれてしまうことである。日本の大手電機メーカーの多くはかつて半導体のDRAM分野で高い競争力を誇っていたが，韓国企業はじめとする海外の競合の追上げにより，1990年代末から次々と撤退に追い込まれた。花王はかつて

> **コ ラ ム**
>
> **不確実性と撤退の意思決定**
>
> 　本文で指摘したように，撤退の意思決定を難しくする要因の1つに不確実性がある。今現在赤字の事業であるからといって，将来も赤字が続くとは限らない。数年後にはめでたく黒字転換し，今の赤字がウソのように繁忙をきわめているかもしれない（ただし数年後には損失がさらに拡大し，事業どころか会社が存亡の危機に陥っている可能性もある）。一方，この事業からすぐに撤退すれば，損失がある水準で確定するが，それ以上の損失を被ることは避けられる。この事業から撤退すべきか，継続すべきか。
>
> 　人間の意思決定には無意識の傾向（クセ）があり，こうした場合は「継続」という選択がなされやすい。読者自身で実験をしてみよう。あなたは次のくじで①と②のどちらをより好ましいと感じるだろうか。
>
> 　　　　くじA　①　100％の確率で7000円当たる。
> 　　　　　　　②　70％の確率で1万円当たり，30％の確率で何ももらえない。
> 　次のくじBの③と④だと，どちらだろうか。
> 　　　　くじB　③　100％の確率で7000円失う。
> 　　　　　　　④　70％の確率で1万円失い，30％の確率で何も失わない。
>
> 　多くの読者はAでは①を選び，Bでは④を選んだのではないだろうか。Aのように何かを得るという状況における選択では，私たちは安全な選択肢（①）を選び，リスク（②）を避ける傾向がある。逆にBのように何かを失うという状況では，私たちは安全な選択肢（③）よりリスクのある選択肢（④）を選ぶ傾向があるのである。こうした傾向は人間の意思決定に広く見られるものであり，プロスペクト理論として定式化されている。
>
> 　赤字事業からの撤退は，撤退することである損失を決まったものとして受け入れるか（③），状況が改善する可能性を捨てないために，事業を継続して損失がさらに大きくなるリスクをとるか（④）という問題であり，まさにくじBのような性格を持っている。撤退への最も根深い障害は，人間の無意識であるのかもしれない。

世界最大のフロッピー・ディスク（FD）メーカーであったが，1998年にFD事業から完全撤退した。パソコンの記憶メディアの需要がFDからCD-ROMなど新しい技術に移行し始めたためである。こうした撤退でとくに大きな障害は不確実性である。事業環境の悪化が短期的なものなのか，長期的・構造的なものなのかによって，撤退すべきか，事業継続すべきかの判断は変わってくる。仮に長期的なものだとしても，変化のスピード，規模，性格によっては対応で

きる可能性がある。撤退という判断は一度しかできないため，こうした不確実性は判断を留保させる（撤退を遅らせる）方向に働きがちである。

　第3の背景は，企業戦略の変化である。先に指摘したように，黒字事業であっても撤退するという判断がなされやすいのは，企業戦略が変わり，事業の優先度や資源配分の考え方が変わった場合である。武田薬品工業は本業（医薬品）に資源を集中させるため，食品，飲料，農薬，ウレタン樹脂など多くの黒字事業から撤退してきた。花王はFD事業から撤退した後に，CD-ROMなどすべての情報関連事業から撤退した。これもまた，本業である日用品への集中という企業戦略の変化を踏まえたものである。こうした撤退を行っていくための障害は，戦略を変えること，変えた戦略を組織に浸透させることである。黒字事業からあえて撤退し，資源を他事業の強化という不確実な投資にあてるという判断は，社内の誰にでも簡単に受け入れられるものではない。

清　算

　参入と同じように，撤退の方法は1つではない。以下では代表的な**撤退モード**の特徴を明らかにしながら，撤退にかかわる問題についてさらに検討を進めることにしよう。第1の撤退モードは**清算**，すなわち事業活動を完全にやめてしまうことである。撤退事業が子会社で行われている場合には，子会社は解散される。債権・債務関係が整理され，資産は処分され，残余財産は株主（親会社）に払い戻される。事業が子会社ではなく，企業（親会社）本体の部門として行われている場合には，撤退しても会社がなくなるわけではないが，社内で転用できない資産はやはり処分される。清算という撤退モードは，参入における内部成長と裏返しの関係にある。内部成長とは，まだ存在していない事業を，自社の力でゼロからつくるということであった。対するに，清算は今まで行ってきた活動を自社の裁量のみでゼロにする（停止する）。内部成長では市場で調達可能な資産がバラバラに購入されるのに対し，清算では処分可能な資産がバラバラに売却されるという点でも関係は裏返しである。

　内部成長にメリット，デメリットがあるように，清算という撤退モードにもメリット，デメリットがある。デメリットから見てみよう。清算により事業活動がなくなるということは，それを担っていた従業員の仕事がなくなるという

ことである。すなわち，雇用へのプレッシャーが大きく発生するということが，清算の第1のデメリットである。対応には大きく2つの方法がある。仕事がなくなったのであるから人員も整理するという方法と，社内の別事業で余剰となった人員を吸収するという方法である。前者は人件費がなくなるため，撤退の収益改善効果が大きく発生するが，組織的摩擦も大きく発生する懸念がある。後者では摩擦は小さいが，人件費が引き続き発生するため，収益改善効果も減じられる。第2のデメリットは，撤退により回収できる金額が小さいことである。撤退事業で蓄積された資源のうち，清算により部分的にでも回収可能なのは土地や建物，ごく一般的な生産設備など市場性のある有形資産にほぼ限定される。技術ノウハウや営業ネットワークなど無形の資源をバラバラに売却することは難しい。

　清算のメリットの第1は，自社の決断のみで実行できるということである。次に検討する撤退モードである売却や事業統合は，相手がいなければ始まらないのに対し，清算は基本的に自社だけの問題である。いつでも，どのような事業からの撤退でも使えるという意味で，清算は柔軟な撤退モードである。第2のメリットは，撤退事業で蓄えられてきた資源や組織能力を留保し，別事業で用いることができることである。unit ⑰で取り上げたキヤノンのシンクロリーダー事業からの撤退と，後の電卓，コピー機への多角化は象徴的な例である。フィルム式カメラの企業であったキヤノンは1950年代末にシンクロリーダーへの多角化を行ったものの，短期間で同事業の清算を余儀なくされた。しかしながら，残された技術者を活用して電卓への多角化を進めることで，同社は本業のカメラでは得にくいエレクトロニクス技術の蓄積をさらに進めたのみならず，事務用機器の販路も手に入れた。これらのベースの上に，キヤノンはコピー機という次の大きな多角化事業で大成功し，独占的なリーダー企業であったゼロックスを脅かす存在となったのである。こうした「転んでもタダでは起きない」展開は，撤退事業に蓄えられた知識や経験が撤退により消散しないことが前提条件となる。そのためには，撤退で仕事を失う従業員を社内にとどめ，活かしていくことが必要となる。

売　却

　企業がある事業から撤退するときに，その事業を消滅させてしまう必要は必ずしもない。事業は存続させつつ，企業が関与をやめるという方法もある。他企業への**売却**である。清算が内部成長の裏返しであるように，売却による撤退は合併・買収（M&A）による参入の裏返しである。すなわち，M&A 市場に買い手としてではなく，事業ユニットの売り手として参加するということである。最近の例としては，OKI（沖電気工業）の半導体事業からの撤退があげられる。先に紹介したように日本の電機メーカーでは半導体事業からの撤退が相次いでいるが，OKI の場合は 2008 年に半導体事業を子会社として分割し，ロームに売却した。このように，撤退事業が子会社で行われている場合は，子会社株式を相手企業に譲渡することで売却が行われる。事業の担い手が企業本体の部門である場合は事業自体の株式は存在しないので，売却対象となる資源や債権・債務関係の確定など複雑な作業が必要となる。OKI がロームへの売却に先立ち，半導体事業を会社分割しているのはこのためである。分割せずに部門のまま売却することは事業譲渡と呼ばれ，M&A 一般と同じように大きく増加してきている（unit ⑳コラム参照）。

　売却による撤退の第 1 のメリットは，売却収入が生じることである。事業の持つ資源を丸ごと他の企業に譲渡する売却では，譲渡価格に無形資産や組織能力の価値が反映される。一部の有形資産をバラバラにしか処分できない清算に比べると，一般に大きな売却収入を見込むことができる。この収入は他の事業を強化したり，新しい事業を始めるための資金として用いることができるため，事業ポートフォリオの速やかな調整を進めるのに適している。売却収入を負債の返済にあてるなどすれば，財務体質の改善を進めることもできる。第 2 のメリットは事業が持ち主を変えて続けられるため，雇用がすぐに失われないことである。事業の買い手企業の立場からすれば，従業員をうまく引き継げないということは，せっかく購入した組織能力をうまく引き継げないということである。清算に比べると雇用にかかるプレッシャーは小さくなる。ただし，雇い主が変わることへの抵抗が従業員の中で大きければ，組織的な軋轢が生まれる可能性はある。第 3 のメリットはスピードである。とくに子会社株式の譲渡により撤退が行われる場合，文字通り一夜にして撤退を完了させることも原理的に

はできる。

　売却のデメリットの第1は，買い手となる企業の存在が前提となるということである。清算のように，いつでもどの事業でもというわけにはいかない。買い手企業の候補として普通最も有望なのは，撤退事業における同業者，すなわち競合である。同じ領域で活動している企業であれば，売却された事業を運営していくための能力や経験を持っているのみならず，資源間のシナジーも生まれやすい。しかしながら，需要の低迷や破壊的なイノベーションにより産業全体が不振である場合には，事業を引き取る余裕が競合にもない可能性がある。こうしたときに買い手企業を見つけるのは困難であるのみならず，見つかっても満足な条件で売却できるとは限らない。第2のデメリットは，撤退事業で用いられていた資源がセットで他企業に移動するため，自社による利用はできなくなることである。仮にキヤノンが売却という形でシンクロリーダー事業から撤退していたら，コピー機における成功があったかは疑わしい。

事業統合

　第3の撤退モードは他社との提携による**事業統合**（共同事業化）である。パートナー企業と合弁会社（ジョイント・ベンチャー）を設立し，今まで単独で行ってきた事業を移すという形をとることが多い。企業本体は移管された事業から手を引くことになるが，事業そのものがなくなるわけではないのは売却と同じである。共同事業化により弱まるものの，出資や人員派遣を通じた経営への関与も続けられる。したがって，事業統合は単独経営からの撤退であって，事業からの撤退では必ずしもない。ただし自社の出資比率を低くとどめ，パートナー企業に経営の主導権を委ねると，事実上の事業撤退という性格が強くなる。また合弁のはじめには出資比率が高くても，徐々にそれを下げることで，時間をかけて事業撤退に近づけていくこともできる。この点で，エルピーダメモリの事例は興味深い。エルピーダメモリは，日立とNECがDRAM事業の統合のために折半出資で設立した合弁企業であった。エルピーダはさらに三菱電機のDRAM事業を買収し競争力の向上を図るが，事業領域の絞込みを進める日立とNECは合弁株式を2004年に公開し，DRAM事業への関与をともに低めた。2009年現在の日立とNECの出資比率は両社合計で2割に満たず，エルピ

ーダは独立性の高い半導体メーカーとして活動するようになっている。

　他の撤退モードと同じように，事業統合にもメリットとデメリットがある。第1のメリットは，単独では継続の難しい事業も他社と力を合わせて存続させ，利益（配当）を享受できる可能性があることである。事業を存続させるために他社の力を利用する点は売却と似ているが，事業を切り離した後も利益を享受するチャネルが残されていることが異なる。第2のメリットは，事業が完全に自社の手を離れるわけではないために，そこで蓄えられてきた資源や能力へのアクセスが保たれることである。この点では，事業統合は清算に似ている。第3のメリットは事業が存続されるために，雇用へのプレッシャーが低いことである。さらに，移籍先が自社とはまったく別の企業ではなく，自社が出資する合弁企業であるために，従業員の移動への抵抗も和らげられる。

　デメリットの第1は，パートナーとなる企業がいることが大前提であることである。売却と同様に，自社の一存で実行できるものでは決してない。第2のデメリットは，撤退にともなう収入が少なくとも短期的には生じないことである。したがって，企業本体の財務体質を改善したり，他事業のための投資資金を生み出したりする効果は低い。第3に，パートナー同士の協働がうまく機能しないリスクである。合弁が失敗し解消されれば，本格的な事業撤退を検討しなければならない。合弁期間中に事業を取り巻く環境が悪化していれば，先延ばしされたことで撤退の痛みが大きくなっている可能性もある。

撤退モードの選択

　このように異なる撤退モードには固有のメリット，デメリットがある。表21-1はそれらをまとめたものである。実際にある事業からどのような形で撤退するかという判断は，こうした長所・短所を踏まえつつ，①現金収入を得ることの重要性，②撤退後の資源保持の必要性，③他事業での雇用吸収余力，④売却先，統合パートナー候補となる企業の有無などを勘案しながら決めることになる。たとえば，撤退事業と他の事業の関連性が深く，撤退後も資源へのアクセスを維持することが重要としよう。この場合，他事業での雇用吸収が可能であれば，清算という形で撤退し，資源を社内に留め置くことが合理的かもしれない。社内での雇用吸収が難しいにもかかわらず，資源へのアクセスを維持

表21-1 代表的な撤退モードのメリットとデメリット

	メリット	デメリット
清算	自社の意向のみで実行可能 資源の保全と別事業での活用	雇用へのプレッシャー 小さな回収金額
売却	売却収入 買い手企業での雇用の継続 スピード	相手企業との同意が必要 資源の社外への流出
事業統合	事業利益を享受可能 資源へのアクセス 雇用の継続と従業員のスムーズな移動	相手企業との同意が必要 撤退収入は生じない 他社との協働を続ける難しさ

しようとするならば、他社との事業統合が有力なオプションとなろう。一方、企業全体が不振で存続の危機にあるのであれば、現金収入の確保が急務である。こうした場合、売却が望ましい方法となる。もっとも、財務的に追い込まれてから買い手企業を探しても見つからなかったり、不利な条件での売却を強いられたりといった危険がある。しなければならない撤退はなるべく早くにすることが、より好ましい結果へとつながるのである。

　事業統合と売却は時間をずらし、組み合わせて使うことで、それぞれの摩擦を軽減することができる。武田薬品工業は本業の医薬品に資源を集中させるために、多くの非中核事業から撤退してきた。これらの撤退にあたり、武田はまず対象事業を本体から分離し、他企業と事業統合した。農薬では住友化学、飲料ではハウス食品、調味料ではキリンビール、ウレタン樹脂では三井化学、ビタミン原料ではドイツのBASFが統合パートナーである。その後に合弁株式を相手企業に売却することで、武田はこれら事業から完全に撤退した。売却は事業統合のはじめから、武田とパートナー企業間で合意されていたものである。このように売却への移行段階として用いられる合弁事業は、**リストラクチャリング・ジョイント・ベンチャー（RJV）** と呼ばれることがある。

　RJVは事業の売り手、買い手企業の双方にとってメリットのあるアプローチである。買収における買い手企業の大きな課題は相手の資源をいくらで評価するかということと、実際に買収した後に資源をいかにうまく引き継ぐかである。合弁という場で事業活動をしばらくともにすることで、無形資産や組織能力のように企業外から評価することの難しい相手資源の不確実性が小さくなる

のみならず，買収後の引継ぎも容易になる。売り手企業の立場から見ると，従業員の負担を軽減するというメリットが大きい。いきなり別の企業に移籍するよりも，自社と相手の合弁という場を経由するほうが心理的な抵抗は小さくなると考えられる。

要　約

- □　撤退は，不振事業を事業ポートフォリオから取り除くだけではなく，残った事業間でのより効率的な資源配分を可能にすることで，企業パフォーマンスの向上に寄与する。しかしながら，撤退を実際に進めるにはさまざまな障害がある。
- □　既存の事業からどのように撤退するかという方法（撤退モード）は，清算，売却，事業統合（共同事業化）の３つに大別される。これらは unit ⑳で取り上げた３つの参入モードと裏返しの関係にある。
- □　これらの撤退モードには固有なメリット，デメリットがある。撤退事業の資源を保持する必要性，現金収入の必要性，雇用へのインパクトなどを勘案しながら，最適なものを選ぶ必要がある。

確認問題

- □　*Check 1*　一度始めた事業からの撤退が難しい理由は数多くある。本文で指摘した以外にどのような要因が考えられるか，検討しなさい。
- □　*Check 2*　ここで取り上げた３つの撤退モードによる最近の撤退事例を新聞報道などから探し，その撤退モードが用いられた理由を検討しなさい。

unit 22

企業リストラクチャリング

企業リストラクチャリング

　企業リストラクチャリング（restructuring）とは，その名の通り**企業の構造**（structure）をつくり替えることである。多くの場合，リストラクチャリングは利益の大幅な低下に対応して行われる。利益の低下が必ずリストラクチャリングを引き起こすわけではない。人間の病気と同じである。健康な人が少しぐらい風邪をひいても，無理せずに休めばすぐ回復する。だが，体のどこかに深刻な病気を抱えていると，少し休んだぐらいでは健康は戻らない。放っておくと病気がさらに進み，生命の危険にまで及ぶ可能性がある。本格的な治療が必要である。同じように，リストラクチャリングという「治療」が必要となるのは，利益の低下が企業の生存していく力（＝利益を生み出す力）の構造的な低下によってもたらされていると考えられる場合である。利益を生み出す力が構造的に低下しているということは，経営戦略が機能していないということである。したがって，この問題への根本的な対応は，戦略の大幅な見直しを必要とする。チャンドラーの「構造は戦略に従う」という言葉にあるように，戦略が変われば，戦略を実行するための構造も変わらなければならない。リストラクチャリングと経営戦略の関係は多面的であるが，最も基本的な関係は戦略の修正にともなう構造の調整である。

　リストラクチャリングのある部分には，経営戦略を変更するための準備という性格もある。戦略を大きく変えるということは，人間でいえば大きな手術ぐらいの負担が企業にかかる。「体力」のない企業は，手術に耐えることができない。リストラクチャリングには，手術（＝戦略の大幅修正）をするための体力づくりという側面があるのである。戦略を変えていくために今までの構造を

「解きほぐす」という機能もある。いったんでき上がった構造は，前提とする戦略を固定化する働きがある。新しい考え方（戦略）への受容性が高まるように構造を変えることも，リストラクチャリングの重要な機能である。

ところで，企業の構造とはそもそも何だろうか。一般的に言えば，構造とはあるもの（全体）がいかなる要素（部分）から構成されているか，それら要素がどのように結びつくことで全体として機能しているかを指す言葉である。こうした意味で，企業には大きく3つの構造がある。第1に，企業は事業の集まりであるから，事業の組合せ（事業ポートフォリオ）としての構造がある。第4章で見たように，この構造をいかにつくるかは企業戦略の核となる問題である。第2は，従業員や部門による分業と協働の仕組みとしての構造，すなわち企業組織である。チャンドラーの「構造は戦略に従う」という言葉で念頭に置かれているのは，おもに組織としての構造である。第3は，企業活動を支える資本の構造である。バランスシートに見られるように，資本とはいろいろな形で調達，活用されている資金の組合せであるからである。

企業リストラクチャリングは，これらの構造の少なくとも1つを大きくつくり替える。こうした構造の変革という本来の意味と比べると，リストラクチャリングという言葉は一般的にもっと狭い意味で使われることが多い。「リストラクチャリング＝人減らし」という意味である。たしかに「リストラされる」という表現に象徴されるように，リストラクチャリングを行っている企業が大がかりな人員削減に踏み切ることは多い。しかしながら，企業組織を小さくする（従業員数を減らす）ことと，その構造を変えることは同じではない。構造を変えるために，従業員を増やす必要があることもある。この unit で検討するのは，本来の意味でのリストラクチャリングである。

財務リストラクチャリング

企業の構造のうち，資本構造（バランスシート）を変えることを**財務リストラクチャリング**（財務リストラ）という。財務リストラはリストラクチャリングの必要性が明らかになってから，早いタイミングで実施されることが多い。大きな赤字など企業の存続可能性に深刻な懸念が生じている状況では，債務不履行（デフォルト）を避けることが焦眉の課題である。銀行借入れや社債などの負債

は，契約で決められている金額を決められた期日までに必ず返済しなければならない。利益パフォーマンスの低下により返済能力が十分になくなっている場合，返済額を能力に合わせて小さくすることができなければ，債務不履行により企業が倒産してしまう。

財務リストラクチャリングの重要な目的の1つは，現在または将来の債務負担を軽くすることで，企業の存続可能性を高めることである。現在の返済能力に余裕がある場合は，返済を前倒しで進めたり，新たな借入れを抑えたりして将来の負担を低めることができる。しかし債務不履行の危険が差し迫っている企業には，そうした時間的，財務的な余裕はない。債権者との契約を改めて負担を減らすという荒療治が必要になる。比較的穏便な方法は返済の一時的な停止（猶予）である。より大がかりな方法としては，債権者に債権放棄に応じてもらったり，負債を株式に転換したりして（デット・エクイティ・スワップ），債務残高を圧縮することがある。言うまでもなく，こうした方策は契約相手である債権者の同意なしには実施できないし，どのような債権者でも無条件に応じてくれるわけではない。自社と大きな取引があり，将来も取引が継続すると予想される銀行（メインバンク）が中心となり，リストラクチャリングの実施と監督のために銀行から役員を受け入れるなどの条件で行われることが普通である。

こうした債務負担を引き下げるための方策は，存続の危機に直面している企業が危機を克服するための時間的，財務的な余裕をつくるために有効であり，しばしば不可欠である。しかしながら，それがリストラクチャリングの最終的な目標である利益を生み出す力の立直しにどう貢献するかは明らかではない。債務負担を低くすることで，将来の投資を弾力的に行えるようになるというプラスの効果もあるが，マイナス効果もあるからである。マイナスの効果は，経営の意思決定に歪みがある場合に生まれる。経営者が利益に結びつかない無駄な投資をしたり，赤字事業からいつまでも撤退しなかったりなどの非効率があるならば，財務における負債への依存度（レバレッジ）を低めるのではなく，むしろ高くすることが意思決定に規律をもたらし，利益パフォーマンスの長期的な向上をもたらす可能性がある。大きな返済義務が存在していれば，採算を軽視した投資や撤退の先延ばしはしにくいからである。レバレッジを高める財

務リストラクチャリングはレバレッジド・リキャピタライゼーション（leveraged recapitalization）と呼ばれ，アメリカなどでは珍しくない。

事業ポートフォリオ・リストラクチャリング

1990年代からの日本企業のリストラクチャリングを象徴するものとして，「選択と集中」という言葉がよく使われた。自社が従事すべき事業をよく見極め，行うべき事業に集中し，行うべきでない事業からはできるだけ速やかに撤退するということである。事業の選別（選択と集中）により，事業の組合せとしての企業構造を変えていくことを，**事業ポートフォリオ・リストラクチャリング**と呼ぶ。いかなる事業を組み合わせて行うかは企業戦略の根幹であるから，事業ポートフォリオ・リストラクチャリングは，経営戦略の修正が最も端的に反映されるリストラクチャリングと言える。

リストラクチャリングにより事業ポートフォリオが変更されるパターンは，背景にある問題の性格により3つに大別できる。第1は過剰な多角化の修正である。すなわち，シナジーの過大評価による失敗事業や黒字でも競争力の維持・強化が見込みにくい事業が，企業全体の重荷となっている場合である。こうした場合には，余計な事業からは撤退しつつ，集中すべきコア事業を強化する「本業回帰・強化型」のリストラクチャリングとなる。このタイプの特徴は，リストラクチャリングにより多角化の程度が低下することである。unit ㉑で紹介した武田薬品工業の多角化事業からの撤退は，本業（医薬品）への集中と強化のためであり，典型的な例である。半導体やデジタル家電などかつて「総合電機」を象徴した事業から撤退し，産業用電機や自動車部品への集中を進めた三菱電機もこのタイプである。

第2は，過小な多角化の修正である。すなわち，コア事業の利益が市場の成熟などにより低下してきている一方で，今までに蓄積してきた資源や能力を活かせる多角化の余地がまだ残されている場合である。こうした場合は，コア事業に偏重している資源を多角化事業に振り向けていく「本業依存脱却型」のリストラクチャリングとなる。新しい事業への参入を積極的に進め，本業のウェイトは低下させるため，リストラクチャリングにより多角化度が上がることが特徴である。unit ⑳で紹介した富士フイルムの化粧品や医薬品への展開は，

本業（写真フィルム）の縮小に対応したもので，このタイプにあたる。ビール市場の成熟と競争激化に対応して，非ビール系飲料や食品，医薬品へと多角化するキリンもこのタイプと言えるだろう。同社は武田薬品工業の調味料事業を事業統合後に買収しているほか，医薬品事業の強化のため協和発酵を買収するなど，M&Aによる事業領域の拡大に積極的に取り組んでいる。

　第3は本業の変更である。すなわち，かつてのコア事業は撤退ないし大幅に縮小し，新しい事業をコアとして事業ポートフォリオの抜本的な再編を図る「本業再定義型」のリストラクチャリングである。これは今までの本業が事業を束ねるコアとしての機能を大きく落としているときに必要になる。IBMは汎用コンピュータ（メインフレーム）でのデファクト・スタンダードとなることで，同事業をコアとする強力な事業ポートフォリオをつくり上げてきたが，パソコンに代表されるコンピュータの小型化と分散処理型ネットワークの普及により，1990年代初頭に深刻な不振に陥った。この問題に対応するために，IBMはモノ（ハードウェア）の開発・生産ではなく，モノやソフトの統合により顧客の問題解決を図る能力を自社のコア・コンピタンスと再定義し，事業ポートフォリオの大胆な入替えを行った。具体的には，ハード・ディスク・ドライブ事業の日立への売却や，パソコン事業のレノボ（中国）への売却に象徴されるように，モノの領域では撤退を進め，サービス分野ではコンサルティング会社（PwC）の買収など参入を積極的に進めた。このように本業再定義型のリストラクチャリングでは，参入と撤退が同時に行われることが特徴である。結果として，多角化度は上がることも下がることもある。

　以上のパターンはあくまで大まかな類型であり，すべてのリストラクチャリングがどれかにきれいに当てはまるわけではない。過剰な多角化と十分に活用されていない多角化機会が，1つの企業で並存しているのは珍しいことではない。どのような形をとるにせよ，事業ポートフォリオ・リストラクチャリングの目的はシナジーが生まれやすい事業の組合せを再構築し，企業全体として利益を生み出す力を高めていくことである。

組織リストラクチャリング

経営戦略の修正に対応して，企業組織の規模と構造を変えていくことを**組織**

リストラクチャリングという。組織の規模（従業員数）は大きく2つのチャネルで変化する。第1は事業の参入（拡大）や撤退（縮小）により，活動規模が変わることによる変化である。ある事業を売却すれば，その事業の従業員が別の企業に移籍する分だけ自社の従業員数は減る。第2は活動の効率化（合理化）による人員数の変化である。活動規模が同じであれば，効率化により必要な人手は減少するため，解雇，早期退職，採用抑制などの形で人員削減が行われる。企業パフォーマンスの低迷が著しい場合には，不採算事業の撤退・縮小と活動の合理化が同時に行われることが多いため，規模の縮小幅はとくに大きくなる。「リストラ＝人減らし」という言葉の使われ方が一般的である所以である。

　だが，構造のつくり直しとしての組織リストラクチャリングの本質は，企業組織の大きさではなく，企業を構成する多くの部門や従業員間の分業と協働の仕組みをつくり替えることにある。たとえば，組織の公式（フォーマル）な構造では，部門構造の見直しがある。1990年代後半からの日本企業の組織リストラクチャリングの1つの特徴は，今まで企業本体の部門で行ってきた事業を，子会社として切り離して行う動きが広く見られたことである。キリンや富士フイルムのように，すべての事業を子会社として分離し，企業本体は持株会社となったケースも数多く見られる。事業を子会社として切り離すことは，事業の自律性を高め，スピーディな意思決定を可能にするというメリットがある反面，事業間の連携が難しくなるというデメリットもある。同じ企業グループ内とはいえ，事業が変われば，会社の壁を越える調整が必要となるからである。このデメリットを小さくしつつ，分社化のメリットも生かす試みとして，企業の部門を擬似的に子会社として運営するカンパニー制度も多くの企業で採用されてきた。分社化と同じ時期に広く進んだ「成果給」の導入など，人事・給与制度の変革も公式な構造のリストラクチャリングの例である。

　公式な構造をうまく変えることは簡単ではないが，企業文化や価値観など非公式（インフォーマル）な構造を変えることはさらに難しい。事業間の関係を競争的なものから協調的なものに変えようとすれば，従業員の価値観も事業中心のものから，企業としての全体最適を重視するものに変わらなければならない。企業にとって歴史的に重要な「本流」事業の従業員ほど，この転換は難しい。「企業＝自分の事業」であった時間が非常に長いからである。従業員の心理的

> **コラム**
>
> **企業内部者による買収（MBO と EBO）**
>
> 　企業の構造は所有（株主構成）という見地からもとらえることができる。リストラクチャリングは，株主構成にも大きな変化をもたらすことがある。とくに大きな変化が起きるのは，上場企業として多くの投資家に株式を所有してもらっていた企業が，経営陣による買収で非公開化する（上場をやめる）マネジメント・バイアウト（MBO）である。
>
> 　リストラクチャリングにおける MBO のメリットは，経営者が意図する変革を円滑に進められることにある。上場企業の経営は，経営者の一存ですべて決められるわけではない。多数の投資家が分散的に株式を持っていたり，経営陣と意見を異にする有力投資家がいたりすると，株主との調整に時間がかかり，経営者の思うように変革を進められない場合がある。MBO により経営者自身が大株主となれば，この問題は回避される。実際には，経営者（経営陣）が自らの資金だけで大きな上場企業を買収することは難しい。このため，投資ファンドや銀行など賛同してくれる投資家の支援で行う MBO が一般的である。よく知られた日本企業の MBO の例としては，アパレル企業のワールド，飲料のポッカコーポレーション，ファミリーレストランのすかいらーくなどがある。
>
> 　MBO は企業丸ごとではなく，子会社や部門など企業の一部を対象に行われることもある。企業が撤退（売却）を決めた事業のマネジャーが，別の企業の傘下に入ることなく，独立した企業として事業を継承していく場合である。たとえば，東芝セラミックス（現コバレントマテリアル）は MBO により親企業グループ（東芝）から独立した。こうした独立型の買収は，マネジャーではなく従業員を買い手として行われることもある。エンプロイー・バイアウト（EBO）と呼ばれる買収である。アメリカの製薬企業であるファイザーが愛知県の研究所の閉鎖を決めた際には，研究所員による買収が行われ，研究所はラクオリア創薬という名の企業として独立，存続した。
>
> 　こうした企業内部者による買収は，かつて日本ではほとんど見られなかったが，2000 年代に入って着実に増加し，近年では年に 100 件近くの MBO が行われるようになった（レコフ調べ）。従来よりも思い切ったリストラクチャリングが行われていることの 1 つの証左と言えるだろう。

抵抗を克服するためには，強い働きかけが必要である。たとえば「非本流（傍流）」事業出身の経営者がトップに就くことは，全社最適と変革の重要性をシンボルとして示す効果がある。キリンの荒蒔康一郎会長はキリンビール社長に

就任するまで，医薬品を中心に，本流（ビール）事業とは無縁なキャリアを歩んできた。そうした経営者が本流事業の強化に新しい視点で成功すれば，従業員の価値観に強いインパクトを持つかもしれない。研修など多くの部門の管理職や従業員が会する機会をうまく活用することも考えられる。アメリカのGE（ゼネラル・エレクトリック）は全社的な価値観を共有した人材を育成するために，コーポレート・ユニバーシティ（企業内大学）をはじめとするさまざまな取組みを体系的に行うことで知られている。

リストラクチャリングのステップ

このように，企業リストラクチャリングではさまざまな領域で変革が行われる。それらを一度に行うことは困難であるのみならず，望ましいともいえない。もちろん，すぐにするべきことをいつまでも先送りしていれば，リストラクチャリングの意味がなくなってしまう。破綻の瀬戸際にある企業が財務体質の改善を図るのは，待ったなしの変革である。しかしながら，リストラクチャリングのさまざまな施策には，順序立てて確実に進めることが効果をあげるために重要なものが多くある。このため，企業リストラクチャリングはしばしば，いくつかのステップに分けて行われる。ステップごとの目標を達成していくことで，最終ゴールである利益を生み出す力の立直しへと到達していくのである。図22-1はわかりやすい例として，旭化成のリストラクチャリングの段階を示したものである。

旭化成のケースは，典型的な**リストラクチャリングのステップ**を踏むものである。すなわち，①不採算な事業からの撤退で活動の範囲や規模を縮小し，②残った事業への集中で「体力」を高め，③新たな戦略的拡大に打って出るという流れである。いったん引いた（縮小した）後に広がる（拡大する）という順序は，企業パフォーマンスの大幅な悪化に対応したリストラクチャリングでは，合理的かつ必然的なものである。だが，リストラクチャリングはそうした危機的状況まで待つ必要はない。余裕のある状況から少しずつ取り組めば，人員調整などの痛みを和らげる措置もとりやすい。虫歯と同じである。対応（治療）を先延ばしにするために，問題はより深刻になり，痛みの大きな変革でしか対応できなくなるのである。大がかりなリストラクチャリングに再び追い込まれ

図 22-1　旭化成のリストラクチャリング・プログラムの変遷

プログラム名 (実施期間)	ISHIN 2000 (1999〜2002年)	ISHIN 05 (2003〜05年)	Growth Action 2010 (2006〜10年)
テーマ	選択と集中	選び抜かれた多角化	成長への 事業ポートフォリオ転換
目標	負の遺産の整理	キャッシュ・フローを稼ぐ	戦略投資の実行

出所：旭化成 IR 資料より作成。

ることを避けるため，問題を小さなうちに見つけ，早くに解決することを可能にする経営の仕組みをつくることも，リストラクチャリングの重要な課題と言える。

要　約

- □　リストラクチャリングとは経営戦略の変更にともない，企業の構造をつくり替えていくことである。戦略が変わったことによる構造の修正と，戦略を変えていくための構造の修正がある。
- □　リストラクチャリングはつくり替える構造の違いにより，財務リストラクチャリング，事業ポートフォリオ・リストラクチャリング，組織リストラクチャリングに大別される。
- □　リストラクチャリングは，さまざまな施策をバラバラではなく順序立てて行うことで全体として大きな効果を生み出すため，段階を踏んだ実施が重要である。

確認問題

- □　*Check 1*　日本企業 1 社を選び，その企業が 1990 年代以降に実施したおもなリストラクチャリングを，新聞報道等にもとづき調べなさい。それらを全体として見ると，どのような経営戦略の変更が推察されるか検討してみなさい。
- □　*Check 2*　リストラクチャリングはなるべく早く始めたほうがよいが，実際に早く始めるのは難しい。どのような要因がリストラクチャリングへの障害となるか検討しなさい。

KeyWords 5

- 参入モード　229
- 内部成長　230
- 合併・買収（M&A）　230
- 提携（アライアンス）　230
- 撤退モード　241
- 清　算　241
- 売　却　243
- 事業統合　244
- リストラクチャリング・ジョイント・ベンチャー（RJV）　246
- 企業の構造　248
- 財務リストラクチャリング　249
- 事業ポートフォリオ・リストラクチャリング　251
- 組織リストラクチャリング　252
- リストラクチャリングのステップ　255

References 5

Bowman, E. H. and Singh, H. [1993] "Corporate restructuring: Reconfiguring the firm," *Strategic Management Journal*, vol. 14, special issue 1, pp. 5-14.

Collis, D. J. and Montgomery, C. A. [1998] *Corporate Strategy: A Resource-based Approach*, Boston, MA: McGraw-Hill.（コリス，D. J.＝モンゴメリー，C. A.〔根来龍之・蛭田啓・久保亮一訳〕[2004]『資源ベースの経営戦略論』東洋経済新報社）

Donaldson, G. [1994] *Corporate Restructuring: Managing the Change Process from within*, Boston, MA: Harvard Business School Press.

Kahneman, D. and Tversky, A. [1979] "Prospect theory: An analysis of decision under risk," *Econometrica*, vol. 47, no. 2, pp. 263-291.

Nanda, A. and Williamson, P. J. [1995] "Use joint ventures to ease the pain of restructuring," *Harvard Business Review*, vol. 73, no. 6, pp. 119-128.

Shleifer, A. and Vishny, R. W. [1992] "Liquidation values and debt capacity: A market equilibrium approach," *Journal of Finance*, vol. 47, no. 4, pp. 1343-1366.

Weston, J. F., Mitchell, M. L. and Mulherin, J. H. [2004] *Takeovers, Restructuring, and Corporate Governance, 4th ed.*, Upper Saddle River, NJ: Pearson Prentice-Hall.

# 索 引

(太字数字は，KeyWords として表示されている語句の掲載頁を示す)

事項索引 ●●●

アルファベット

3 C **40**, 41
M&A →合併・買収
OEM **120**
OLI フレームワーク **215**, 217
PIMS **86**
PPM →プロダクト・ポートフォリオ・マネジメント
SWOT **42**, 187
　　──分析 **23**, 46
WTP →顧客の支払い意欲

あ 行

相手企業 **236**
　　──の合意 **232**
赤字事業 **238**, 239
　　──からの撤退 **240**
アーリー・フォロワー **142**
安心感 **94**
アンブレラ・ブランディング **185**
暗黙知 **108**, 215
意思決定
　　──速度 **163**
　　──の傾向 **240**
　　戦略的── **23**
意図された戦略 **26**
イナーシア〔慣性〕 **67**
イノベーション **127**, 138, **143**, 148, 149
　　──の収益化 **134**, 138
　　──の頻度 **145**
　　──のマネジメント **128**

改良的── **127**, 145
革新的── **127**, 144
工程── **127**, 144-146
持続的技術── **132**, 133
製品── **127**, 131, **143**, 145
ディマンド・プル型── **134**
テクノロジー・プッシュ型── **134**
破壊的技術── **133**
イノベーター **142**
因果の曖昧さ **108**
インストールド・ベース **115**, 116
インターフェース **42**
　　──の標準化 **176**
インプット **59**
売上高利益率 **49**
売り手 →サプライヤー
エムプロイー・バイアウト〔EBO〕 **254**
オーバーエクステンション〔飛び石アプローチ〕 **200**
オープン戦略 **119**, 120, 121
オペレーティング・レバレッジ **79**, 85

か 行

海外拠点 **217**, 219, 220
　　──の役割 **221**
　　本国と──のネットワーク **221**
会社分割 **243**
買い手企業 **244**
買い手の交渉力 **49**, 54
開発企業のジレンマ **121**
外部環境〔→事業環境〕 **15**, 27, 46, 48
　　──分析 **43**

259

外部環境の機会　→機会
外部環境の機会と脅威〔→機会，→脅威〕　23, 27
外部環境の脅威　→脅威
外部成長　→合併・買収
外部調達　176, 177, 229
外部要因　42
改良的イノベーション　127, 145
価　格　36, 41, 49, 69
　──引下げの可能性　50, 52
価格競争　52, 57, 71, 135, 146
拡散型〔連鎖的〕事業展開　195, 197, 199
学　習　235
　──の効率性　200, **221**
　事業遂行過程における──　200
学習効果　→経験効果
革新的イノベーション　127, 144
隔離メカニズム　**105**
寡占市場　57
価　値　**37**, 38, 70
　──の提供力　71, 73
　──の不確実性　65
　顧客にとっての──　89
価値観　253
価値相関図〔バリュー・ネット〕　**56**, 123
価値の創造　**37**, 38
活　動　**59**, 60, 61, 67, 111
　──規模の変化　253
　──の効率化〔合理化〕　253
　──の国際化　214
活動のシステム〔→戦略フィット〕　111, 136
　──全体の模倣　112
合　併　232
合併・買収〔M&A, 外部成長〕　14, **230**, 232, 235-237, 243
　──による多角化　207
　──のインフラ整備　233
　企業の──意欲　233

日本の──市場　233
稼働率　**52**, 79, 85
金のなる木　209
株式公開　232
株主構成　254
川上統合〔後方統合〕　169
川下統合〔前方統合〕　169
間接的効果　**117**
カンパニー制度　253
官僚制の逆機能　**130**
関連・拡散型多角化　195
関連型多角化　193, 194, 196, 204
関連・集約型多角化　195
関連性〔関連度〕　→事業間の関連性
機会〔外部環境の機会〕　42, 43, 46, 182, 187, 192, 196
　──の制約　236
機会主義的行動　**162**
規　格　116, 148
　──間競争　116, **125**
　──内競争　**125**
企　業　3, 18, 22, 40, 59
　──間の相互作用　57, 123, 125
　──と顧客の情報の非対称性　93, 110
　──の規模　128, 141
　──の業績　196, 203
　──の存続　4
　──の存続可能性　249
企業間競争　→競争
企業効果　20
企業者精神　**128**, 129
企業成長　3, 230
　漸進的な──　231
　長期的──　212
企業戦略　5, **16**, 19, 20, 24, 25, 28, 49, **156**, 160, 166, 168, 181, 203, 249, 251
　──の変化　241
　事業戦略〔競争戦略〕と──の統合　28
企業としてのまとまり　→凝集性

企業の構造　→構造
企業の強み　→強み
企業の（内部の）強みと弱み　→強み・弱み
企業の弱み　→弱み
企業文化〔組織文化〕　212, 231, 234, 253
企業優位　18-20, **160**
　──が生まれるメカニズム　160
企業利益　→利益
企業リストラクチャリング〔→リストラクチャリング〕　166, 234, 248
企業理念　→理念
技　術　60, 64, 65, **83**, 84, 136, 137, 143, 189, 190, 200, 211, 230
　──以外の差別化優位　122
　──主導〔プロダクトアウト〕型の製品開発　89
　──の移転　190
　──の無償公開　136
　──の流通促進　136
　持続的──　**132**
　新──の開発　133
　破壊的──　**132**
　黎明期の──進歩　143
技術革新　127, 128
技術的仕様　144
稀少性　64
既存業者間の敵対関係　48, 50, 53
既存事業の成熟・衰退　182, 187, 192
機　能　5
機能別組織　→職能別組織
規模の経済（性）　53, 80, 82, 87, 107, **108**, 116, 128, 145, 147, 149, **170**, 217, 218
　グローバルな──　219, 221
規模の不経済性　82
基本戦略　46, 69, **74**, 104
キャッシュフローの有効活用　238
キャパシティ　80
脅威〔外部環境の脅威〕　42, 43, 46, 182, 187, 192

業界構造分析　→ファイブ・フォース分析
業界の魅力度　207, 210
業界標準　**115**, 118, 121, 125
供給業者　→サプライヤー
凝集性〔企業としてのまとまり〕　203, 204, **211**, 212
競争〔企業間競争，利害の不一致〕　4, 38, 40, 41, 48, 69, 70, 84, 104, 128, 130, 145, 147
　──と協力を組み合わせた戦略　**125**
　──の程度　48
　顧客をめぐる──　70
　サプライヤーをめぐる──　70
　黎明期の──　145
競争相手　**56**, 124
競争圧力　39, 172, 178, 200
競争戦略　→事業戦略
競争戦略論　25
競争ポジション　207, 208, 210
競争優位　13, 14, 18, 20, 28, 48, 62, 69-72, 86, 87, 89, 104, 130, 160, 188, 210, 215
　──の持続可能性〔持続可能な──〕　**26**, **104**, 114
　──のタイプ〔類型〕　71, 74
　国の──　216
　後発企業の──　112
協調の可能性　50
共通性　189
業務の垂直的段階〔業務の垂直的な流れ〕　158, **168**
　──についての事業の定義　168
協力〔協力関係，利害の一致〕　84, 85, 115
　競争と──を組み合わせた戦略　**125**
巨額の投資　53, 57, 128
組合せの妙　42, 186
　事業の──　156
クリティカル・マス　118
黒字事業　239, 241
クローズド戦略　119, 121

クロス・ライセンシング　234
グローバル戦略　**219**, 220
経営管理　**7**
経営計画　**9**
経営権　232
経営資源　→資源
経営者　6, 9, 19, 22-24, 192
　　――の属性　166
経営戦略　3, 7-9, 18, 22, 36, 248
　　――の実行　6
　　――の修正　248, 251
　　――の成立ち　12
　　――の変更準備　248
経営戦略論　16
経　験　237, 242
経験曲線　**24**
経験効果〔学習効果〕　82, 87, **109**, 170, 218
経験財　93, 110
経済学　26
形式知　**109**, 215
継続的取引　**177**, 179
契　約　161
系列取引　**177**
経路依存性　65, 66, 67, **114**, 145
結合生産　**183**
ゲーム理論　26, 56
研究開発（活動）　128, 200
研究開発費　64, 65, 81
現地生産　217
ゴーイング・コンサーン　181
広告競争　105, 147
広告宣伝　90, 94, 110
広告費　81, 147
構造〔企業の構造，組織構造〕　129, **248**, 249
　　――の複雑化　163
　　――は戦略に従う　7, **22**, 248, 249
　　公式な――のリストラクチャリング　253
　　戦略が――に従う　7
　　非公式〔インフォーマル〕な――　253
工程イノベーション　127, 144-146
工程技術　143
合弁〔合弁会社，ジョイント・ベンチャー〕　230, 234, 244
　　――の失敗　245
効　用　69
効率性　164
　　学習の――　220, **221**
　　統合の――　**218**, 219, 221, 222
子会社　243, 253
　　――株式の譲渡　243
　　――の解散　241
互換性　**115**, 116, 118
互換製品の供給企業数　115
顧　客　36, 40, 41
　　――中心の事業の定義　157
　　――にとっての価値　89
　　――の自己表現　93
　　――の心理　91
　　――の定義　**96**
　　――へのアクセス　106
　　――をめぐる競争　70
　　企業と――の情報の非対称性　93, 110
　　成熟期の――　143
　　成長期の――　142
　　黎明期の――　142
顧客セグメント　92
顧客ニーズ　→ニーズ
顧客の支払い意欲〔WTP〕　37, 41, 61, 63, 69, 72, 74-76, 89, 94, 115, 117
　　費用と――のトレードオフ〔二律背反〕　73
国際化　160, 181, **214**, 217, 229
　　――の条件　215
　　活動の――　214
　　市場の――　214
　　組織の――　214

国際企業戦略　218
国際競争力　216
コスト〔費用〕　37, 61, 63, 69, 72, 74, 75, 145
　——とWTPのトレードオフ〔二律背反〕　73
コスト区分　78
コスト構造〔費用構造〕　52, 78, 85, 147
コスト・ドライバー　78, 85
コスト優位　46, 69, **71**, 72, 74, 76, 78, 109
コスト・リーダーシップ戦略　74
固定資産　79
固定費用　**52**, 78-80, 82, 147
雇用へのプレッシャー　242, 243, 245

さ 行

債権放棄　250
最小効率規模　**146**, 149, 218
債務負担の引下げ　250
債務不履行〔デフォルト〕　249
財務リストラクチャリング〔財務リストラ〕　249
サプライヤー〔売り手, 供給業者〕　36, 70
　——との関係　**84**
　——の機会費用〔SOC〕　**37**, 70
　——の交渉力　39, **48**, 54
　——への交渉力　84
　——をめぐる競争　70
差別化〔製品差別化〕　46, **52**, 53, 57, 145, 146, 148
　垂直的——　**95**, 96
　水平的——　**95**, 96
　見えざる——　**92**
　見える——　**92**
差別化戦略　74
差別化優位　69, **71**, 73, 74, 89, 96, 115
　——のドライバー〔差別化ドライバー〕　90, 94, 115, 117
　技術以外の——　122

産業進化　140
　——のドライバー　143
産業組織論　25
　新しい——　26
産業の構造変化　140
産業分類　165
参入　141, 146, 238, 251-253
　——可能な領域　231, 232
　——順序　110
　——の失敗　239
　——領域の選択　229
参入障壁　53, 141, 146, 148
参入モード〔成長モード〕　14, **166**, 229
　——の選択　235
　最適な——　236
シェイクアウト　**139**, 141, 148, 149
支援活動　61
事業　5
　——間の関係　253
　——間の資金バランス　208
　——の選択と集中　163, **181**, 198, 233, 251
　——の優先度　241
　——のライフサイクル　156, 181
事業化　133
事業環境〔→外部環境〕
　——の悪化　239
　——の異質性　205
　——の不確実性　205
事業間の関連性〔関連度〕　201, 203, 204, 207, 210, 229, 231, 245
　——の希薄化　163
事業効果　20
事業譲渡　243
事業数　198
事業戦略〔競争戦略〕　6, **16**, 18-20, 25, 28, 36, **39**, 42, 46, 48, 49, 104, 138, 156, 160
　——策定のポイント　42
　——と企業戦略の統合　28

――の形　74
――の本質　39
高度な――　114
事業展開　194, 199
　――の順番　192
　――の方向性　159
　拡散型〔連鎖的〕――　195, 197, 199
　集約型〔抑制的〕――　195, 197
　将来の――　201
事業統合〔共同事業化〕　**244**, 246
事業の組合せ〔事業ポートフォリオ〕　18, 187, 249, 252
　――の妙　156
事業の定義　156, 157
　業務の垂直的段階についての――　168
　顧客中心の――　157
事業の広がり
　水平方向への――　159, 181
　製品や業種についての――　181
事業範囲　160
　――の拡大のマネジメント　166
　――の縮小のマネジメント　166
　――を制限する要因　163
事業部（門）　5
　――の自己完結性　206
事業部制組織　**204**, 206, 211
事業部門長　6, 19
事業ポートフォリオ　→事業の組合せ
事業ポートフォリオ・リストラクチャリング　**251**
事業本部制　190
事業立地　**165**
事業領域　74
資金的制約　164
資金の獲得額　208
資金の必要額　208
資金配分　208, 212
資源〔経営資源，内部資源〕　27, 28, 45, **59**, 60, 63, 65, 67, 74, 111, 187, 211, 212, 229, 232, 242
　――のオーバーラップ　231
　――の共用　231
　――の組合せの柔軟性　235
　――のコミットメント　120
　――の新規事業への移転可能性〔新規事業における有効性〕　188, 189
　――のスピルオーバー〔漏洩〕　235
　――の引継ぎ　246
　――の評価　246
　――の有効利用〔活用〕　192, 195, 239
　――へのアクセス　245
　戦略的な――　66
　同時投入可能な――　184, 185
　非戦略的な――　66
　見えざる――〔見えざる資産〕　60, 65, 81, 93
　見える――　60
資源蓄積　199
　――の効率　200
資源配分　241
事実上の標準　**118**, 148
市場　42
　――の国際化　214
　――の成長　143
　――の分断の度合い　148
　――を通じた取引費用　174
市場規模　121, 142
市場集中度　**50**, 51
市場性　242
市場成長率　**52**, 207, 210
市場取引　161, **169**, 172, 176, 177, 179, 186
持続的技術　**132**
　――イノベーション　132, 133
実証研究　24
シナジー　18, 19, **23**, 161, 162, 163, **183**, 189, 190, 201, **211**, 231, 244, 251, 252
　――の源泉　183
資本設備の専門化　82

資本の構造〔バランスシート〕　249
社会科学のディシプリン　25
社会学　26
収益性　48, 49
従業員　239, 241-243
　——の負担軽減　247
従業員数　253
柔道ストラテジー　**113**
集約型〔抑制的〕事業展開　195, 197
主　業　165
手　段　14
手段・手順　**12**, 14, 16, 18
呪　縛　165
主要活動　61
需要の多様性　148
需要の変化　142
上場企業　254
譲渡価格　243
消費財　93
消費者の選好形成　110
情報財　**185**, 186
情報資源　189
情報提供　85
情報取引のパラドックス　215
情報の非対称性
　　企業と顧客の——　93, 110
職能別組織〔機能別組織〕　190, **204**, 206, 211
所有の優位　215-217
人員削減　234, 249, 253
新規参入企業　130
新規参入の脅威　**48**, 53
新規事業におけるカギとなる成功要因〔KFS〕　188
人件費　79, 242
人　事　207
人事異動　212
新制度学派　27
新製品の早期の告知　**119**

迅速な追随者　131
人的資源　60
信頼性　76
衰退期　140
垂直型多角化　193-195, 204
垂直的差別化　**95**, 96
垂直統合　**159**, 163, **169**, 174-177, 179, 193
スイッチング・コスト　**119**
水平的差別化　**95**, 96
スタック・イン・ザ・ミドル　**73**, 74, 75
スピード　232, 235, 243
成果達成計画　22
清　算　**241**, 243, 245
生産性　75, 81-84, 145
生産能力の不分割性　**52**, 53
生産費用　169, 171, 176
成熟期　140, 145
　——の顧客　143
成長期　140
　——の顧客　142
成長戦略　192
　　長期的な——　201
成長モード　→参入モード
正当性　27
製品イノベーション　127, 131, 143, 145
製品技術　143
製品供給にかかわる活動　91
製品・業種の多角化　159
製品差別化　→差別化
製品セグメント　92
製品そのものの魅力　90
製品のイメージ　91
製品の多様化　181, 185, 194
製品ライフサイクル　**142**
製品を補完する製品　91
セグメント　41, 92
ゼネラル・マネジメント　6, 9
ゼネラル・マネジャー　6, 19, 23
専業型多角化　193-196, 198, 204

専業企業　181
全体最適　63
全体性　5
専有可能性　**121**
戦　略　3, **22**, 24, 76
　　——が構造〔組織〕に従う　7
　　——と成果の関係　**52**
　　——の異質性　**52**
　　——のコンテント研究　26
　　——の策定　23
　　——のプロセス研究　26
　　構造は——に従う　7, **22**, 248, 249
戦略グループ　**25**
戦略研究の体系化　25
戦略的事業単位〔SBU〕　**210**
戦略フィット〔→活動のシステム〕　**111**
戦略不全　**165**
操業〔生産〕シナジー　162
創造的組織　130
相対的（市場）シェア　207, 210
創発的戦略　**26**
組　織　7
　　——の活性化　4
　　——の規模　253
　　——の境界　160
　　——の巨大化　163
　　——の国際化　214
　　——の統合　237
　　——の連続性　231
組織群〔ポピュレーション〕　27
組織形態　204, 206, 211, 212
組織構造　→構造
組織内取引〔内部組織を通じた取引〕　**161**, 162, **169**, 172, 174, 175
組織能力　59, 60, 64, 65, 67, 74, 215, 229, 230, 232, 237, 242, 243, 246
組織文化　→企業文化
組織リストラクチャリング　**252**
組織ルーチン　234

た　行

大企業病　130
対抗意識の強さ　50, 52
対抗行動　105
退　出　→撤退
代替財　157
代替品　54
　　——の脅威　**48**
ダイナミック・ケイパビリティ　231
ダイナミック・シナジー　**201**
ダウンサイジング　163
多角化　23, 28, 51, **159**, 163, 165, **181**, **192**, 203, 229, 242
　　——企業の優位性　203
　　——の外的誘因　**182**, 186
　　——の失敗　188
　　——のタイプ　192, **193**, 195, 196, 198, 204
　　——の内的誘因　**183**, 185, 186
　　——のプロセス　192
　　——の方向　195, 197, 199
　　——のマネジメント　199, 203, 207
　　M&Aによる——　207
　　過小な——　251
　　過剰な——　251
　　関連・拡散型——　195
　　関連型——　193, 194, 196, 204
　　関連・集約型——　195
　　製品・業種の——　159
　　専業型——　193–196, 198, 204
　　地域的な——　159, 181
　　内部成長による——　230
　　非関連型——　193–196, 198, 204, 211
　　本業・拡散型——　195
　　本業型——　193, 194, 196
　　本業・集約型——　195
多角化ディスカウント　**163**
多角化度〔多角化の程度〕　196, 198, 203,

206, 252
　——の上昇　251
　——の低下　251
単位コスト　→平均費用
地域的な市場独占　107
知識〔情報〕　60, 215, 242
　——の悪用　217
知的財産権　119, 217
知的財産戦略　136
中間組織　177
中期経営計画〔中計〕　10
長期経営計画〔長計〕　10
調達費用　79, 84, 164
直接的効果　117
強み〔企業の強み〕　42, 61, 63, 64, 111, 196, 215
　——と顧客ニーズの適合　96
　——の裏返しとしての弱み　114
　——の源泉の専有　106
　——の累積　109
強み・弱み〔企業の（内部の）強みと弱み〕　23, 27, 41, 44, 46, 59
提携〔アライアンス〕　14, 230, 234, 236, 237
ディマンド・プル　134
適応の効率性　218, 220-222
敵対的買収　232
テクノロジー・プッシュ　134
手順〔タイミング，→手段・手順〕　14
撤退〔退出〕　139, 141, 166, 198, 238, 251-253
　——にともなう収入　245
　——の意思決定　240
　——の間接効果　238
　——の収益改善効果　242
　——の障害　239
　——の直接効果　238
　——の背景　239
　赤字事業からの——　240

撤退障壁　51
撤退モード　241
　——の選択　245
デット・エクイティ・スワップ　250
テレビ・コマーシャル　94
転　地　165
動機づけ　7
統合の効率性　218, 219, 221, 222
倒　産　250
投　資　60, 65
投資機会　207, 210
投資シナジー　163
投資収益率　205
同時利用可能〔同時投入可能〕　185, 189, 190
　——な資源　184, 185
独自性　64, 89
特殊性　172, 174, 176
特　許　64, 106, 136, 234
トップ・マネジメント　24
ドミナント・デザイン　144, 146-148
ドメイン〔領域〕　12, 14, 16, 18, 158, 165
　——の機能的定義　158
　——の物理的定義　158
ドライバー　87
トランスナショナル戦略　221, 222
取引規模　84
取引形態　176
取引主体の数　162
取引特殊的資産　162, 173, 175
取引特殊的投資　173, 174, 177, 178
取引の安定化　85
取引の不可逆性　186
取引費用　160, 161, 169, 172, 176
　——の経済学　26
　市場を通じた——　174

な　行

内　製　176, 177

内　部　42
内部化優位　215, 217
内部資源　→資源
内部成長〔有機的成長〕　14, **230**, 232, 235, 236, 241
　　──による多角化　230
内部組織を通じた取引　→組織内取引
内部費用　79, 82
内部分析　44
内部要因　15, 42
ナショナル・ブランド企業　94
二重の優位　**73**, 74-76
ニーズ〔顧客ニーズ〕　134, 218, 220
　　──主導〔マーケットイン〕型の製品開発　89
　　企業の強みと──の適合　96
ネットワーク外部性　87, **110**, **116**, 117, 118, 121, 124, 148, 149
能力の制約　236

は　行

パイオニア　142
売　却　**243**, 244-246
売却収入　243
買　収　232, 236, 237, 246
　　──後の組織マネジメント　232
　　企業内部者による──　254
破壊的技術　**132**
　　──イノベーション　133
薄利多売　52
ハーシュマン・ハーフィンダル指数〔HHI〕　51
発　言　**178**
パートナー企業　234, 245
　　──との利害調整　237
花形（製品）　209, 238
パフォーマンス　87
バリュー・チェーン〔価値連鎖〕　45, **59**, 61, 67, 74, 84, 111

範囲の経済（性）　**83**, **183**
販売シナジー　162
販売チャネル　135
非関連型多角化　193-196, 198, 204, 211
ビジネス・スクール　24, 26
人　質　**178**
人のつながり　212
費　用　→コスト
費用構造　→コスト構造
評　判　91, **110**, 178
肥沃立地　165
ファイブ・フォース分析〔業界構造分析〕　25, **43**, **48**, **49**, 50, 54, 55, 57
フォーカス　74
フォロワー　142
不確実性　65, 108, 128, 129, 161, 205, 240
不完全なコントロール　235
不完全な所有　235
副産物　**183**, 185
複社発注　178
負　債　249
　　──への依存度〔レバレッジ〕　250
不振事業　238
　　慢性的な──　239
部品の調達方法　168
不分割性　**184**
　　生産能力の──　**52**, 53
不毛立地　165
部門構造の見直し　253
ブランド　60, 64-66, 110, 185, 211, 230
　　──のイメージ　91, 93
プロスペクト理論　240
プロダクトアウト〔技術主導〕型の製品開発　89
プロダクト・ポートフォリオ・マネジメント〔PPM〕　**24**, **164**, **207**, 209, 212, 238
　　──の注意点　210
分　業　81
分業と協業〔協働〕　7

――の仕組み　249, 253
分業ネットワーク　221
分社化　253
分析的な戦略経営　26
分析麻痺症候群　**26**
平均費用〔単位コスト, ユニット・コスト〕
　　49, 78-80, 82
並行開発　129
便益　37, 63, 92
返済の一時的な停止〔猶予〕　250
返済能力　250
ベンチャー企業　129
変動費用　52, 78
補完財　117, 120, 135
補完的資産　**135**, 136, **188**
補完的生産者　**56**, 124
ポジショニング　165
ポジショニング・スクール　**25, 48**
ポピュレーション・エコロジー　**27**
ボリューム・ディスカウント　84
ホールドアップ問題　173, 175, 177
　　――にともなう社会的費用　174
本業　193, 241
　　――依存脱却型のリストラクチャリング
　　251
　　――回帰・強化型のリストラクチャリング
　　251
　　――再定義型のリストラクチャリング
　　252
　　――の変更　252
　　――への回帰　198
　　――・拡散型多角化　195
　　――型多角化　193, 194, 196
　　――・集約型多角化　195
本国〔親会社〕　219, 220
　　――と海外拠点のネットワーク　221

ま　行

負け犬　209, 238

マーケットイン〔顧客ニーズ主導〕型の製品
　　開発　89
マーケット・シェア　86, 115, 116, 119
マーケット・リーダー　86
マーケティング（活動）　39, 90, 135
マーケティング近視眼　157
マーケティング費用　147
マージン　69
マス顧客　142, 145
マネジメント・シナジー　163
マネジメント・バイアウト〔MBO〕　254
マルチドメスティック戦略　219, 220
見えざる差別化　**92**
見えざる資源〔見えざる資産〕　60, 65, 93
　　――への投資　81
見える差別化　**92**
見える資源　60
ミッション　**8, 9**, 212
無形資産〔無形資源〕　60, 65, 67, 93, 173,
　　185, 186, 215, 229, 230, 242, 243, 246
メイク・オア・バイ　176, 177
　　――の意思決定　169, 171
メインバンク　250
モジュール化　**176**
ものづくり能力　60, 61, 65
模倣　105, 108, 112, 116
模倣製品　136
問題児　209, 238

や　行

優位性　**12, 13, 14, 16**, 46, 160
　　後発企業の――　111
　　先発企業の――　111
　　多角化企業の――　203
有形資産　60, 93, 173, 242, 243
ユーザー数　115, 116, 118
輸出　217
夢　8
余剰能力　52, 184

弱み〔企業の弱み，→強み・弱み〕 42, 67, 215
　　強みの裏返しとしての―― 114

ら 行

ライセンス収入 123, 136, 137, 215
ライフサイクル理論 207
ラガード 143
利益〔企業利益〕 3, 5, 9, 13, 18, 38, 63, 69, 104
　　――の生み出される仕組み 87
　　――のドライバー 20
利益パフォーマンス 86
利益を生み出す力 248, 252
　　――の立直し 250, 255
リスク 65, 156
　　――分散 129
リストラクチャリング〔→企業リストラクチャリング〕
　　――のステップ **255**
　　――費用 238
　　公式な構造の―― 253
　　日本企業の―― 251

本業依存脱却型の―― 251
本業回帰・強化型の―― 251
本業再定義型の―― 252
リストラクチャリング・ジョイント・ベンチャー〔RJV〕 **246**
リソース・ベースト・ビュー〔RBV〕 **27**, **59**, 63
リーダー企業 130
立地の優位 217
理念〔企業理念〕 8, 212
領域　→ドメイン
累積（生産）規模 82, 218
累積市場集中度 51
レイト・フォロワー 143
黎明期 140
　　――の技術進歩 143
　　――の競争 145
　　――の顧客 142
歴史的・社会的状況への依存 108
レバレッジド・リキャピタライゼーション 251
ロジック 10, **12**, 14, **16**, 18

人名・企業名・商品名等索引　●●●

アルファベット

3 M　130
AT&T　117
BASF　246
BCG　→ボストン・コンサルティング・グループ
BIC　187, 188
BMW　76
GE〔ゼネラル・エレクトリック〕 255
GM　→ゼネラル・モーターズ
IBM　15, 137, 252
iPhone　83
iPod　83, 90, 91, 93, 119, 122, 135
NEC　→日本電気
OKI〔沖電気工業〕 243
PwC　252
Renault-Nissan Purchasing Organization〔RNPO〕 84
T 型フォード　147
ZARA〔ザラ〕 62

あ 行

アコード　220

旭化成　182, 255
旭硝子　193, 194
アサヒビール　110, 113
味の素　94
アスクル　43-45
アップル　62, 83, 90, 91, 122, 135, 144, 148
アマゾン　62, 85
アメリカン航空　57
荒蒔康一郎　254
アンゾフ，H. I.　23, 28, 162
アンドルーズ，K. R.　23, 27
イースタン航空　113
伊丹敬之　9, 42
井深大　8
インテル　57, 149
ウォルトン，S.　107
ウォルマート　85, 107, 108
エルピーダメモリ　139, 244

か　行

花王　94, 134, 239, 241
カシオ　139, 140, 146, 201
ガスト　71
川崎重工　139, 146
キーウィ航空　113
キヤノン　146, 165, 200, 201, 242, 244
協和発酵　252
キリンビール〔キリン〕　110, 113, 246, 252, 254
クリステンセン，C. M.　131
コカ・コーラ　147, 185
コーク　185
コンパック　57

さ　行

サウスウエスト航空　84, 111
榊原清則　158
参天製薬　165
サントリー　239

シアーズ・ローバック　22
シマノ　184
シャープ　139, 140, 146, 201
住建産業　165
シュンペーター，J. A.　127
新日本製鐵〔新日鐵〕　139, 182
すかいらーく　254
スズキ　13, 74, 139, 146
スタンダード・オイル　22
スーパードライ　110, 113
住友化学　246
ゼネラル・モーターズ〔GM〕　22, 83, 175
セブン-イレブン　85, 86
ゼロックス　234, 242
ソニー〔東京通信工業〕　8, 9, 16, 18, 19, 123, 124, 139, 140, 146, 159, 216

た　行

ダイエット・コーク　185
武田薬品工業　241, 246, 251, 252
チェリー・コーク　185
チャンドラー, Jr., A. D.　7, 22, 24, 28, 248, 249
帝人　182
ティッド，J.　133
デュポン　22
デル〔デル・コンピュータ〕　15, 57, 62, 63, 68, 91
デルタ航空　113
東芝　139, 140, 146, 254
東芝セラミックス〔コバレントマテリアル〕　254
富山化学工業　232
トヨタ自動車〔トヨタ〕　13, 75, 76, 83, 86, 109
ドラッカー，P. F.　22, 23

な　行

中村邦夫　8, 9

日産自動車〔日産〕　84, 234
日本コカ・コーラ　106
日本電気〔NEC〕　159, 244
日本電産　237
日本ハム　165
任天堂　165, 216
ネイルバフ，B. J.　56

は行

パイオニア　123
ハウス食品　246
パデュー大学　25
パナソニック〔松下電器産業〕　8, 9, 121, 124, 139, 159
ハーバード・ビジネス・スクール　25
ビクター　121, 123
日立　139, 140, 244, 252
ヒューレット・パッカード〔HP〕　68
現代自動車　74
ファイザー　254
フィッシャー・ボディ　175
フォード　147
不二越　190
藤沢武夫　9
富士重工　139
富士ゼロックス　234
富士通　159
富士フイルム　230-232, 234, 235, 251
プラス　44, 45
ブランデンバーガー，A. M.　56
ブリヂストン自転車　139
ペプシ　147
ボストン・コンサルティング・グループ〔BCG〕　**24**, 207, 209, 210
ポーター，M. E.　25, 27, 28, 48, 61, 74, 75, 216
ポッカコーポレーション　254

ポルシェ　75
本田技研工業〔ホンダ〕　9, 75, 76, 139, 146, 214, 216, 220
本田宗一郎　9

ま行

マイクロソフト　149
マクドナルド　41
マック〔Macintosh〕　62, 91, 144
松下幸之助　8
松下電器産業　→パナソニック
三品和広　165, 166
三井化学　246
三菱重工　139, 146
三菱電機　244, 251
ミネベア　139
メルセデス・ベンツ　74, 76, 93
モスバーガー　41

や行

ヤマハ発動機〔ヤマハ〕　139, 146, 216
ユニクロ　71

ら行

ラガー（キリンビール）　110, 113
ラクオリア創薬　254
ラーニッド，E. P.　23, 42
リッツ・カールトン　92
ルノー　84, 234
ルメルト，R. P.　24, 25, 28
レクサス　76
レノボ　252
レビット，T.　157, 158
ローム　243

わ行

ワールド　254

著者紹介

淺羽　茂（あさば・しげる）
　早稲田大学大学院経営管理研究科教授

牛島　辰男（うしじま・たつお）
　慶應義塾大学商学部教授

TEXTBOOKS
TSUKAMU

経営戦略をつかむ
The Essentials of Management Strategy

2010 年 5 月 25 日　初版第 1 刷発行
2024 年 3 月 30 日　初版第 7 刷発行

著　者	淺　羽　　　茂	
	牛　島　辰　男	
発行者	江　草　貞　治	
発行所	株式会社　有斐閣	

東京都千代田区神田神保町 2-17
郵便番号 101-0051
https://www.yuhikaku.co.jp/

印刷・株式会社理想社／製本・大口製本印刷株式会社
© 2010, Shigeru Asaba and Tatsuo Ushijima.
Printed in Japan
落丁・乱丁本はお取替えいたします。
★定価はカバーに表示してあります。

ISBN 978-4-641-17713-0

[JCOPY] 本書の無断複写（コピー）は，著作権法上での例外を除き，禁じられています．複写される場合は，そのつど事前に（一社）出版者著作権管理機構（電話03-5244-5088, FAX03-5244-5089, e-mail: info@jcopy.or.jp）の許諾を得てください．